KB203493

연꽃법화경

연꽃법화경

원순 역해

도서
출판 법공양

부처님 은혜에 감사드리며

【삼귀의】

귀의불 양족존
歸依佛 兩足尊 　거룩한 부처님께 귀의합니다.

귀의법 이욕존
歸依法 離欲尊 　성스런 가르침에 귀의합니다.

귀의승 중중존
歸依僧 衆中尊 　청정한 스님들께 귀의합니다.

【칠불통계】

제악막작
諸惡莫作 　오늘도 나의 허물 되돌아보며

중선봉행
衆善奉行 　맑고도 향기로운 삶을 살면서

자정기의
自淨其意 　하늘빛 푸른 소원 참마음으로

시제불교
是諸佛教 　부처님 가르침을 꽃피우소서.

【사홍서원】

중생 무변 서원도
衆生 無邊 誓願度 　중생을 다 건지오리다.

번뇌 무진 서원단
煩惱 無盡 誓願斷 　번뇌를 다 끊으오리다.

법문 무량 서원학
法門 無量 誓願學 　법문을 다 배우오리다.

불도 무상 서원성
佛道 無上 誓願成 　불도를 다 이루오리다.

* 팔관재계(八關齋戒)에서 '관(關)'은 허물이 일어나지
  않게 막는 것이요, '재(齋)'는 맑고 깨끗한 삶이며
  '계(戒)'란 지켜야 할 것을 말한다.
  여덟 가지 계를 잘 지키면 '맑고 깨끗한 삶'의
  뿌리가 저절로 형성된다.

* 팔관재계는 매달 음력 1일, 8일, 14일, 15일, 18일, 23일,
  24일, 28일, 29일, 30일인 십재일에 받아 지녀
  부처님의 복덕과 지혜를 닦아나가는 방편이다.
  십재일은 나쁜 기운이 드세어 사람의 몸을 해치고
  마음을 어지럽히는 날이다.
  그러므로 부처님께서는 여덟 가지 계와
  한낮이 지나면 음식을 먹지 않는 재법(齋法)으로
  모든 중생이 복덕과 지혜를 길러
  세상의 괴로움에서 벗어나게 하였다.

【팔관재계】

하루 낮 하룻밤 동안

불비시식(不非時食)

한낮이 지나면 먹지 않는 '맑고 깨끗한 삶'을 살아야 합니다.

하루 낮 하룻밤 동안

1. 중생의 생명을 빼앗지 않고 '자비로운 삶'을 살아야 합니다.

2. 도둑질 하지 않고 '마음이 넉넉한 삶'을 살아야 합니다.

3. 인간관계를 나쁘게 맺지 않고 '행복한 삶'을 살아야 합니다.

4. 거짓말하지 않고 '진실한 삶'을 살아야 합니다.

5. 술을 마시지 않고 '지혜로운 삶'을 살아야 합니다.

하루 낮 하룻밤 동안

6. 향수나 꽃으로 몸을 꾸미지 않고 '편안한 삶'을 살아야 합니다.

7. 춤이나 노래로 마음이 들뜨지 않고
'고요한 삶'을 살아야 합니다.

8. 높은 자리에 앉지 않고 '마음을 비우는 삶'을 살아야 합니다.

불기   년   월   일 수계행자 :   印

法 語

黃面老子 我從鹿野苑 至拔提河
황면노자 아종녹야원 지발제하

四十九年間 未曾說一字
사십구년간 미증설일자

華嚴 法華 誰人何時說.
화엄 법화 수인하시설

二千年后 悅卿 法華經 更添別讚
이천년후 열경 법화경 갱첨별찬

猶如雲起長空 大遮日面.
유여운기장공 대차일면

雖然 衆生 迷妄
수연 중생 미망

不見天上月 只着標月指.
불견천상월 지착표월지

圓珦上人 起大悲心 法華經 國譯註解
원순상인 기대비심 법화경 국역주해

연꽃법화경 인연으로

부처님께서 "내가 녹야원에서 시작하여
발제하에 이르기까지 49년간 한 글자도 법을
설한 적이 없다."라고 하셨는데,
화엄경과 법화경을 어떤 사람이 언제 설했는고?

이천 년 뒤에 설잠 스님이 법화경에다
따로 연경별찬을 보태니
허공에 구름이 일고 태양이 깜깜하도다.

비록 그러하나 중생이 어리석어
하늘의 달을 보지 못하고
달을 가리키는 손가락만 보고 있구나.

원순 스님이 크게 자비로운 마음을 일으켜
한문 법화경을 한글로 풀이하고

悅卿讚 間間引用
열경찬 간간인용

爲欲解佛旨者 旱雨渴泉.
위욕해불지자 한우갈천

世尊 當年 無說說
세존 당년 무설설

悅卿 添足 雪加霜
열경 첨족 설가상

圓珣國譯 又註解 雲起長空 遮日光
원순국역 우주해 운기장공 차일광

雖然 衆生 顚倒甚
수연 중생 전도심

如是 方便 爲良藥.
여시 방편 위양약

讀者聽者 不問問
독자청자 불문문

無絃妙曲 在此中
무현묘곡 재차중

佛事隨喜 諸檀那 咸登彼岸 證菩提.
불사수희 제단나 함등피안 증보리

壬午 至月 吉日

三日菴主 菩成 識

12

연경별찬에서 글을 추려 덧붙이니
부처님의 뜻을 알고 싶어 하는 사람에게는
큰 가뭄에 오는 비요, 목마른 이의 샘물이로다.

영산회상 부처님은 말이 없이 설법하고
맛을 아는 매월당은 설상가상 딴청이라
원순 스님 풀이하고 풀이 속에 딴짓하니
푸른 하늘 구름 일고 태양 빛이 꺼지도다.

그러더라도 중생이 참 어리석으므로
이런 방편을 좋은 약으로 삼느니라.

읽는 이와 듣는 이가 이심전심 물어보니
이 가운데 아름다운 노랫소리 가득하여
부처님의 연꽃 불사 모든 시주 기뻐함에
이 인연에 모두 함께 깨달음을 이루소서.

임오년 동짓달 초하루
조계총림 방장 삼일암주 보성

연꽃법화경 차례

15

계수묘법연화경(稽首妙法蓮華經)

살달마분타리가(薩達摩分陀利伽)

일질칠축사칠품(一秩七軸四七品)

육만구천삼팔사(六萬九千三八四)

일일문문시진불(一一文文是眞佛)

진불설법이중생(眞佛說法利衆生)

중생개이성불도(衆生皆已成佛道)

고아정례법화경(故我頂禮法華經)

【 법화경을 찬탄하며 】

머리 숙여 받드오니 성스러운 으뜸 법보
삳다르마 푼다리카 묘법 연꽃 법화경은
일곱 권의 이십팔품 이 가르침 모두 한질
한문으론 육만 구천 삼백여든 네 글자라

이 가르침 문장들은 하나하나 참 부처님
빛으로써 법 설하니 중생 제도 위함이라
그 은혜로 우리 모두 부처님 삶 살아감에
지극 정성 법화 경전 받들어서 모십니다.

【발원문】

허공 법계에 가득하신 불보살님이시여!

저희 불자 (　　　) 법화경 독송을 시작하면서, 육도에 윤회하며 오랜 세월 지어 왔던 모든 죄업을 이 도량에서 지금 빠짐없이 참회하옵니다.

참회진언
옴 살바 못자 모지 사다야 사바하 (3번)

시방세계에 상주하며 뭇 삶의 고통을 애틋하게 살펴주시는 불보살님이시여, 믿음이 충만한 우리 대중이 모여 지금 연꽃법화경을 수지독송하며 기도하고 수행하는 이 도량 자체가, 모든 중생의 영원한 안식처가 되기를 간절히 발원하옵니다.

이 경을 수지독송함으로 몸과 마음이 청정해진 공덕을 모든 중생에게 회향하여, 이 세상에서 어느 한 사람 빠짐없이 행복해지기를 간절히 축원하옵니다.

먼저 가신 조상님과 유주(有主) 무주(無主)의 모든 영가가, 업장이 소멸한 청정한 마음으로 극락왕생하기를, 부처님 전에 지극한 마음으로 축원하옵니다.

그리고 부처님의 가피로 저희 일가 모든 가족이 탈 없이 건강하고, 하는 일과 마음먹은 일이 하나도 빠짐없이 항상 오롯하고 순조롭게 이루어지기를 간절히 발원하옵니다.

나무 석가모니불
나무 석가모니불
나무 시아본사 석가모니불

【 송경의식 】

○ 정淨 구업 진언[1]

수리수리 마하수리 수수리 사바하 (3번)

○ 오방내외五方內外 안위제신安慰諸神 진언[2]

나모 사만다 못다남

옴 도로도로 지미 사바하 (3번)

○ 개경開經 게게偈[3]

無上甚深 무상심심	微妙法 미묘법	수승하고 깊고 깊은 오묘하고 미묘한 법
百千萬劫 백천만겁	難遭遇 난조우	백천만겁 살더라도 만나 뵙기 어려우니
我今聞見 아금문견	得受持 득수지	제가 이제 듣고 보고 부처님 법 받아 지녀
願解如來 원해여래	眞實意 진실의	부처님의 진실한 뜻 깨닫기를 원합니다.

○ 개開 법장 진언

옴 아라남 아라다 (3번)

---

1. 입으로 지은 업을 정화하는 진언이다.
2. 위아래 사방팔방 주변의 모든 신을 편케 하는 진언이다.
3. '개경 게'는 경전을 펼치는 게송이며, '개 법장 진언'은 법의 곳간을 여는 진언이다.

연꽃법화경

일러두기

1. 연꽃법화경은 구마라집 한역 묘법연화경을 한글로 풀이하여 그 내용을 번역한 경전이다.

2. 연꽃법화경 초판에서 각 품의 일련번호는 천태 스님이 묘법연화경에 과목을 친 단락의 순서를 따라서 매긴 것이다. 이 책에 원문을 넣지는 않았지만 혹 나중에 법화경 원문과 대조할 일이 있을 때 편리하게 이용될 수 있다. 개정판에서는 일련번호를 없앴다.

3. 일반 독자에게 익숙하지 않은 한문으로 된 부처님의 명호나 보살의 이름을 뚜렷하게 이미지를 전달 하고자 아름다운 한글로 풀이하였다.
   예) 수왕화보살 - 하늘의 별 큰 꽃 보살

4. 불자가 아닌 일반 독자들한테 생소한 용어가 각 품마다 되풀이되는 경우가 많기에 번잡한 주를 달지 않고 간단하게 용어 풀이를 하여 묶어놓았다.

5. 연꽃법화경은 인간의 상상을 뛰어넘는 경전이다. 무한한 시간과 공간 위에서 우리들을 우주 속으로 끌어들이고 있다. 그러기에 우주 같은 마음을 직시하고 되풀이하여 읽으면 읽을수록 더욱 깊은 맛이 느껴지는 경전이다. 연꽃법화경의 인연으로 이 경을 끊임없이 읽고 쓰고 외우면서 이웃에게 연꽃 부처님의 가르침을 전한다면 시방세계 모든 부처님의 축복이 함께할 것이다.

6. 연꽃법화경은 선의 참뜻을 은연히 드러내고 있는 경전이다. 이 내용을 드러내기 위하여 연꽃법화경의 참맛을 선사의 입장에서 본 설잠 스님의 연경별찬에서 뽑은 글을 '연꽃법화경의 참뜻'으로 풀이하여 뒷부분에 실어 놓았다.

1. 법화경을 설하게 된 인연

【서품序品】

아난이 이 경이 설해진 인연을 말하다

이와 같이 저는 들었습니다.

부처님께서 마갈타국 왕사성 영취산에서 큰 비구 대중 일만 이천 명과 함께 있을 때였다. 이분들은 모든 허물이 사라져 다시는 번뇌가 일어나지 않는 아라한이었다. 자신의 공부를 이루어 온갖 번뇌에서 벗어났으므로 마음이 자유로운 분들이었다.

그분들 이름은 부처님의 첫 설법을 들은 아야 교진여, 고행 제일 마하가섭, 승단에 공양을 올리는 우루빈나가섭, 온갖 번뇌를 항복 받은 가야가섭, 교화가 뛰어난 나제가섭, 지혜 제일 사리불, 신통 제일 목건련, 알기 쉽게 설명하는 마하가전연, 어떤 곳도 볼 수 있는 천안 제일 아누루타, 천문과 역술에 뛰어난 겁빈나, 계율을 잘 아는 교범파제, 흔들리지 않는 마음 이파다, 좌선 제일 필릉가파차, 욕심 없어 병이 없는 박구라, 막힘없이 대답하는 마하구치라, 기쁨으로 법을 듣는 난타, 용모가 뛰어난 손타라난타, 설법을 잘하는 부루나, 모든 현상이 공(空)인 줄 아는 해공(解空) 제일 수보리, 부처님의 법을 많이 들은 다문(多聞) 제일 아난, 부처님의 아들 밀행(密行) 제일 라후라 등이니, 이들은 모두에게 알려진 큰 아라한이 었다.

또 부처님의 법을 배우고 있는 이와 다 배운 이가 이천 명, 마하파사파제 비구니와 그 권속 육천 명이 함께 있었고, 라후라의 어머니 야수다라 비구니 또한 권속들과 함께 있었다.

또 큰 보살들 팔만 명은 모두 바른 깨달음에서 물러나지 않고 다라니와 훌륭한 변재로 쉬지 않고 부처님의 가르침을 전하는 분들이었다.

그들은 헤아릴 수 없이 많은 부처님께 공양을 올려, 그 처소에서 모든 덕의 근본을 심었기에 늘 모든 부처님이 칭찬하셨다.

자비로써 수행하였기에 부처님의 지혜에 들어가 큰 지혜를 통달하여 부처님의 나라에 다다른 분들이며, 그 보살들의 이름은 헤아릴

수 없이 많은 중생 세계에 두루 알려져 무수한
중생을 제도할 수 있는 분들이었다.

그분들 이름은 지혜를 상징하는 문수보살, 언
제나 중생의 부름에 감응하는 관세음보살, 훌
륭한 덕행을 갖추고 큰 세력을 지닌 대세지보
살, 늘 공부하는 상정진(常精進) 보살, 쉬지 않
고 수행하는 불휴식(不休息) 보살, 중생에게 보
배로운 손길을 뻗는 보장(寶掌) 보살, 중생의
병을 알고 약을 주는 약왕(藥王) 보살, 아낌없
이 모두 베풀어 주는 용시(勇施) 보살, 깨달음
의 밝은 지혜 보월(寶月) 보살, 밝은 달빛 월광
(月光) 보살, 둥근 보름달 만월(滿月) 보살, 위대
한 힘 대력(大力) 보살, 헤아릴 수 없이 많은
힘 무량력(無量力) 보살, 중생계를 초월한 월삼
계(越三界) 보살, 바른 견해를 지키는 발타바라

보살, 자비로운 미륵보살, 빛나는 지혜가 쌓이는 보적(寶積) 보살, 중생을 이끄는 도사(導師) 보살 등이니, 이런 큰 보살 팔만 명이 그 자리에 함께 있었다.

이때, 도리천의 왕 석제환인(釋提桓因)이 그의 권속 이만 천자와 함께하였고, 또 밝은 달 명월(明月) 천자, 두루 향기를 뿜어내는 보향(普香) 천자, 보배 빛 보광(寶光) 천자, 제석천의 명을 받아 불법을 옹호하는 사대천왕이 그들 권속 일만 천자와 함께하였으며, 신통이 자유자재한 자재(自在) 천자, 크게 신통이 자유자재한 대자재(大自在) 천자도 그들의 권속 삼만 천자와 함께하였다.

또한, 사바세계 주인이며 범천왕인 시기대범

왕(尸棄大梵王)과 광명대범왕(光明大梵王) 등도 그들의 권속 일만 이천 천자와 함께하였다.

여덟 용왕도 있었으니 난타용왕, 발난타용왕, 사가라용왕, 화수길용왕, 덕차가용왕, 아나바달다용왕, 마나사용왕, 우발라용왕으로서 저마다 헤아릴 수 없이 많은 권속과 함께하였다.

하늘의 노래를 좋아하는 네 명의 긴나라(緊那羅) 왕이 있었으니, 법을 노래하는 법(法) 긴나라왕, 미묘한 법을 노래하는 묘법(妙法) 긴나라왕, 큰 법을 노래하는 대법(大法) 긴나라왕, 법을 지니고 노래하는 지법(持法) 긴나라왕으로서, 저마다 헤아릴 수 없이 많은 권속과 함께하였다.

하늘의 음악을 담당하는 네 건달바(乾闥婆) 왕이 있었으니, 음악을 즐기는 요(樂) 건달바왕, 음악의 소리를 즐기는 요음(樂音) 건달바왕, 아름다운 미(美) 건달바왕, 아름다운 소리 미음(美音) 건달바왕으로서, 저마다 헤아릴 수 없이 많은 권속과 함께하였다.

싸우고 다투기를 좋아하는 아수라(阿修羅) 왕이 있었으니, 바치아수라왕, 거라건타아수라왕, 비마질다라아수라왕, 나후아수라왕으로서, 저마다 헤아릴 수 없이 많은 권속과 함께하였다.

나쁜 용을 잡아먹는 금시조 가루라(迦樓羅) 왕이 있었으니 큰 위엄과 덕을 갖춘 대위덕(大威德) 가루라왕, 큰 몸을 가진 대신(大身) 가루라

왕, 위대하고 완벽한 대만(大滿) 가루라왕, 뜻을 이룬 여의(如意) 가루라왕으로서, 저마다 헤아릴 수 없이 많은 권속과 함께하였다.

빈비사라 왕비 위제희의 아들 아사세왕도 헤아릴 수 없이 많은 권속과 함께하였는데, 이들은 저마다 부처님 발에 예배하고 한쪽으로 물러나 앉아 있었다.

온 국토에 나타난 상서로움

이때, 사부대중에게 둘러싸여 예경(禮敬) 공양을 받고 존중 찬탄 받는 세존께서 모든 보살을 위하여 대승 경전을 설하셨다. 이 경은 부처님이 늘 챙기는 보살을 가르치는 법 '무량의경(無量義經)'이다. 부처님께서 이 경을 설하시고 결가부좌를 한 뒤에, 헤아릴 수 없는 이치가 드러나는 무량의처(無量義處) 삼매에 드시니, 몸과 마음이 편안하고 고요하였다.

이때, 하늘에서 만다라꽃 마하만다라꽃 만수사꽃 마하만수사꽃이 비 오듯 쏟아지며 부처님과 모든 대중에게 흩날리니 부처님의 나라가 여섯 가지 상서로운 일로 가득 찼다.

그러자 그 모임에 있던 비구 비구니 우바새 우바이 하늘의 신 용왕 야차 건달바 아수라 가루라 긴나라 마후라가 인비인(人非人) 그리고 작은 나라의 왕과 전륜성왕 등 이들 모든 대중이 이전에 없던 일에 기뻐 합장하며 한마음으로 부처님을 바라보고 있었다.

이때, 눈썹 사이 흰 터럭에서 부처님이 광명을

놓아 동방 일만 팔천 세계를 두루 비추니, 땅속 끝에서 하늘 꼭대기까지 다 훤하였다. 이 빛으로 사바세계에서 여섯 갈래로 육도 윤회하는 모든 세계의 중생들을 보고, 그 국토에 계신 모든 부처님을 보며, 모든 부처님께서 설하신 가르침을 들었다. 아울러 그 나라 모든 비구 비구니 우바새 우바이가 수행하여 도를 얻는 것을 보고, 모든 큰 보살이 온갖 인연과 믿음의 모습으로 보살도를 행하는 것을 보았다. 또 모든 부처님이 열반에 드시는 것을 보고, 부처님께서 모두 열반한 뒤에 부처님 사리를 칠보탑에 모시는 것을 보았다.

미륵보살이 질문하다

이때, 미륵보살이 '지금 세존께서 신통한 모습을 드러내시니 무슨 인연으로 이런 상서로운 일이 있게 하시는가? 지금 부처님께서 삼매에 드시니 이는 불가사의하며 희유한 일이다. 누구에게 물어보는 것이 맞으며, 누가 이 일을 대답할 수 있을까?'라고 생각하고, 다시 '문수사리 법왕자는 지난 세상 헤아릴 수 없이 많은 부처님을 가까이 모시며 공양하였기에 반드시 이 희유한 모습을 보았을 것이다. 내가 이제 이 일을 문수보살에게 물어야겠다.'라고 생각하였다.

이와 동시에 비구 비구니 우바새 우바이 하늘의 신 용왕 귀신들도 다 같이 '부처님의 광명과 신통한 모습을 지금 누구에게 물어보아야 하나?'라고 생각하였다.

그러자 미륵보살이 자기 의심도 풀고 싶고,

또 사부대중과 하늘의 신 용왕 귀신 모두의 마음을 살피고 알았기에, 문수보살에게 이를 물었다.

"무슨 인연으로 이처럼 상서롭고 신통한 일이 있으며, 석가모니 부처님께서 큰 광명을 놓으시고 동방 일만 팔천 세계를 비추시어 저 부처님 나라의 온갖 모습을 다 볼 수 있는 것입니까?"

이에 미륵보살이 거듭 이 뜻을 펼치려고 게송으로 말하였다.

문수사리 보살이여 세존께서 무슨 일로
눈썹 사이 흰 터럭서 큰 광명을 비추시고
만다라꽃 만수사꽃 비 내리듯 내려오며

전단 향기 맑은 바람 대중들이 기뻐 하여
이와 같은 인연으로 온 나라가 깨끗하고
여섯 종류 신통 묘용 온 누리에 가득하니
여기 모인 사부대중 모두가 다 기뻐하고
몸과 마음 상쾌하여 전에 없이 행복하네.

눈썹 사이 백호광명 동방으로 멀리 비춰
일만 팔천 온 나라가 금빛처럼 찬란하니
무간지옥 시작해서 하늘 끝에 닿기까지
그 가운데 온갖 세계 윤회하는 모든 중생
나고 죽어 가는 곳과 선과 악의 업보 인연
달게 쓰게 받는 업보 이 모두를 보나이다.

거룩하고 용맹하신 부처님들 다시 보니
풀어내는 그 말씀이 미묘하기 제일이고
그 소리가 맑고 맑아 부드럽고 온화하여

헤아릴 수 없이 많은 모든 보살 가르치니
하늘 소리 깊고 묘해 듣는 사람 기뻐하고
곳곳마다 모든 세계 바른 법을 설하시며
각양각색 온갖 인연 끝이 없는 비유로써
부처님 법 환히 밝혀 많은 중생 깨우치네.

사람들이 병이 들고 생사 고통 싫어하면
사제법을 설하시어 온갖 고통 없애 주고
사람들이 복이 있어 부처님께 공양 올려
높은 법을 구할 때는 인연법을 설해 주며
부처님의 제자들이 온갖 행을 닦고 닦아
으뜸 지혜 구할 때는 청정한 삶 설해 주네.

문수사리 보살이여 여기에서 머무르며
보고 들은 많은 일을 이제 대강 말하리라.

내가 보니 저 나라에 많고 많은 보살 모두
가지가지 인연으로 부처님 삶 구할 적에
어떤 보살 금은산호 진주마니 조개 옥돌
마노 금강 남녀일꾼 많은 수레 보배 가마
기쁜 마음 보시하여 부처님 삶 회향하며
대승법을 구할 적에 부처님께 칭찬받네.

어떤 보살 말이 끄는 잘 꾸며진 보배 수레
팔걸이와 해 가리개 꾸민 것을 보시하고
어떤 보살 몸뚱이와 손과 발과 처자까지
부처님께 바치면서 보살도를 구한다네.

또 보살이 기쁜 마음 머리와 눈 몸 전체를
송두리째 바치면서 반야 지혜 구한다네.

문수사리 보살이여 내가 보니 모든 왕이

부처님께 나아가서 부처님 법 물어가며
즐거운 땅 좋은 궁전 첩과 신하 다 버리고
출가하여 머리 깎고 가사 장삼 입으시네.

혹은 보니 어떤 보살 큰 뜻 품고 비구되어
고요한 데 있으면서 경전 읽기 즐겨하며
다시 보니 보살들이 용맹스레 정진하며
깊은 산속 들어가서 부처님 삶 생각하네.

다시 보니 욕심 떠나 고요한 데 머무는 이
깊은 선정 닦으면서 다섯 신통 얻었으며
다시 보니 보살들이 합장하고 편히 앉아
천만 가지 게송으로 법의 왕을 찬탄하네.

다시 보니 보살들이 지혜 깊어 견고한 뜻
부처님께 묻고 물어 들은 대로 간직하며

다시 보니 불자들이 선정 지혜 갖추어서
끝이 없는 비유로써 대중에게 설법하네.

기쁜 마음 설법하여 모든 보살 교화하려
마군 모두 없앤 뒤에 법의 북을 둥둥 치고
다시 보니 보살들이 말이 없이 앉아 있어
하늘과 용 공경해도 그 마음이 여여하네.

다시 보니 보살들이 숲속에서 광명 놓아
지옥 고통 제도하여 부처님 삶 살게 하며
다시 보니 불자들이 잠을 자지 아니하고
달빛 숲속 거닐면서 부지런히 공부하네.

다시 보니 계율 지녀 맑디맑은 구슬처럼
아름답고 깨끗한 삶 부처님의 모습이라
다시 보니 불자들이 인욕 수행 해가면서

온갖 것을 참고 살며 부처님 삶 닮아 가네.

다시 보니 보살들이 희롱하고 웃어 대는
어리석은 짓을 떠나 지혜로운 삶을 살며
산란한 맘 가다듬어 산중에서 공부하고
억 천만년 지내면서 부처님 삶 따라가네.

혹은 보니 보살들이 맛이 있는 찬과 음식
여러 가지 탕약으로 스님들께 공양하며
천냥만냥 값나가는 좋고 좋은 의복들을
부처님과 스님들께 정성스레 공양하네.

보배롭게 지은 집과 여러 가지 묘한 침구
부처님과 스님들께 정성스레 공양하며
꽃과 열매 무성하고 깨끗한 숲 맑은 연못
부처님과 스님들께 정성스레 공양하네.

이와 같은 공양 모두 가지가지 미묘하여
끝도 없이 기뻐하며 무상도를 향해 가고
다시 보니 어떤 보살 고요한 법 설하여서
헤아릴 수 없는 중생 온갖 방편 교화하네.

다시 보니 어떤 보살 법의 성품 살피어서
두 모습이 없는 이치 허공처럼 드러나고
다시 보니 불자들이 집착하는 것이 없어
깊고 묘한 지혜로써 무상도를 구하도다.

문수사리 보살이여, 다시 보니 보살들이
부처님이 열반한 뒤 불사리에 공양하고
다시 보니 불자들이 탑과 절을 조성하여
곳곳마다 세워가며 나라마다 장엄하네.

아름다운 보배 탑이 그 높이가 오천 유순

길이로나 넓이로나 반듯반듯 일천 유순
탑과 절에 펄럭이는 멋진 깃발 일천이고
진주로 된 휘장 막에 보배 방울 딸랑딸랑
하늘의 신 용왕 귀신 사람인 듯 아닌 중생
향과 꽃과 음악으로 쉬지 않고 공양하네.

문수사리 보살이여 많고 많은 불자 모두
불사리를 공양하려 온갖 탑을 장엄하면
이 국토는 절로 절로 뛰어나게 아름다워
하늘나라 나무 왕이 꽃 피우듯 하오리다.

부처님이 찬란하게 큰 광명을 놓으시어
이 세계의 아름다움 온갖 것을 보게 되니
부처님의 신통한 힘 그 지혜가 희유해라.

맑고 환한 빛을 놓아 모든 나라 밝아지니

이는 모두 처음 보는 현상이라 놀라운데
우리들의 이 의심을 문수보살 푸옵소서.

여기 모인 사부대중 우리 모두 바라보니
무슨 일로 세존께서 이 광명을 놓나이까
문수보살 대답하여 의심 풀어 주옵소서
무슨 이익 펼치시려 이 광명을 놓나이까.

부처님이 붓다가야 깨달으신 미묘한 법
말씀하려 하십니까 수기 주려 하나이까.
부처님과 여래 나라 보배 장엄 보이시니
이런 상서 이 세상에 작은 인연 아닙니다.

문수사리 보살이여, 모름지기 아옵소서
사부대중 용과 천신 그대 모습 지켜보니
부처님이 보여주신 상서로운 이 모든 일

그 무엇을 말씀하려 우리 앞에 있습니까.

이때, 문수보살이 미륵보살과 모든 대중에게
말하였다.

"선한 불자들이여, 생각건대 세존께서 이제
큰 법을 말씀하시려고 합니다. 하늘에서 많은
비를 내리듯 큰 법을 내리시며, 널리 퍼지는
나팔 소리같이 큰 법을 울려 퍼지게 하고, 큰
북을 두드리듯 큰 법을 드러내 그 뜻을 설하시
려고 합니다.

선한 불자들이여, 내가 과거 모든 부처님한테
서 이런 상서로움을 보았으니 이 광명을 놓으
시면 곧 부처님께서는 큰 법을 설하셨습니다.

그러므로 알아야 합니다. 지금 부처님께서 광명을 놓으신 것도 이와 같아, 모든 세간의 중생이 믿기 어려운 법을 듣고 알게 하시려고 이 상서로운 일을 드러내는 것입니다.

선한 불자들이여, 과거 헤아릴 수 없이 많은 세월 속에 부처님이 계셨으니, 그 명호는 해와 달처럼 빛나는 일월등명(日月燈明) 여래, 공양을 받아야 할 응공(應供), 온갖 것을 아는 앎 정변지(正徧知), 지혜와 덕행에 밝은 명행족(明行足), 모든 일에 자유로운 선서(善逝), 세간의 이치를 아는 세간해(世間解), 더할 나위 없이 높은 분 무상사(無上士), 뜻대로 중생을 다스리는 조어장부(調御丈夫), 하늘과 인간의 스승 천인사(天人師), 세상에서 가장 존경 받을만한 불세존(佛世尊)이었습니다. 바른 법을 설하는데 처음도 좋고 중간도 좋으며 끝도 좋았습니다.

그 뜻이 매우 깊고 그 말씀이 훌륭하여 흠잡을 데가 없었으니 맑고 깨끗한 모습을 갖추신 분입니다.

성문을 구하는 이에게는 고(苦) 집(集) 멸(滅) 도(道) 사제법을 설하며 생로병사를 해결하여 마침내 열반을 얻게 하고, 벽지불을 구하는 이에게는 십이인연법(十二因緣法)을 설하며, 모든 보살을 위해서는 육바라밀을 설하여 바른 깨달음을 얻고 어떤 것도 빠짐없이 다 아는 지혜 일체종지(一切種智)를 이루게 하였습니다.

그다음 부처님이 계셨는데 명호가 또한 해와 달처럼 빛나는 여래였고, 그다음 부처님 명호가 또한 해와 달처럼 빛나는 여래였습니다.
이처럼 이만 부처님이 모두 똑같은 이름이니,
해와 달처럼 빛나는 여래였고 성도 똑같이 파
라타였습니다.

미륵보살은 아셔야 합니다. 처음 부처님이나
나중 부처님이 모두 똑같은 명호이니, 해와
달처럼 빛나는 여래이며, 열 가지 명호를 다
갖추고 설하신 법은 처음도 좋고 중간도 좋고
끝도 좋았던 것입니다.

마지막 부처님께서는 출가하시기 전에 여덟
왕자가 있었습니다. 그 이름은 첫째 아들부터
유의(有意) 선의(善意) 무량의(無量義) 보의(寶意)
증의(增意) 제의의(除疑意) 향의(響意)이며 여덟
번째 아들은 법의(法意)입니다.

이 여덟 왕자는 위엄과 공덕이 걸림 없어 저마다 동서남북의 하늘을 다스렸습니다. 왕자들은 아버지가 출가해 바른 깨달음을 얻었다는 소식을 듣자 모두 임금의 자리를 버리고, 아버지를 따라 출가하여 대승의 뜻을 내며, 늘 청정한 행을 닦아서 법사가 되었습니다. 이들은 이미 천 만억 부처님이 계신 곳에서 온갖 선의 근본을 심어 놓았던 것입니다.

이때, 해와 달처럼 빛나는 부처님께서 대승경전을 설하셨는데, 이는 부처님께서 늘 챙기며 보살을 가르치는 법 '무량의경(無量義經)'입니다. 부처님께서 이 경을 설하시고 결가부좌를 한 뒤에, 헤아릴 수 없는 이치가 드러나는 무량의처(無量義處) 삼매에 드시니, 몸과 마음이 편안하고 고요하였습니다.

이때, 하늘에서 만다라꽃 마하만다라꽃 만수사꽃 마하만수사꽃이 내려 부처님과 모든 대중에게 뿌려지니 두루 부처님 나라가 여섯 가지 상서로운 일로 가득 찼습니다.

그때, 그 모임에 있던 비구 비구니 우바새 우바이 하늘의 신과 용왕 야차 건달바 아수라 가루라 긴나라 마후라가 인비인(人非人) 그리고 작은 나라의 왕, 전륜성왕 등 이들 모든 대중이 전에 없던 일이라 기뻐 합장하며, 정성을 다하여 부처님을 바라보았습니다.

그때, 부처님께서 눈썹 사이 흰 터럭 끝에서 광명을 놓아 동방 일만 팔천 세계를 두루 비추니 지금 보는 모든 부처님 나라와 같았습니다.

미륵보살은 마땅히 아셔야 합니다. 그때 모인 대중 가운데 이십억 보살이 즐거이 법문을 듣고자 했습니다. 이 모든 보살은 모든 부처님 나라에 이 광명이 두루 비추는 것을 보고 전에 없던 일이기에 이 광명이 만들어진 인연을 알고자 했습니다.

때마침 한 보살이 있었으니 그 이름은 묘광(妙光)이고 그에게는 팔백 제자가 있었습니다.

이때, 해와 달처럼 빛나는 부처님께서 삼매에서 일어나 묘광보살 인연으로 대승 경전을 설하시니, 그 이름은 부처님께서 늘 챙기며 보살을 가르치는 법 '연꽃법화경'입니다. 부처님께서는 육십 소겁(小劫) 동안을 자리에서 일어나지 않으셨으며, 그때 모인 청중들도 한자리에 앉아 육십 소겁 동안을 몸과 마음이 편안하여 흔들리지 않았기에, 부처님의 말씀을 듣는 것이 잠깐 흐르는 시간과 같다고 했습니다.

이때 모인 대중 가운데서 한 사람도 몸이든 마음이든 게으름을 피우는 이가 없었습니다.

해와 달처럼 빛나는 부처님께서 육십 소겁 동안 경전을 설하시고, 바로 범천, 마구니, 사문, 바라문, 하늘의 신과 아수라가 있는 곳에서 '내가 오늘 밤 무여열반(無餘涅槃)에 들 것이다.'라고 말씀하셨습니다.

그 당시 덕장(德藏) 보살이 있었습니다. 해와 달처럼 빛나는 여래께서 그 보살에게 수기를 주며 모든 비구에게, '덕장보살은 다음에 부처님이 될 것이니, 그 명호가 맑고 깨끗한 몸 정신불(淨身佛) 부처님이다.'라고 일러 주셨습니다. 부처님께서는 수기를 주고 바로 그날 밤 무여열반에 드셨습니다.

부처님께서 열반하신 뒤, 묘광보살은 연꽃법화경을 가지고 팔십 소겁이 꽉 차도록 다른 사람을 위하여 그 법을 설했습니다. 해와 달처럼 빛나는 부처님의 여덟 왕자는 모두 묘광보살을 스승으로 삼았습니다. 묘광보살은 그들을 교화하여 바른 깨달음을 굳건하게 했습니다. 모든 왕자는 헤아릴 수 없이 많은 백천만억 부처님께 공양을 올리며 모두 부처님 삶을 이루었고, 제일 마지막에 성불한 이는 연등(然燈)이었습니다.

묘광보살의 팔백 제자 가운데 명예를 찾는 구명(求名)이란 사람이 있었습니다. 그는 자기 이익에만 생각이 많아 여러 경전을 읽더라도 그 내용을 알지 못하고 잊어버리는 것이 많았기에 구명이라 이름한 것입니다. 그러나 이 사람 또한 온갖 선의 근본을 심은 인연으로 백천만 억 모든 부처님을 만나 그분들에게 예경 공양을 올리고 존중하며 찬탄하였습니다.

미륵보살이여, 마땅히 아셔야 합니다. 그때의 묘광보살이 어찌 다른 사람이겠습니까. 내가 묘광보살이며, 구명보살은 그대입니다.

지금 상서로운 광경을 보니 그 바탕이 그때와 다르지 않습니다. 이 때문에 생각건대 오늘 여래께서 대승 경전을 설하실 것이니, 그 이름은 부처님께서 늘 챙기며 보살을 가르치는 법 '연꽃법화경'입니다."

이때, 문수보살이 대중에게 거듭 이 뜻을 펼치려고 게송으로 말하였다.

내가 지금 생각하니 한량없는 과거 세상
부처님이 계셨으니 그 명호는 일월등명
바른 법을 설하면서 무량 중생 제도하고
많고 많은 모든 보살 반야 지혜 들게 했네.

그 부처님 출가 전에 여덟 명의 어린 왕자
아버님의 출가 보고 청정한 행 따라 닦네.

부처님이 설하신 경 그 이름은 무량의경
모든 대중 가운데서 두루 널리 가르친 경

이 경전을 다 설하고 법을 펴는 자리 위에
결가부좌 깊은 삼매 그 이름은 무량의처.

하늘에선 꽃비 오고 하늘 북이 울리면서
하늘 신과 용왕 귀신 부처님께 공양하니
부처님이 계신 국토 어디라도 상서로워
부처님의 미간 광명 희유한 일 드러내네.

이 광명이 동방으로 온갖 국토 비춰가며
모든 중생 나고 죽는 그 업보들 보여주고
많고 많은 부처님 땅 보배로써 장엄하니
유리 파리 형형색색 부처님의 광명이라.

다시 보니 천인들과 용과 귀신 야차들과
건달바와 긴나라가 부처님께 공양하고
다시 보니 모든 여래 절로절로 성불하여

금빛 같은 그 모습이 단정하고 미묘하니
맑디맑은 유리병 속 참된 모습 나투듯이
대중 속의 부처님이 깊은 법을 설하시네.

불국토에 하나하나 셀 수 없이 많은 성문
부처님의 광명으로 그 대중을 모두 보며
여러 비구 정진하며 산중에서 공부하니
맑디맑은 깨끗한계 밝은 구슬 보호하듯.

다시 보니 모든 보살 보시하고 인욕하니
엄청나게 많은 그 수 부처님 빛 광명이고
다시 보니 모든 보살 선정 속에 깊이 들어
몸과 마음 편안하여 무상도를 구하오며
다시 보니 모든 보살 적멸한 법 잘 알아서
스스로가 있는 곳에 법을 설해 도 구하네.

이때 모인 사부대중 일월등명 만나뵙고
큰 신통을 보이심에 대중 마음 모두 기뻐
개개인이 의문 있어 스스로가 물어보길
상서로운 이 광경은 도대체가 무슨 인연.

삼매 속에 하늘 신중 공경받는 세존께서
묘광보살 칭찬하길 이 세간의 든든한 눈
모든 중생 믿고 따를 법의 곳간 될 것이니
내가 설한 온갖 법을 그대만이 알 것이라.

세존께서 찬탄하니 묘광보살 기쁨 가득
법화경을 설하면서 육십 소겁 꽉 차도록
자리에서 뜨지 않고 설파하신 미묘한 법
묘광보살 법사께서 모두 받아 지니었네.

중생들이 기쁘도록 법화경을 설하시고

바로 그날 하늘 신중 대중에게 이르기를
모든 법의 참다운 뜻 그대에게 말했기에
나는 이제 오늘 밤에 무여열반 들어가니
부처님은 억겁이나 만나 뵙기 어려운 분
그대들은 마음 모아 끊임없이 공부하라.

부처님의 열반 소식 모든 제자 듣고서는
하나같이 슬퍼하며 어찌 이리 빠르신가
거룩하신 부처님이 모든 중생 위로하며
내가 열반 하더라도 그대들은 걱정 말라.

여기 있는 덕장보살 번뇌 없는 참다운 법
마음 깊이 통달하여 이다음에 성불할 분
그 명호는 청정한 몸 많은 중생 제도하리.

부처님은 이날 밤에 불 꺼지듯 열반하고

부처님의 사리 나눠 많고 많은 탑 세우니
헤아릴 수 없이 많은 비구들과 비구니가
끊임없이 정진하여 깨달음을 구하였네.

묘광법사 부처님의 가르침을 받들어서
팔십 소겁 긴긴 세월 법화경을 설하시니
여덟 왕자 인연 있어 묘광보살 가르침에
무상도로 부처님을 빠짐없이 만나 뵈리.

부처님께 공양 올려 크나큰 도 따라가고
차례대로 빠짐없이 시나브로 수기하니
하늘 중의 하늘이라 그 명호는 연등여래
모든 하늘 스승 되어 많은 중생 제도하네.

그 당시에 묘광법사 한 제자가 있었으니
게으름만 피우면서 명예 이익 관심 많아

이 때문에 부지런히 명문 집안 드나들며
하던 공부 내던질 새 깨닫지를 못한지라
이와 같은 인연으로 구명이라 부른다네.

좋은 업을 그도 닦아 많은 여래 만나 뵙고
부처님께 공양 올려 크나큰 도 따라가며
육바라밀 갖추어서 석가모니 만났으니
이다음에 성불하여 그 명호가 미륵인데
셀 수 없이 많은 중생 끊임없이 제도하리.

저 부처님 열반한 뒤 게으른 이 바로 그대
그 당시의 묘광법사 지금 바로 이 몸이라.

내가 보니 부처님의 상서로운 광경이라
이에 지금 세존께서 법화경을 설하심에
옛날 상서 지금 광명 모두 여래 방편이라

부처님이 광명 놓아 참다운 뜻 드러내니
그대들이 바로 알고 정성 다해 기다리면
감로수법 쏟아져서 그대 모두 행복하리.

삼승법을 구하면서 일어나는 모든 의심
부처님이 남김없이 설명하여 끊어주리.

2. 모든 가르침은 일불승으로

【방편품方便品】

세존께서 모든 부처님의 방편을 찬탄하시다

이때, 세존께서 조용히 삼매에서 일어나 사리
불에게 말씀하셨다.

"모든 부처님의 지혜는 매우 깊고 그 방편은
알기 어렵기에 그 어떤 성문이나 벽지불도 알
수 있는 게 아니다.

왜냐하면 일찍부터 부처님은 백천만 억 무수
한 모든 부처님을 가까이 모셨고, 헤아릴 수
없이 많은 법을 다 행하였으며, 용맹하게 정진
하여 그 이름을 널리 드러내고, 일찍이 없던

깊은 법을 성취하셨기에, 여래께서 때맞추어 설한 그 뜻을 성문이나 벽지불이 알기 어렵기 때문이다.

사리불이여, 여래는 성불한 뒤에 온갖 인연과 비유로 널리 무수한 방편을 설하여 중생을 이끌고 모든 집착을 떠나게 하였다. 왜냐하면 여래는 걸림 없는 방편과 지혜를 다 갖추었기 때문이다.

사리불이여, 여래의 지견은 넓고 깊어 사무량심(四無量心) 사무애변(四無礙辯) 십력(十力) 사무소외(四無所畏) 선정 해탈 삼매로 끝없이 들어가 일찍이 없던 모든 법을 이루었다.

사리불이여, 여래는 온갖 분별로 모든 법을

설하니, 부드러운 말로 중생들의 마음을 기쁘게 할 수 있다.

사리불이여, 참으로 일찍이 없던 헤아릴 수 없이 많은 법을 여래는 다 이루었다.

그만두자, 사리불이여. 더 이상 말하지 않겠다. 왜냐하면 여래께서 이룬 참으로 드물고 알기 어려운 법은 오직 여래만 모든 법의 실상을 다 알 수 있기 때문이다. 이른바 모든 법이 있는 그대로 모습이며[相], 성품[性], 바탕[體], 힘[力], 작용[用], 원인[因], 조건[緣], 결과[果], 보답[報], '근본과 곁가지[本末究竟]'임을 말하는 것이다."

이때, 세존께서 거듭 이 뜻을 펼치려고 게송으

로 말씀하셨다.

거룩하신 부처님의 지혜 광명 깊고 깊어
하늘 신중 뭇 삶들은 깨달음을 알 수 없고
전지전능 당찬 기상 선정 해탈 온갖 삼매
부처님의 어떤 법도 중생들은 알 수 없네.

많고 많은 부처님의 모든 삶이 다 갖춰진
깊고 깊은 미묘한 법 알고 보기 어렵지만
알 수 없는 긴긴 세월 모든 도를 실천하여
공부해서 얻은 성과 나는 벌써 보고 아네.

이와 같은 큰 업보와 모든 성품 온갖 모습
시방세계 부처님과 오직 나만 알 수 있고
볼 수 없는 법이므로 어떤 말도 할 수 없네.

그 나머지 뭇삶들은 알 수 있는 이가 없고
믿는 힘이 굳건하신 보살님만 아시기에
불제자들 시방 삼세 부처님께 공양 올려
온갖 번뇌 다 없애고 최후 몸을 갖고 사니
이와 같은 사람들이 가진 힘은 전지전능.

사리불과 같은 이들 이 세상에 가득 모여
생각해도 부처님의 지혜 전혀 알 수 없고
그들과 또 그들 제자 이 세상에 가득 모여
생각해도 부처님의 지혜 전혀 알 수 없네.

지혜로운 벽지불의 번뇌 없는 최후 몸이
시방세계 가득하여 그 수효가 대숲 같고
이런 이들 마음 모아 오랜 세월 생각해도
부처님의 크신 지혜 전혀 알 수 없었다네.

새 마음 낸 보살들이 부처님께 공양 올려
온갖 뜻을 이해하고 좋은 설법 잘하여서
그 숫자가 많고 많아 시방국토 가득하여
온갖 지혜 모아가며 오랜 세월 생각해도
부처님의 크신 지혜 정말 알 수 없는 경계
그 숫자가 많고 많은 위풍당당 보살 모두
함께 생각 하더라도 여래 지혜 알 수 없네.

사리불아, 불가사의 번뇌 없는 무루법은
깊고 깊은 미묘한 법 내가 이미 갖췄으니
오직 나만 이 모습을 있는 대로 알고 보며
시방세계 부처님도 나와 같이 알고 본다.

사리불아, 알지니라. 가르침은 틀림없어
부처님이 설하신 법 큰 믿음을 내야 하니
이 법 모두 영원토록 진실로서 빛나리라.

법을 듣는 성문들과 연각승에 말하노니
내가 이제 고통 없애 행복한 삶 얻게 하리
방편으로 부처님이 보여주신 삼승 법에
중생들이 곳곳에서 집착하여 끌려갈 제
이런 이들 이끌어서 바른 법에 들게 하네.

세존의 말씀에 의문이 있기에 묻다

이때, 대중 속에 있던 아야교진여를 비롯해 마음이 평온한 아라한 일천이백 분과 성문과 벽지불의 마음을 낸 비구 비구니 우바새 우바이가 저마다 이런 생각을 하였다.

"지금 세존께서는 무엇 때문에 은근하게 방편을 찬탄하여 '부처님의 법은 매우 깊고 어려워서 뜻을 알기 어려우니, 그 어떤 성문이나 벽지불도 알 수 있는 게 아니다.'라고 말씀하시는가? 부처님께서 해탈의 뜻을 설하심에 우리도 그 법을 얻어 열반에 다다랐거늘, 지금 말씀하신 뜻이 어디에 있는지를 모르겠다."

이때, 사리불이 사부대중의 의심을 알아차리고, 자신도 모르겠기에 부처님께 여쭈었다.

"세존이시여, 무슨 인연으로 모든 부처님의 으뜸가는 방편이 깊고 오묘하여 알기 어려운 법이라고 찬탄하십니까? 제가 예전부터 일찍이 부처님께서 이처럼 말씀하신 것을 들은 적이 없습니다. 지금 사부대중이 모두 의심이 생겼으니 바라옵건대 이 일을 설명하여 주옵소서. 세존께서는 무슨 까닭으로 으뜸가는 방편이 깊고 오묘하여 알기 어려운 법이라고 찬탄하십니까?"

이때, 사리불이 거듭 이 뜻을 펼치려고 게송으로 말하였다.

밝은 지혜 거룩한 분 오랜만에 법 설하며
사무소외 선정 해탈 십력 삼매 불가사의
이런 법을 얻었다고 스스로가 말씀하니
그런 분이 얻은 법을 물을 수가 없었으며
그 속뜻을 알 수 없어 묻는 이도 하나 없네.

묻는 이가 없더라도 실천한 삶 찬탄하며
스스로가 모든 여래 깊은 지혜 말씀하는
번뇌 없는 아라한과 열반 법을 구하는 분
지금 모두 의심하길 그 까닭이 무엇일까.

연기법을 알고 싶은 비구들과 비구니들
하늘신과 용왕귀신 건달바 등 온갖 대중

서로 보고 머뭇거려 부처님을 바라보니
이런 일이 무엇인지 부처님은 설하소서.

모든 성문 가운데에 내가 제일 이라 하나
제가 지금 생각해도 의심 풀지 못하오니
가장 좋은 법입니까, 수행하는 삶입니까.
부처님을 믿고 따라 두 손 모아 기다리니
미묘하신 음성으로 적절할 때 설하소서.

하늘신중 용왕귀신 그 수효를 셀 수 없고
수행하는 모든 보살 큰 숫자로 팔만이며
나라마다 전륜성왕 이 자리에 함께 모여
합장 공경 정성 모아 답변 듣길 원합니다.

부처님께서 답변을 거절하시다

이때, 부처님께서 사리불에게 "그만두어라,

다시 말하지 않겠다. 이 일을 말하면 모든 세간에 있는 하늘 신과 사람들이 모두 놀라고 의심할 것이다."라고 말씀하셨다.

사리불은 다시 부처님께 "세존이시여, 바라옵건대 부디 말씀하여 주옵소서. 왜냐하면 여기 모인 헤아릴 수 없이 많은 중생은 일찍이 모든 부처님을 친견하였고 마음이 툭 터져 지혜롭기에 부처님 말씀을 들으면 공경하고 믿을 수 있기 때문입니다."라고 사뢰었다.

이때, 사리불이 거듭 이 뜻을 펼치려고 게송으로 말하였다.

존귀하신 분이시여 걱정하지 마옵소서.
여기 모인 모든 대중 공경하고 믿습니다.

부처님께서는 다시 말리시며 "사리불이여, 이 일을 말하면 모든 세간에 있는 하늘 신중과 아수라가 모두 놀라고 의심할 것이며, 잘난 체하는 비구들은 지옥에 떨어질 것이다."라고 말씀하셨다.

그리고 세존께서 거듭 게송으로 말씀하셨다.

멈추어라. 나는 법을 설파하지 않으리니
나의 법은 미묘하고 생각하기 어렵기에
자신들이 잘났다고 헛 깨달은 무리들은
틀림없이 예경 않고 믿음 내지 않으리라.

사리불이 답변을 간청하다

이때, 사리불이 다시 부처님께 "세존이시여, 바라옵건대 부디 말씀하여 주옵소서. 지금 이 자리에 백천만 억 모든 대중은 전생에서 이미 오랫동안 부처님의 가르침을 받았습니다. 그러므로 이 사람들은 틀림없이 부처님을 공경하고 믿으므로, 긴긴밤이 편안하여 많은 이익이 있을 것입니다."라고 사뢰었다.

사리불은 거듭 이 뜻을 펼치려고 게송으로 말하였다.

> 존귀하신 분이시여 최고 법을 설하소서
> 제자들인 저희에게 가르침을 베푸시면
> 여기 모인 많은 중생 공경하고 믿으리니
> 세세생생 부처님께 가르침을 받았기에
> 저희 모두 정성 다해 가르침을 듣습니다.

> 일천이백 우리들과 부처님을 따르는 이

이런 중생 위하시어 가르침을 베푸소서
이 사람들 법 들으면 큰 기쁨을 내오리다.

이때, 세존께서 사리불에게 "네가 법을 마음
다해 세 번이나 청하니 어찌 말하지 않을 수
있겠느냐. 그대는 이제 자세히 듣고 잘 생각하
라. 내가 그대를 위하여 알기 쉽게 말하겠다."
라고 말씀하셨다.

교만한 사부대중 오천 명이 물러나다

부처님께서 이 말씀을 하실 때 이 법회에 있던
비구 비구니 우바새 우바이 오천 명이 자리에
서 일어나 부처님께 예배하고 물러나니, 그
까닭이 무엇인가? 이 무리들은 죄가 무겁고
교만하기에 얻지 못한 법을 얻었다고 생각하
며, 깨닫지 못한 법을 깨달았다고 하는 허물이

있었기 때문에, 이 자리에 머물지 못한 것이
다. 세존께서는 이들을 그냥 두었다.

부처님께서 일대사인연을 설하시다

이때, 부처님께서 사리불에게 말씀하셨다.
"사리불이여, 나와 함께 여기 있는 대중들은
다른 마음이 없이 순수하고 곧고 진실한 사람
들이다. 사리불이여, 교만한 사람들은 물러가
는 것이 좋으리라. 그대는 이제 자세히 들어
라. 그대를 위하여 법을 설하겠다."

"알겠습니다, 세존이시여. 즐거운 마음으로
법을 듣고자 하옵니다."

"사리불이여, 이런 미묘한 법은 모든 여래께
서 때맞추어 설하시니, 이는 우담바라꽃이 삼

천 년 만에 한 번 피는 경우와 같다. 사리불이여, 그대들은 부처님의 말씀을 믿어야 하니, 그 말씀은 진실하여 허망하지 않기 때문이다.

사리불이여, 모든 부처님께서 방편으로 설하신 법은 그 뜻을 참으로 알기가 어렵다. 왜냐하면 내가 무수한 방편과 온갖 인연과 비유로 모든 법을 설명하지만, 이 법은 마음으로 헤아리고 분별해서 이해할 수 있는 것이 아니기 때문이다. 이는 오직 모든 부처님만 알 수 있다.

무엇 때문이겠느냐? 모든 부처님이 오직 일대사인연으로 이 세상에 나타나기 때문이다. 사리불이여, '모든 부처님께서 오직 일대사인연으로 이 세상에 나타난다.'라는 것은 무엇을 말하느냐?

모든 부처님께서는 중생이 부처님의 지견을 열어 맑고 깨끗한 마음을 얻게 하려고 이 세상에 출현하고, 중생에게 부처님의 지견을 보이려고 이 세상에 출현하며, 중생이 부처님의 지견을 깨닫게 하려고 이 세상에 출현하고, 중생이 부처님의 지견에 들게 하려고 이 세상에 출현한다.

사리불이여, 모든 부처님은 오직 이 일대사인연으로 이 세상에 출현한다.”

부처님의 지견을 열어 보여 깨닫게 하다

부처님께서 사리불에게 말씀하셨다.

“모든 부처님께서 보살을 교화하는 일은 언제나 한 가지뿐이니, 오직 부처님의 지견을 중생들에게 보여주고 깨우치게 할 뿐이다.

사리불이여, 여래는 다만 일불승(一佛乘)으로 중생을 위하여 법을 설할 뿐이지, 이밖에 이승(二乘)이나 삼승(三乘)이라는 법은 없다. 사리불이여, 시방세계 모든 부처님의 법도 이와 같다.

사리불이여, 과거 모든 부처님께서 무수한 방편, 온갖 인연과 비유와 언사로 중생을 위하여 법을 설명하셨지만, 이 법은 모두 일불승을 위한 것이다. 그러므로 중생이 모든 부처님에게서 법을 듣고 마침내 온갖 것을 빠짐없이 다 아는 지혜를 얻었다.

사리불이여, 미래 모든 부처님께서 이 세상에 나와 무수한 방편, 온갖 인연과 비유와 언사로 중생을 위하여 법을 설명할 것이나, 이 법은 모두 일불승을 위한 것이다. 그러므로 모든 중생이 빠짐없이 부처님에게서 법을 듣고 마침내 그 어떤 것도 빠짐없이 다 아는 지혜를 얻을 것이다.

사리불이여, 현재 시방세계 셀 수 없이 많은 백천만 억 불국토에 계시는 모든 부처님이 중생들에게 많은 이익을 주어 편안케 하신다. 또한 이 모든 부처님이 무수한 방편, 온갖 인연과 비유와 언사로 중생을 위하여 법을 설명하지만, 이 법이 모두 일불승을 위한 것이다. 그러므로 모든 중생이 부처님에게서 법을 듣고 마침내 그 어떤 것도 빠짐없이 다 아는 지혜를 얻는다.

사리불이여, 모든 부처님은 다만 보살을 가르치고 부처님의 지견을 중생에게 보이시며, 이를 그들이 깨우치게 하여 부처님의 지견에 들어가게 할 뿐이다.

삼승은 일불승으로 가는 방편

사리불이여, 지금 나도 이와 같아서 모든 중생의 온갖 욕망과 깊은 집착을 알기에 그 성품에 따라 온갖 인연과 비유와 방편으로 법을 설한다. 사리불이여, 이런 일이 모두 일불승의 '어떤 것도 빠짐없이 다 아는 지혜'를 얻게 하기 위한 것이다.

사리불이여, 시방세계 가운데에 진실한 내용은 이승도 없는 것인데 하물며 삼승이 있겠느냐. 사리불이여, 모든 부처님께서는 다섯 종류의 나쁜 세상에 나타나니 이른바 겁탁(劫濁) 번뇌탁(煩惱濁) 중생탁(衆生濁) 견탁(見濁) 명탁(命濁)이다.

사리불이여, 이처럼 세월이 어지러울 때 중생들은 번뇌가 많아 인색하고 탐욕스러우며 질투가 많아 좋지 못한 온갖 일이 이루어지므로, 모든 부처님이 방편으로 일불승을 삼승으로 분별하여 설한다.

사리불이여, 나의 제자로서 스스로 아라한이나 벽지불이라고 말하는 이들이 모든 부처님께서 보살을 위하여 가르쳤던 일을 듣지 못하고 알지 못했다면, 이들은 부처님의 제자도 아니고 아라한도 아니며 벽지불도 아니다.

사리불이여, 스스로 이미 아라한이기에 마지막 몸으로서 마침내 열반을 얻었다고 말하면서, 다시 바른 깨달음을 찾지 않는 모든 비구나 비구니는 교만한 사람인 줄 알아야 한다. 왜냐하면 비구로서 실로 아라한을 얻고 일불승을 믿지 않는다면 이는 옳지 않기 때문이다.

부처님이 열반하신 뒤에 세상에 안 계실 때는 제외하니 무엇 때문인가. 부처님이 열반하신 뒤에는 이런 경전을 받아 지녀 읽고 외워 뜻을 아는 자를 만나기가 어렵기 때문이다. 그러나 다른 부처님을 만나면 이 법에서 바로 알아야 한다.

사리불이여, 그대들은 정성을 다하여 믿고 알아서 부처님의 말씀을 받아 지녀야 한다. 모든

부처님의 말씀에는 거짓이 없으니 다른 법이
없이 오직 일불승뿐이다."

이때, 세존께서 거듭 이 뜻을 펼치려고 게송으
로 말씀하셨다.

잘난 마음 갖고 있는 비구들과 비구니들
잘난 마음 드러내는 우바새와 우바이들
이와 같은 사부대중 그 수효가 오천여 명
제 허물을 보지 못해 어그러진 삶의 모습.

제 허물을 숨기느라 지혜 없이 자랑해도
볼품없는 이들 행실 위엄 앞에 사라지니
복덕 없는 이런 사람 참 법문을 모르지만
그 외에는 튼실하고 곧고 바른 수행자들.

사리불아, 잘 들어라. 부처님이 깨달은 법
셀 수 없는 방편으로 중생에게 설하노라.

중생들의 생각으로 살아가는 온갖 모습
적지 않은 모든 욕망 지난 세상 업보로세
이를 아는 부처님이 온갖 인연 비유들로
방편 쓰니 빠짐없이 모든 사람 기뻐하네.

어떤 때는 시를 읊고 설법하며 인연법과
오랜 과거 제자 인연 전생 공부 온갖 비유
가지가지 인연법과 법을 설한 게송 지어
중생들이 알아듣게 이치 풀어 설하노라.

어리석고 아둔한 이 소승법을 즐기기에
허망하게 살다 죽는 생사에만 집착하며
깊고 묘한 부처님 법 공부하지 않으므로

뭇 고통에 시달릴새 열반법을 설하노라.

이 방편을 마련하여 부처님 삶 들게 하려
그대들이 성불하리 말하지를 않았으니
말하지를 않은 까닭 아직 때가 아니더라
지금 바로 그때이니 대승법을 설하노라.

내가 말한 소승법은 중생 근기 따랐지만
대승법이 근본일새 이 경전을 설하노라.

불자들의 깨끗한 맘 부드럽고 똑똑하여
한량없는 부처님앞 지혜로운 삶을사니
이런 불자 위하여서 대승경전 설해주며
이 사람은 오는 세상 성불하리 수기한다.

마음깊이 염불하고 깨끗한 삶 살아가며

성불한단 말 들으면 큰 기쁨이 온몸 가득
부처님이 그맘 알고 대승법을 설하시니
성문이나 보살들이 이 법문을 듣고 나서
한 게송만 기억해도 모두 성불 의심 없다.

시방세계 불국토에 일승법만 오직 있어
이승 삼승 없거니와 방편만은 제외하니
문자 힘을 빌려와서 중생들을 인도할 뿐
그 진실은 부처님의 지혜만을 설함이라.

부처님이 출현하신 일대사만 오직 진실
그 나머지 이승 삼승 참진실이 아니므로
마침내는 일승으로 중생 제도 할 뿐이라.

부처님이 대승에서 그와 같이 얻은 법을
선정 지혜 장엄하여 중생들을 제도하면

늘 평등한 부처님 삶 스스로들 증명하니
중생들을 하나라도 소승으로 교화하면
법 설함에 인색하니 옳지 못한 일이니라.

사람들이 믿음 갖고 부처님께 귀의하면
탐욕이나 질투 없고 속임 없는 이런 이들
모든 악을 끊었으니 그 자리가 편안하여
시방세계 당당하고 두려움이 전혀 없네.

내가 지금 좋은 상호 그 빛으로 세간 비춰
중생 존경 받았기에 진실한 법 설하노라.

사리불아, 알지어다. 내가 지금 세운 서원
모든 중생 나와 같이 다름없게 하려 하니
오래 전에 품은 소원 오늘 이제 이루어져
모든 중생 교화하며 부처님 삶 살게 하리.

중생들을 내가 만나 부처님 삶 가르쳐도
미련하고 어리석어 가르침을 받지 않고
선한 삶을 살지 않는 모든 중생 내가 앎에
오욕에만 집착하여 괴로움을 자초하고

온갖 욕망 인연으로 삼악도로 떨어지며
육도 윤회 온갖 고초 빠짐없이 겪으면서
태 안에서 받는 이 몸 끝도 없이 흘러가니
덕도 없고 복도 없어 뭇 고통에 시달리네.

있다 없다 분별하는 나쁜 소견 맛이 들어
이런 견해 기대어서 온갖 사견 다 갖추고
허망한 법 달라붙고 버릴 줄을 모르면서
잘난 마음 높여 가니 이 마음에 문제 있어
천 만억 겁 부처님의 온갖 명호 듣지 못해
바른 법을 모르므로 제도하기 어렵다네.

사리불아, 이 때문에 방편 법을 베풀어서
고통 끊는 길을 말해 열반의 길 보여주니
열반이라 말했어도 참된 열반 아니더라.

본래부터 모든 법은 늘 언제나 고요하니
이런 도를 닦는다면 오는 세상 성불하리.

내가 비록 방편으로 세 가지 법 보였으나
시방세계 부처님들 오직 한 법 설하시니
여기 모인 대중들은 의심들을 다 풀어라
부처님의 모든 말씀 하나일 뿐 둘이 없네.

지난 세상 무수한 겁 열반했던 부처님들
그 숫자가 백천만억 헤아릴 수 없었기에
과거 모든 세존께서 가지가지 인연 비유
셀 수 없는 방편으로 법의 실상 설하셨네.

과거 모든 세존께서 빠짐없이 일승 설해
많은 중생 교화하여 부처님 삶 살게 했네.

세간 중생 그 모두가 애착하는 온갖 욕망
높고 크신 거룩한 이 속속들이 다 아시고
다시 다른 방편으로 으뜸 진리 나타냈네.

만일 어떤 중생들이 과거 여래 만나 뵙고
법을 듣고 보시하고 계율 인욕 정진하며
선정 지혜 가지고서 복과 지혜 닦았다면
이와 같은 모든 사람 부처님 삶 이루었네.

부처님이 열반한 뒤 그 마음이 선하다면
이와 같은 모든 중생 부처님 삶 이루리라.

부처님이 열반한 뒤 불사리를 공양하려

여러 종류 탑 세우되 금과 은과 유리옥돌
조개옥돌 붉은 마노 붉은 옥돌 유리구슬
깨끗하고 멋이 있게 온갖 탑을 장식하네.

돌로 절을 세우거나 전단향과 침수향과
침향나무 다른 재목 기와 벽돌 진흙으로
넓고 거친 들판에서 흙을 모아 절 짓거나
어린애들 장난으로 흙모래로 탑 세워도
이와 같은 사람들은 부처님 삶 이루리라.

부처님을 위하기에 온갖 성상 모시거나
조성하여 모신 이는 부처님 삶 이루리라.

혹은 칠보 놋쇠 백동 주석으로 만들거나
큰 통나무 쇳덩이나 진흙으로 만들거나
아교 옷을 칠한 베로 성상들을 장식하면

이와 같은 사람들은 부처님 삶 이루리라.

여래 모습 그리면서 온갖 복을 장엄하면
직접 하든 남 시키든 부처님 삶 이루리라.

아이들이 장난으로 풀과 나무 붓으로나
손가락을 사용하여 성상 모습 그린다면
이런 사람 빠짐없이 공덕들을 점점 쌓아
부처님 삶 이루기에 큰 자비심 갖추어서
모든 보살 교화하여 중생 모두 제도하리.

절과 탑에 모셔 있는 불상이나 탱화에다
꽃과 향기 비단 깃발 정성으로 공양 올려
풍악 울려 즐겁도록 소라 불고 북도 치며

피리 퉁소 거문고나 비파 요령 바라들과

이와 같은 묘한 음악 정성 다해 공양 올려
기쁜 마음 부처님의 온갖 공덕 찬탄하며
한마디만 찬탄해도 부처님 삶 이루리라.

내 마음이 산란해도 정성 다해 꽃 한 송이
불상에다 공양하면 부처님을 친견하고
부처님께 예배하며 두 손 모아 합장하고
한번 손을 흔들거나 머리 한번 숙인다면
공양 올린 이 공덕에 부처님을 모두 만나
무상도를 이루어서 많은 중생 제도하고
무여열반 들어가서 온갖 번뇌 다 없애리.

이 마음이 산란해도 절 안으로 들어가서
염불하고 귀의하면 부처님 삶 이루어서
지난 세상 부처님이 계실 때나 열반한 뒤
이 법문을 듣게 되면 부처님 삶 이루오리.

미래 세상 모든 세존 셀 수 없이 많더라도
모든 여래 끝이 없고 셀 수 없는 방편으로
부처님의 삶 속으로 중생 모두 들게 하니
이런 법문 듣는 중생 남김없이 성불하리.

부처님의 본디 원력 빠짐없이 모든 중생
부처님의 세상으로 함께 가길 바라면서
셀 수 없는 백천만억 온갖 법문 설하여도
오는 세상 부처님들 그 진실은 일승이라.

부처님은 온갖 법에 자성 없는 줄 알지만
인연 따라 일어남에 일불승을 설하는 것
법이 있을 그 자리에 세간 모습 이어지니
진실 알고 있으므로 방편으로 설하노라.

하늘 인간 공양받는 시방세계 부처님들

많고 많은 모습으로 이 세상에 나오셔서
중생들을 편케 하려 이 법문을 설하더라.

적멸한 법 알면서도 방편 법을 쓰시기에
온갖 길을 보여줘도 부처님의 마음일 뿐
중생들의 온갖 행과 마음 깊이 생각한 것
지난 세상 익힌 업과 하고 싶은 정진의 힘
뭇 삶들의 성품 알아 가지가지 인연들과
비유들과 온갖 언사 방편 따라 설한다네.

지금 나도 이와 같은 중생들을 편케 하려
가지가지 법문으로 부처님 삶 보여주며
내가 지혜 갖춤으로 중생들의 성품 알아
방편으로 설법하여 그들 모두 기뻐하네.

알지어다, 사리불아. 부처님이 살펴보니

육도 중생 빈궁하여 복과 지혜 전혀 없어
험한 생사 잘못 들어 온갖 고통 이어지고
헛된 쾌락 집착하며 벼린 칼날 핥아 대네.

탐욕애착 깊이 빠져 앞 못 보고 캄캄한데
이 어둠을 밝혀 주실 부처님을 찾지 않고
삿된 소견 깊이 박혀 고통 속에 빙빙 도니
이 중생들 위하기에 큰 자비심 내었노라.

깨달음을 얻고 나서 보리수에 앉은 채로
삼매 속에 이리저리 삼칠일을 관찰하니
내가 얻은 깊은 지혜 미묘하기 제일이나
어리석은 중생들은 보는 눈이 없으므로
이와 같은 무리들을 내 어떻게 제도하랴.

그리할 때 범천왕과 제석천 및 사천왕과

대자재천 모든 하늘 백천만억 권속들이
합장 공경 예배하며 나의 법을 청하는데
내 스스로 생각하니 일불승만 찬탄하면
고통 속에 빠진 중생 올바른 법 믿지 못해
불신하고 헐뜯으며 삼악도에 떨어질라

법 설하지 아니하고 열반으로 들려다가
지난 세상 부처님들 행한 방편 생각하고
내가 지금 얻은 도를 삼승으로 설하리라.

이 생각을 하였을 때 부처님들 나타나서
하늘 소리 위로하되 거룩하다 석가모니
으뜸가는 대도사님 무상도를 얻고 나서
부처님의 삶을 따라 방편으로 법 쓰도다.

으뜸가고 미묘한 법 우리 모두 얻었지만

모든 중생 위했기에 세 가지 법 설했노라.

지혜 없는 소승들은 자기 성불 믿지 않아
이 때문에 방편으로 인과법을 설하였고
비록 다시 세상에서 삼승법을 설했어도
이는 다만 보살들을 가르치는 방편일세.

알지어다, 사리불아. 부처님의 깊고 맑은
청정하고 미묘한 음 염불 소리 들려줘도
세상 형편 나쁘기에 부처님의 말씀처럼
내가 다른 방편으로 중생들을 가르치리.

이런 일을 생각하고 바라나시 나아가서
온갖 법의 적멸 자리 드러내지 못하지만
방편으로 법을 설해 다섯 비구 위하여서
처음으로 하는 법문 그 이름은 초전법륜.

2

그리하여 열반 해탈 아라한과 법보 승보
가지가지 법의 모양 차별 있는 모습이라
오랜 세월 열반으로 중생들의 생사 고통
영원토록 없앤다고 이런 설법 늘 했노라.

알지어다, 사리불아. 내가 보니 불자로서
부처님 삶 구하는 이 셀 수 없이 많고 많아
공경하는 마음으로 부처님께 다가와서
방편으로 설한 법을 일찍부터 들었는데
이제 내가 생각하니 여래께서 출현함은
부처님 삶 위함이니 지금 바로 그때니라.

알지어다, 사리불아. 지혜 없어 미련한 이
집착 많고 교만한 자 이런 법을 못 믿기에
내가 이제 두렴 없이 모든 보살 가운데서
바로 방편 버리고서 무상도만 설하리라.

보살들이 이 법 듣고 의심 모두 풀어지면
일천이백 아라한도 빠짐없이 성불하니
시방 삼세 부처님이 설법하는 의식대로
이제 나도 그와 같이 분별없이 법 설하리.

부처님이 나타나실 그 시절이 멀고 멀어
세상 출현 하셨어도 법 설하기 어렵기에
오랜 세월 흘렀어도 법을 듣기 어려우며
법을 듣고 아는 사람 더욱 보기 어렵다네.

우담바라 꽃이 피면 모든 중생 행복한 것
하늘서도 땅에서도 아주 드문 일이라네.

법을 듣고 기뻐하며 찬탄하는 말을 하면
시방 삼세 부처님께 공양 올린 모습이라
이런 사람 드물기에 우담바라 꽃과 같네.

그대들은 의심 마라 나는 법의 왕으로서
일승으로 모든 보살 가르치고 교화할 뿐
성문 제자 없으므로 대중에게 말하노니
사리불과 성문 보살 그대 모두 알지어다
나의 법은 오묘하고 비밀스런 부처님 법.

나쁜 세상 살고 있어 온갖 욕심 가득하면
이런 중생 마침내는 부처님을 찾지 않고
오는 세상 악한 이들 일승 법문 듣게 돼도
어리석게 믿지 않아 악한 길로 빠지지만
이를 모두 참회하고 부처님 삶 뜻을 두면
이런 사람 위하여서 일불승을 찬탄하리.

알지어다, 사리불아. 모든 불법 이와 같아
가지가지 방편으로 형편 따라 법 설하니
공부하지 않는 이는 이 도리를 알 수 없다.

그대들은 인간 세상 스승이신 부처님이
형편 따라 쓰는 방편 이미 모두 알고있어
아무 의심 하지 않고 마음으로 기뻐하며
부처님이 되는 사실 스스로가 알고 있다.

3. 중생의 고통은 불타오르는 집

【비유품譬喩品】

사리불이 기뻐하다

이때, 사리불이 뛸 듯이 기뻐하며 일어나 합장하고 부처님의 얼굴을 우러러보며 사뢰었다.

"세존께 이 법문을 듣고는 전에 없던 마음에 뛸 듯이 기쁩니다. 왜냐하면 제가 옛적 부처님께 이와 같은 법문을 듣고 모든 보살이 수기를 받아 성불하는 것을 보았지만, 저희 모두 그 일에 동참하지 못하여 헤아릴 수 없이 많은 여래의 삶을 얻지 못했다고 매우 가슴 아파했기 때문입니다.

세존이시여, 제가 늘 혼자 산골의 숲속이나 나무 밑에서 앉고 서고 걸어 다니면서 그때마다, '우리 모두 법의 성품에 똑같이 들어갔거늘, 어찌 여래께서는 소승법으로 우리를 제도하였다고 말씀하시는가?'라고 생각하였습니다. 그러나 이는 저희 모두의 허물이지 세존의 잘못이 아닙니다.

왜냐하면, 저희 모두 바른 깨달음을 성취하신 그 자리를 부처님께서 설하시도록 기다렸다면, 반드시 대승으로 득도하여 해탈하였을 것이기 때문입니다.

그러나 저희는 형편 따라 방편으로 법문하셨다는 것을 알지 못하고, 처음 부처님의 법을 듣고 곧 이를 믿고 받아들였는데, 이것으로 깨달음을 얻었다고 생각하였던 것입니다.

세존이시여, 예전부터 저는 밤낮으로 매번 이 일로 저 자신을 책망하고 있었습니다. 그러다가 이제 이전에 들은 적이 없던 법을 부처님께 듣고 모든 의심과 회한을 끊었기에, 몸과 마음이 편안하여 기쁘기만 합니다.

오늘에야 부처님의 참된 아들로서 부처님의 가르침 속에 태어나 부처님의 법을 얻었다는 것을 알았습니다."

이때, 사리불이 거듭 이 뜻을 펼치려고 게송으로 말하였다.

이 법문을 제가 듣고 전에 없던 법을 얻어

마음 크게 즐거워서 모든 의심 사라짐에
옛날부터 대승법을 배우면서 잊지 않고
정말 드문 이 법으로 모든 번뇌 제거하니
내가 이미 번뇌 없어 듣고서도 근심 없네.

깊은 산골 숲속이나 나무 밑에 정진하며
앉아 있든 걸어가든 항상 이 일 생각하고
내 스스로 책망하길 어찌 나를 속였던고

우리 모두 불자이니 번뇌 없는 법으로써
오는 세상 부처님 삶 말할 수가 없겠느냐.

황금빛 몸 삼십이상 전지전능 온갖 해탈
그 모두가 한가지 법 이런 일을 알지 못해
여든가지 묘한 상호 부처님의 열여덟 법
이와 같은 모든 공덕 내가 얻지 못했구나.

내가 홀로 거닐면서 대중 속의 부처님이
시방세계 많은 중생 이익 주심 바라보니
이 이익은 오직 나만 홀로 얻지 못했을 뿐
내 스스로 나를 속여 부처님 뜻 아니더라.

밤낮으로 나는 항상 매번 이 일 생각하고
이에 대해 부처님께 여쭙고자 하였노라.

부처님이 모든 보살 칭찬한 것 지켜보고
밤낮으로 나는 항상 이 일만을 생각하며
부처님이 형편 따라 설법함을 들어보니
생각하기 어려운 법 중생들을 이끌더라.

삿된 소견 집착하여 스승 노릇 하였을 때
온갖 법을 잘못 알고 열반법을 설하다가
나쁜 견해 다 버리고 텅 빈 법을 깨닫고는

그때 내가 열반법을 얻었다고 생각한 것
이제 지금 알고 보니 참 열반이 아니로다.

부처님이 되었을 때 삼십이상 다 갖추고
하늘 신중 야차 용왕 귀신들이 공경하면
그때에야 무여열반 말할 수가 있으리라.

부처님이 대중 속의 나를 위해 수기한 것
이 법문을 듣고서야 모든 의심 풀렸노라.

부처님 법 처음 듣고 놀라 의심 일어나길
마구니의 장난질이 아니던가 하였더니
부처님이 온갖 인연 비유 들어 설하시니
내 마음이 편안하여 모든 의심 끊어졌다.

지난 세상 부처님들 방편 속에 계시면서

방편 법을 설했다고 세존께서 말씀하네.

현재 미래 부처님들 그 숫자가 한량없어
온갖 방편 다 쓰시고 이런 법을 설하시며
지금 세존 태어나서 출가하여 법을 얻고
부처님이 설법할 때 방편으로 말씀하니
부처님의 이런 방편 마구니는 알 수 없네.

이것으로 확실하게 부처님을 알고 나니
내가 의심 하였기에 마왕이라 불렀던 것.

부처님이 미묘한 법 부드럽게 설하시니
깨끗한 법 듣고 나서 내 마음이 기뻐하며
온갖 의심 다 사라져 참된 지혜 들어감에
나도 끝내 성불하여 하늘 신중 공경받고
최고 진리 설파하여 모든 보살 교화하리.

이때, 부처님께서 사리불에게 말씀하셨다.

"내가 이제 하늘 신중, 사문, 바라문 등 모든 대중에게 말하겠다. 내가 옛날 이만 억 부처님이 계신 곳에서 무상도로 늘 그대들을 교화하고, 그대들 또한 오랜 세월 나를 따라서 배웠으며, 내가 방편으로 그대들을 이끌었기에 그대들은 나의 법 가운데서 태어났다.

사리불이여, 나는 예전에 그대가 부처님의 삶에 뜻과 원력을 갖도록 가르쳤다. 그런데도 그대가 지금 그것을 다 잊고 스스로 이미 멸도(滅度)를 얻었다고 한다. 내가 이제 다시 그대가 본래 원하고 행했던 도를 상기시키기 위해, 또 모든 성문을 위하여 대승 경전을 설하겠다.

경전의 이름은 부처님께서 늘 챙기는 보살을 가르치는 법 '연꽃법화경'이다.

사리불이여, 한없이 흘러가는 세월 속에서 오는 세상, 그대는 헤아릴 수 없이 많은 부처님께 공양 올려 바른 법을 받들며 보살들이 행할 도를 다 갖추어 부처님이 될 것이다. 그 명호는 꽃 빛 화광(華光) 여래, 응공 정변지 명행족 선서 세간해 무상사 조어장부 천인사 불세존이고, 그 국토의 이름은 더러움을 벗어난 나라 이구(離垢)나라. 땅은 판판하고 반듯하며 깨끗하게 꾸며져 태평하고 풍성할 것이다. 하늘 신과 인간이 가득 찬 땅에는 유리가 깔리며 사방팔방 길이 있을 것이다. 길옆으로 황금으로 이루어진 줄이 이어져 경계가 되고, 곁에는 칠보로 된 가로수가 있으며, 늘 꽃과 열매가 무성하게 달릴 것이다. 이곳에서 꽃 빛 여래는 삼승으로 중생들을 교화할 것이다.

사리불이여, 그 부처님께서 출현하실 때가 나쁜 세상은 아니지만, 본디 원력으로 삼승(三乘)의 법을 설한다. 그 세월의 이름은 큰 보배로 장엄한 세월이다. 무엇 때문에, 큰 보배로 장엄한 세월이라고 하는가? 그 나라에서는 보살을 큰 보배로 삼기 때문이다. 그 많은 보살의 숫자가 끝이 없으므로, 부처님의 지혜가 아니면 알 수 없다. 걷고자 할 때는 보배 꽃이 발을 받드니 이 모든 보살은 초발심 보살이 아니다. 모두 오랜 세월 공덕의 근본을 심고 헤아릴 수 없이 많은 부처님이 계신 곳에서, 청정한 행을 닦았기에 늘 모든 부처님께서 칭찬하신다. 늘 부처님의 지혜를 닦고 큰 신통을 다 갖추었으므로 온갖 법에 들어가는 문을 잘 안다. 참되고 순수하여 거짓이 없고, 뜻이 견고한 이런 보살이 그 나라에 가득하다.

3

사리불이여, 꽃 빛 여래의 수명은 열두 소겁(小劫)이니, 왕자로서 성불하기 전은 제외하며 그 나라 백성의 수명은 여덟 소겁이다.

꽃 빛 여래께서는 열두 소겁을 지내며 성불할 뜻이 굳세고 가득한 견만(堅滿) 보살에게 바른 깨달음의 수기를 주고, 모든 비구에게 말씀하시기를, '성불할 뜻이 굳세고 가득한 보살이 이다음에 부처님이 되면, 그 명호는 꽃같이 아름다운 편안한 발로 걸을 화족안행(華足安行) 여래이다.'라고 할 것인데, 그 부처님의 국토도 또한 이와 같다.

사리불이여, 꽃 빛 여래께서 열반한 뒤에 바른 법이 이 세상에 머물기는 서른두 소겁이며, 상법(像法) 또한 서른두 소겁을 머문다."

이때, 세존께서 거듭 이 뜻을 펼치려고 계송으로 말씀하셨다.

사리불아, 오는 세상 성불하실 부처님은
그 이름이 꽃 빛 여래 모든 중생 제도하니
많은 여래 공양 올린 보살의 삶 전지전능
온갖 공덕 갖추어서 무상도를 증명하네.

무량겁을 지낸 뒤에 큰 보배로 꾸민 세월
더러움을 벗긴 나라 청정하고 깨끗하며
유리로써 땅을 덮고 황금 줄로 경계 삼아
칠보로 된 가로수에 꽃과 열매 가득가득.

그 나라의 모든 보살 지닌 뜻이 견고하며
신통 묘용 온갖 작용 이미 모두 갖추어서
많고 많은 부처님께 보살도를 잘 배우니
이와 같은 보살들을 꽃 빛 여래 교화하네.

부처님이 왕자일 때 부귀영화 다 버리고
마지막 몸 이룬 뒤에 출가하여 성불하네.

꽃 빛 여래 세간 수명 길고도 긴 열두 소겁
그 국토의 백성들은 수명들이 여덟 소겁
그 부처님 열반한 뒤 바른 법이 머물기는
서른둘의 소겁이니 모든 중생 제도하리.

바른 법이 끝난 뒤에 오는 세월 서른두 겁
불사리가 유포되어 하늘 인간 공양하니
꽃 빛 여래 하는 불사 견줄 분이 없으리니

그분이 곧 그대 모습 마음깊이 기뻐하라.

이때, 비구 비구니 우바새 우바이 하늘의 신과 용왕 야차 건달바 아수라 가루라 긴나라 마후라가 등의 모든 대중은, 사리불이 부처님 앞에서 바른 깨달음의 수기를 받는 것을 보고, 그 마음이 뛸 듯이 기뻐 저마다 입고 있던 옷을 벗어 부처님께 공양을 올렸다. 석제환인과 범천왕들도 무수한 천자들과 함께 하늘의 기묘한 옷, 만다라꽃, 마하만다라꽃을 하늘에서 부처님께 공양을 올리니, 그 하늘 옷이 허공에 머물러 절로 절로 빙글빙글 돌아가며 하늘을 장엄하고 있었다. 그리고 모든 하늘의 수많은 악기가 허공에서 한꺼번에 연주되고, 온갖 종류의 하늘 꽃이 비 오듯 내리며, "부처님께서 옛날 바라나시에서 처음 법을 설하시더니, 지금 다시 최고의 법을 설하신다."라는 말이 들려왔다.

이때, 모든 천자가 거듭 이 뜻을 펼치려고 게송으로 말하였다.

옛날옛적 바라나시 고집멸도 법 설하여
모든 법이 생멸하는 모습들을 설명하고
지금 다시 높고 높은 큰 진리를 설파하니
깊고 깊은 미묘한 법 믿을 분이 많지 않아
우리들이 옛날부터 부처님 법 들었지만
이와 같은 미묘한 법 들어본 적 없었다네.

세존께서 설하신 법 저희 모든 기쁨이고
지혜로운 사리불이 지금 수기 받사오니

우리 모두 그와 같이 오는 세상 성불하여
세간에서 높고 높은 존귀한 분 되오리다.

불가사의 부처님 삶 형편 따라 말씀하니
금생이든 옛날이든 내가 지은 복덕들과
부처님을 찾아뵙고 갖추어진 온갖 공덕
마음 다해 정성 바쳐 부처님 삶 회향하리.

사리불이 열반에 대하여 묻다

이때, 사리불이 부처님께 사뢰었다.

"세존이시여, 이제 저는 다시 의심이 없기에
몸소 부처님 앞에서 바른 깨달음의 수기를 받
았습니다. 여기 마음이 자유로운 천이백 아라
한이 예전 공부할 적에, 부처님께서는 늘 교화
하시며 '나의 법은 생로병사를 벗어날 수 있고

마침내 열반에 들게 한다.'라고 말씀하셨습니다. 도를 배우는 이들과 다 배운 이들도 저마다 스스로 '나'라는 소견이나 '있다' '없다'라는 소견들을 여의어서 열반을 얻었다고 하더니, 지금 세존 앞에서 전에 듣지 못한 법을 듣고서는 모두 의혹에 빠져 있습니다. 거룩하신 세존이시여, 원하옵건대 사부대중들을 위하여 그 인연들을 말씀하시어서 의심이 풀리도록 하소서."

불타오르는 집에 비유하다

이때, 부처님께서 사리불에게 말씀하셨다.

"내가 먼저 '모든 부처님께서 온갖 인연과 비유와 논리와 방편으로 법을 설하는 것이 모두 바른 깨달음을 위한 것이다.'라고 말하지 않았더냐. 이 모든 설법이 모두 보살을 위한 것이다. 그러나 사리불이여, 이제 다시 비유를 들어 이 뜻을 드러낼 것이니, 지혜로운 사람들은 비유로 알 수 있기 때문이다.

사리불이여, 예전 어느 나라 큰 마을에 어떤 장자가 살고 있었다. 그분은 나이가 들었고, 재산과 전답과 가옥이며 하인들이 많이 있었다. 그의 집은 매우 크고 넓었으나 대문은 오직 하나뿐이었다. 그 안에는 수백 명이나 되는 많은 사람이 살고 있었다. 그러나 그 집은 모두 낡았기에 벽과 담은 무너지고 기둥뿌리는 썩었으며 대들보는 기울어져 있었다. 어느 날 사방에서 갑자기 불이 나 그 큰집이 모두 타게 되었다. 장자의 아들이 수십 명인데, 그때 모두가 집 안에 있었다.

장자는 사방에서 큰불이 난 모습을 보고는 놀라 이렇게 생각하였다.

'내가 불난 집에서 무사히 빠져나가더라도, 내 아이들은 즐겁게 노느라고 아무도 불난 줄을 알지 못해, 놀라거나 두려워하지 않고 있다. 불에 타면 극심한 고통을 받을 터인데, 그 불을 걱정하지도 않고 빠져나올 생각도 없다.'

사리불이여, 장자는 처음에 '내가 힘이 있으니, 옷 상자나 책 궤짝에 아이들을 담아 들고 나가야겠다.'라고 생각하였다. 그러나 다시 '이 집의 문은 단 하나뿐이고 매우 좁다. 아이들은 모두 어려 아직 불난 줄 알지 못하고 놀이에 빠져 있다. 자칫 구출이 늦어지면 아이들이 불구덩이에 빠져 불에 탈 것이니 이 무서운 일을 내가 말해야겠다. 이 집이 불타고 있으니 빨리 나가도록 하여 불에 타는 일이 없게 하여야겠다.'라고 생각하고, 자식들한테 '모두 빨리 나가야겠다.'라고 말하였다. 애가 탄 아버지가 좋은 말로 알아듣게 일러 주었으나, 어린 자식들은 노는 데에 정신이 팔려 믿거나 놀라거나 두려워하지를 않았다. 이에 불구덩이에서 빠져나올 생각이 없었다. 또한 어떤 것이 불이고 집인지, 무엇이 잘못되었는지 알지를 못하였다. 다만 이쪽저쪽 내달리고 놀면서 아버지를 물끄러미 바라보기만 할 뿐이었다.

그때, 장자는 '집이 벌써 큰 불길에 싸여 있다. 나와 아이들이 지금 빠져나가지 않는다면 반드시 불에 탈 것이다. 내가 방편으로 아이들 모두 불의 재앙에서 벗어나게 해야겠다.'라고 생각하였다.

아버지는 아이들이 장난감을 좋아하는 것을
알았다. 장난감을 준다면 반드시 즐거워할 것
이기에, 아이들에게 '너희들이 좋아할 장난감
이 있다. 참으로 귀한 것이다. 너희들이 갖지
않는다면 반드시 후회할 것이다. 양이 끄는
수레, 사슴이 끄는 수레, 소가 끄는 수레 등
모든 장난감이 지금 문밖에 있으니, 너희들이
갖고 놀아도 좋다. 너희들이 불타오르는 집에
서 빨리 나오기만 하면, 너희들이 달라는 대로
나누어 줄 것이다.'라고 일러 주었다.

그때야 아이들이 장난감이라는 아버지의 이
야기를 듣고, 그들 모두가 바라던 것이었기에
기뻐하며 다투어 그 불난 집에서 달려 나왔다.

장자는 자식들이 모두 불타오르는 집에서 무사히 빠져나와 길거리에 앉아 있는 것을 보고 더할 나위 없이 마음이 흐뭇하여 기쁨을 억누를 수 없었다. 그때, 아이들이 아버지에게 '아버지께서 주겠다고 약속한 양이 끄는 수레, 사슴이 끄는 수레, 소가 끄는 수레를 지금 주셔야 합니다.'라고 말하였다.

큰 수레를 차별 없이 나누어 주다

사리불이여, 그때 장자는 약속한 것보다 훨씬 좋고 큰 수레를 모든 자식에게 똑같이 나누어 주었다. 그 수레는 크고 높았으며 여러 종류의 보배로 장식되었다. 둘레에는 난간이 둘러 있고 네 귀퉁이에 소리 나는 방울을 매달았다. 그 위는 휘장을 쳐 진귀한 온갖 종류의 보배로 꾸몄다. 보배로 된 줄로 얽어 화려한 옥구슬을 드리웠다. 예쁘고 부드러운 깔개를 겹겹으로 펴고, 붉고 아름다운 베개를 그 위에 놓았다. 수레를 끌 흰 소는 빛깔이 깨끗하고 몸매가 아름다웠다. 힘이 세고 걸음이 바르며 빠르기가 바람 같았다. 또 많은 시종이 따르면서 그 수레를 호위하였다.

큰 수레를 나누어 준 까닭이 무엇인가. 이 장자의 재물이 헤아릴 수 없이 많아 온갖 창고에 빠짐없이 꽉 차 있기 때문이다. 그러므로 생각하기를 '나는 재산도 많은데 작고 시원치 않은 수레를 아이들에게 줄 게 아니다. 지금 모두가 나의 자식인데 누구를 편애할 일이 아니다. 나에게는 칠보로 꾸민 많은 수레가 있으니, 똑같은 마음으로 모두에게 나누어 줄 일이지 차별할 일이 아니다. 내가 이 보물을 모든 사람에게 나누어 주어도 모자라지 않을 터인데, 하물며 나의 모든 아들에게 나누어 줌에 무엇을 더 아낄 필요가 있겠는가.'라고 하였다. 이때, 아이들이 전에 타본 일이 없던 크고 화려한 수레를 타보니, 본래 자기들이 바라던 그런 작은 수레가 아니었다.

사리불이여, 그대의 생각은 어떠한가? 이 장자가 아이들에게 똑같이 모두 보배로 된 큰 수레를 나누어 준 게 잘못된 일이라고 생각하는가?"

사리불이 대답하였다.

"그렇지 않습니다, 세존이시여. 장자가 불의 재앙을 면하게 하고, 아이들 생명이 모두 온전한 것만 해도 잘못된 일이 아닙니다. 왜냐하면 목숨만 보전해도 이미 좋은 장난감을 얻은 것과 같거늘, 하물며 방편으로 불난 집에서 벗어나게 해 준 일이야 더 말할 필요가 있겠습니까.

세존이시여, 장자가 작은 수레 하나조차 주지 않는다고 하더라도, 이는 결코 허망한 일이 아닙니다. 왜냐하면, 장자가 먼저 생각하기를 '내가 방편으로 아이들을 불타오르는 집에서 나오게 하겠다.'라고 하였으니, 이 때문에 허망한 일이 아닙니다. 하물며 장자가 스스로 자기의 재물이 헤아릴 수 없이 많음을 알고 있는데, 자식들을 이롭게 하려고 크고 화려한 수레를 똑같이 나누어 준 일이야 어찌 더 말할 필요가 있겠습니까."

부처님께서 사리불에게 말씀하셨다.

"그대의 말이 참으로 옳다. 그대가 말한 바와 같다. 사리불이여, 모든 세간의 아버지와 같은 여래께서는 모든 걱정과 어둠 속의 두려움을 남김없이 영원히 타파하고, 헤아릴 수 없이 많은 지혜와 두려움이 없는 경계를 다 성취하신다. 큰 신통력과 지혜가 있으며, 방편과 지혜로 세간의 어려움을 다 헤쳐 나가신다. 크게 자비로워 게으름이 없이 항상 좋은 일을 찾아 모든 중생에게 풍요로운 이익을 주신다.

또한 여래께서는 썩고 낡은 불타오르는 집과 같은 중생의 세상에 몸소 출현하여, 중생들의 생로병사와 근심과 슬픔, 온갖 고통 및 어리석은 탐욕, 성냄의 불길에서 그들을 제도하고 가르치며 바른 깨달음을 얻게 하신다.

모든 중생이 생로병사와 근심과 슬픔, 온갖 고통 속에서 시달리는 까닭을 보니, 잘못된 욕망과 재물 때문이다. 이를 추구하기 때문에 현세에서 많은 고통을 받고, 후세에는 지옥, 축생, 아귀 삼악도의 고통을 받는다. 천상과 인간 세계에 태어나면, 가난과 이별과 증오 및 온갖 고통에 빠져 있더라도, 중생들은 이 사실을 깨닫지 못하고, 오히려 기쁘게 뛰어놀며 놀라거나 두려워하지도 않고 싫어하는 마음도 없어 해탈을 구하지도 않는다. 불타는 세상에서 중생은 이리저리 뛰어다니며 큰 고통을 만나도 걱정하지 않는다.

사리불이여, 부처님께서 이들을 보시고는 바

로 '나는 중생의 아버지다. 그들의 고통을 제거하고 헤아릴 수 없이 많은 부처님의 지혜 그 즐거움을 주어 그들이 즐겁게 노닐게 하겠다.'라고 생각하였다.

지혜와 방편으로 중생을 제도하다

사리불이여, 여래께서는 또 이런 생각을 하였다.

'내가 방편을 버리고, 신통력과 지혜로 모든 중생을 위하여 두려움이 없는 여래의 지혜만 찬탄하면, 중생들은 이것으로 득도할 수 없다. 왜냐하면 모든 중생이 생로병사와 근심과 슬픔과 고통에서 벗어나지 못하고, 여전히 불타는 중생의 세상에서 시달리게 될 것이니, 무엇으로 부처님의 지혜를 이해할 수 있겠는가?'

사리불이여, 이는 마치 장자가 힘이 있더라도 힘을 쓰지 않고, 오직 은근한 방편으로 애써 불타오르는 집에서 자식들을 모두 구한 뒤에, 그들에게 제각각 진귀한 보배로 된 크고 화려한 수레를 주는 것과 같다. 여래께서도 이와 같아 두려움이 없는 큰 힘이 있더라도, 쓸 때가 아니면 쓰지를 않는 것이다.

다만 지혜와 방편으로 불타는 중생의 세상에서 중생을 제도하려고 성문승, 벽지불승, 불승을 나누어 설할 뿐이다."

그리고 또 이렇게 말씀하셨다.

"그대들은 불타는 중생의 세상에서 머무는 것을 좋아하지 마라. 번뇌를 동반하는 색과 소리, 냄새, 맛, 느낌을 탐내어 집착하지 마라. 탐내고 좋아하면 그 경계에 시달릴 것이니, 그대들은 빨리 중생의 세상에서 벗어나 성문승, 벽지불승, 불승을 얻어야 할 것이다. 내가 이제 그대들을 위하여 이 일을 일러 줄 것이니, 끝내 허망하지 않을 것이다. 그대들은 오직 부지런히 공부하라. 여래는 이 방편으로 중생들을 권유하고 이끌 것이다."

그리고 다시 이런 말씀을 하셨다.

"그대들은 마땅히 알아야 한다. 이 삼승의 법은 모두 성인이 칭찬하신 바이고 자유자재하여 걸릴 게 없으며 의지하여 구할 것이 없다. 이 삼승을 배워 번뇌 없는 깨달음의 선정과 해탈과 삼매를 스스로 즐긴다면 바로 생각할 수 없는 안온하고 쾌락한 삶을 얻을 것이다.

사리불이여, 어떤 지혜로운 중생이 여래께 법을 듣고 믿어 받아들여, 부지런히 정진하며 빨리 중생의 세상에서 빠져나오려고 열반을 구한다면, 이런 분은 성문승이라고 한다. 이는 마치 장자의 아이들이 양의 수레를 가지려고 불타오르는 집에서 달려 나오는 것과 같다.

어떤 지혜로운 중생이 여래께 법을 듣고 믿어 받아들여, 부지런히 정진하고 절로 드러나는 지혜를 찾아 홀로 한적한 곳을 즐기면서 모든 법의 인연을 깊이 안다면, 이런 분은 벽지불승이라고 한다. 이는 마치 장자의 아이들이 사슴 수레를 가지려고 불타오르는 집에서 달려 나오는 것과 같다.

어떤 지혜로운 중생이 여래께 법을 듣고 믿어 받아들여, 부지런히 정진하며, 모든 걸 아는 지혜, 부처님의 지혜, 절로 절로 드러나는 지혜, 스승 없이 아는 지혜, 여래의 지혜, 두려움이 없는 힘을 구하면서, 한량없는 중생을 가엾게 여겨 그들을 편안하게 하고, 천상과 인간에게 이익을 주어 모든 중생을 제도하여 해탈시키려고 한다면 이런 분은 대승(大乘) 보살이라고 한다. 이처럼 대승을 구하므로 큰 보살이라고 하니, 마치 장자의 아이들이 소 수레를 가지려고 불타오르는 집에서 달려 나오는 것과 같다.

방편으로 일불승에서 삼승을 분별하여 설하다

사리불이여, 장자가 아이들이 모두 불타오르는 집에서 빠져나와 안전한 곳에 탈 없이 도착한 것을 보고, 자기가 갖고 있는 헤아릴 수 없이 많은 재물을 생각하고 크고 화려한 수레를 모든 자식에게 똑같이 나누어 준 것처럼 여래께서도 이와 같다. 여래는 모든 중생의 아버지이므로, 한량없이 많은 중생이 부처님의 가르침으로 괴롭고도 두려운 중생의 세상, 고통에서 벗어나 열반의 즐거움을 얻는 것을 보고, '내게는 한량없는 지혜와 힘과 두려움이 없는 모든 부처님의 법이 갖추어져 있다. 중생들은 모두 나의 자식이니 똑같이 대승의 법을 줄 것이다. 어떤 사람이 홀로 열반을 얻게 할 것이 아니다. 여래의 열반으로 온갖 번뇌를 없애 모두 제도할 것이다.'라고 생각한다.

모든 중생이 중생의 세상에서 벗어남에, 그들에게 다 부처님의 선정과 해탈 같은 즐거움을 주니, 모두 하나의 모습으로서 한 가지이다. 성인들이 칭찬하는 바이니, 깨끗하고 오묘한 최고의 즐거움을 낼 수 있기 때문이다.

사리불이여, 장자가 처음 세 가지 수레로 자식들을 모두 위험에서 구출한 뒤에, 약속과 달리 보배로 장엄한 제일 크고 편안한 수레를 주었어도 장자에게 허물이 없듯, 여래께서도 그러하다.

여래께서는 처음 삼승을 설해 중생들을 이끈 뒤에야 대승으로 제도하여 해탈시킨다. 왜냐하면 여래는 한량없는 지혜와 두려움이 없는 힘과 모든 법을 갖추고 있으므로, 중생 모두에게 대승의 법을 줄 수 있지만, 다만 중생이 그 법을 다 받을 수 없기 때문이다.

사리불이여, 이 인연으로 모든 부처님은 방편으로 일불승에서 삼승을 분별하여 설한다는 것을 알아야 한다."

부처님께서 거듭 이 뜻을 펼치려고 게송으로 말씀하셨다.

비유하면 어떤 장자 크나큰 집 가졌으나
그 가옥이 오래되어 퇴락하고 낡았더라.

건물마다 위태롭고 기둥뿌리 썩어 들며
대들보는 기울어져 축대마저 무너지고
담과 벽이 무너지고 발랐던 흙 떨어지며
지붕들도 썩어내려 서까래도 틀어지고
막혀버린 골목에는 오물만이 가득하며
그 가운데 오백 식구 우글우글 살아가네.

올빼미와 부엉이 독수리 까마귀 까치
비둘기와 독사 살무사 전갈 지네 그리마
도마뱀과 노래기 족제비 너구리 생쥐 집쥐
온갖 나쁜 벌레들이 서로 날고 기고 뛰네.

똥오줌의 악취 속에 더러운 것 가득하며
쇠똥구리 구더기들 모여들어 위를 덮고
여우 이리 야간들이 죽은 시체 달려들어
서로 물고 뜯어 먹어 살과 뼈가 낭자하네.

이 때문에 굶주린 개 몰려와서 끌고 당겨
먹을 것을 찾느라고 이리저리 허둥대며
서로 다퉈 잡아끌고 앙 으르렁 짖어대니
그 집 안의 무서움이 너무나도 험하구나.

여기저기 있는 것들 험상궂은 도깨비들

3

야차들과 나쁜 귀신 사람고기 씹어 먹고
독이 있는 벌레들과 포악 난폭 짐승들은
새끼들을 젖먹이며 각자 서로 기르는데
야차들이 달려와서 앞다투어 잡아먹고
배부르면 악한 마음 더욱더욱 치성하여
싸움하며 내는 소리 정말 매우 두렵다네.

정기 뺏는 귀신들이 흙더미에 걸터앉아
어떤 때는 공중으로 한자 두자 떠오르고
이리저리 뒹굴면서 제멋대로 장난하며
개 두 다리 붙들어서 신이 나게 두드리고
정신 나가 벌벌 떠는 개의 목을 두 다리로
꼭꼭 눌러 놀리면서 각자 서로 즐겨 하네.

귀신들이 더 있으니 그들 키가 장대하고
벌거벗은 검은 몸이 그 가운데 항상 있되

포악스레 악을 쓰며 먹을 것을 서로 찾네.

귀신들이 더 있는데 목구멍이 바늘구멍
귀신들이 더 있으니 그 머리는 소 머리통
사람고기 씹어 먹고 개고기를 뜯어 먹어
머리털이 휘날리는 생긴 몰골 흉악하며
목마르고 배고파서 울부짖고 내달리네.

야차들과 아귀들과 사나운 새 짐승들이
배고프고 굶주려서 사방으로 치달릴 새
창틈으로 이런 모습 가만가만 살펴보니
이와 같은 무서운 일 갖가지로 끝도 없네.

이렇게나 낡고 큰 집 한 사람의 소유인데
그 사람이 집을 나와 얼마 되지 않았을 때
그 집 뒤뜰 어딘가에 순식간에 불이 나서

한꺼번에 사방으로 불길들이 치솟더라.

대들보와 서까래가 타는 소리 진동하고
꺾어지고 부서지고 담과 벽이 무너지며
온갖 귀신 뜨겁다고 소리소리 울부짖어
부엉이나 독수리나 정기 뺏는 귀신들은
얼이 덜덜 당황하여 나올 줄을 모르더라.

악한 짐승 독한 벌레 구멍 찾아 숨어들며
시체 먹는 귀신들도 그 가운데 머물더니
복이 없고 박덕하여 거센 불길 쫓기면서
서로 다퉈 해를 끼쳐 피와 살을 뜯어 먹고
들개 같은 무리들은 벌써 모두 죽었기에
크고 악한 짐승들이 몰려와서 씹어 먹네.

구린 연기 자욱하여 사방으로 가득하고

지네들과 그리마와 독사 같은 미물들이
불에 데어 뜨겁기에 구멍에서 나올 적에
정기 뺏는 귀신들이 날름날름 주워 먹네.

다시 모든 아귀마다 머리에서 불이 붙고
배고픈데 뜨거워서 황급하게 달아나니
이와 같은 집안 광경 지독하게 무서운데
유독 가스 험한 불길 온갖 재난 끝이 없네.

불이 탈 때 집 주인은 대문 밖에 있었는데
어떤 사람 전하기를 여보 당신 자식들이
노는 데에 정신 팔려 불타는 집 그 속에서
아직 어려 모르기에 장난치고 놀이하오.

아버지는 이 말 듣고 불타는 집 뛰어들어
때맞추어 구출하고 불에 타지 않게 하려

아이들을 타이르며 온갖 재앙 설명했네.

악한 귀신 독한 벌레 시뻘건 불 만연하니
온갖 고통 끊임없이 차례차례 이어지고
살무사와 독사 전갈 온갖 종류 야차들과
정기 뺏는 귀신이며 여우들과 들개 무리
부엉이와 독수리 솔개 올빼미 노래기들
배고프고 목이 말라 다급하고 야단이라.

너무나도 무서운데 이런 고통 난리 속에
큰불까지 일어나니 이 일들을 어찌하리
아이들이 철이 없어 아버지 말 듣고서도
노는 데만 정신 팔려 놀이에만 열중하네.

이런 상황 아버지는 다시 한번 생각하되
자식들이 말 안 들어 더욱 걱정 많아지니

지금 불난 집에 전혀 기뻐할 일 없건마는
모든 아이 노는 데에 온 정신이 팔려있어
나의 말을 안 들으니 장차 불에 탈 것이다.

곧장 다시 생각하되 모든 방편 베풀리라.
아이에게 하는 말이 나에게는 가지가지
놀기 좋은 장난감에 보배 수레 널려 있어
양과 사슴 끄는 수레 큰 소들이 끄는 수레
대문 밖에 와 있는데 너희들은 나오너라.

너희들을 위하여서 이런 수레 꾸몄으니
그대들은 마음대로 타고 놀고 끌 수 있다.

아이들은 좋아하는 수레 있다 소리 듣고
곧장 바로 앞뒤 다퉈 밀치고서 뛰쳐나와
문밖으로 다다르니 모든 재난 피하더라.

아버지는 자식들이 불타던 집 빠져나와
탈이 없이 큰길가에 앉아 있는 모습 보고
사자좌에 걸터앉아 스스로가 기뻐하니
내가 이제 걱정 없어 즐겁다고 말한다네.

여기 있는 아이들은 기르기도 어려운데
어리석은 아이들이 위험한 집 들어가고
독한 짐승 득실득실 도깨비도 무서운데
맹렬하게 쫓는 불길 사방에서 타오르네.

놀기에만 정신 팔린 철모르는 자식들을
내가 이제 구하여서 온갖 재난 벗어나니
이 때문에 새록새록 나의 마음 기쁘도다.

그때에야 아이들은 아버지를 알아보고
다가가서 하는 말이 세 종류의 보배 수레

원하오니 약속대로 우리에게 주옵소서.

조금 전에 하신 말씀 우리들이 나온다면
세 종류의 수레들을 주신다고 하였는데
지금 바로 그때이니 어서 나눠 주옵소서.

아버지는 큰 부자로 큰 곳간이 많이 있어
금과 은과 유리 보배 조개옥돌 마노들과
여러 가지 보배로써 큰 수레를 만드는데
난간들을 훌륭하게 장식하여 둘렀더라.

사방에다 황금 줄로 금방울을 엮었으며
그 위에다 진주 그물 장막처럼 덮었으며
금빛 꽃과 옥구슬을 곳곳마다 드리우고
온갖 채색 덧칠하여 주변들을 장식하네.

부드러운 솜과 비단 앉을 자리 만들었고
위에 있는 모포들은 아주 좋은 제품이며
새하얗고 깨끗한 천 그 위에다 덮었으니
새하얀 소 덩치 크고 기운 세어 건강한데
그 몸매도 아름다워 보배 수레 끌고 가네.

많고 많은 시종 모두 호위하며 잘 모시는
이와 같은 좋은 수레 자식한테 주었더니
모든 아들 이때에야 전에 없이 기쁜 마음
보배 수레 올라타고 사방으로 다니면서
즐거움을 만끽하고 자유자재 걸림 없네.

사리불아, 말하노니 나도 또한 이와 같아
성인 중에 가장 높은 세간 중생 아버지라
모든 중생 알고 보면 전부 나의 자식인데
헛된 세상 즐거움에 어리석게 빠져 있네.

중생 세상 괴로움이 불타는 집 똑같기에
많은 고통 가득하여 무섭고도 무서워서
언제나늘 생로병사 근심 고통 가득한데
이와 같은 불길들이 끊임없이 타오르네.

불타는 집 고통에서 벗어나신 부처님은
숲과 들판 있더라도 고즈넉이 편안하네.

세상 곳곳 큰 고통이 내가 있을 까닭이라
그 가운데 있는 중생 모두 나의 아들인데
이들 있는 그곳에는 재앙들만 가득 있어
나와 같은 여래라야 구제할 수 있으리라.

타이르고 가르쳐도 믿지 않는 그 마음은
온갖 종류 애욕으로 집착하기 때문이니
여기 맞는 방편으로 세 가지 법 설하여서

가련한 저 중생들이 세상 고통 알게 하네.

세간에서 벗어날 길 가르치고 설명하니
아이들이 빠짐없이 마음으로 믿음 내면
세 가지의 밝음이나 육신통을 다 갖추어
연각 또는 불퇴전의 보살법을 얻으리라.

사리불아, 이제 내가 모든 중생 위하기에
이 비유로 부처님의 극락정토 말하노니
그대들이 이 말들을 믿고 알고 받아쓰면
어떤 사람 누구든지 부처님 길 이루리라.

일불승은 미묘하고 청정하기 으뜸이라
어떤 세간 법보다도 그 위치가 가장 높아
부처님이 기뻐하고 중생들도 찬탄하며
높고 높은 일불승에 공양하며 예배하네.

헤아릴 수 없이 많은 모든 힘과 선정 해탈
슬기로운 지혜들과 부처님의 다른 법들
이런 법을 얻고서야 모든 아이 따르게 해
밤낮으로 오랜 세월 즐거이 늘 놀게 하네.

모든 보살 더불어서 성문대중 한꺼번에
보배 수레 올라타면 여래 도량 도달하니
이런 인연 사방으로 눈을 씻고 찾아봐도
부처님의 방편 떠나 다시 배울 것이 없다.

사리불아, 말하노니 그대들은 다들 모두
빠짐없이 나의 아들 나는 그대 아버지니
그대들이 오랜 겁에 많은 고통 받았기에
내가 모두 제도하여 삼계 고통 벗어나네.

내가 비록 그대에게 열반이라 말했어도

이는 모두 생사일 뿐 그 진실은 불멸이니
지금 응당 구할 것은 부처님의 지혜니라.

만약 어떤 보살들이 여기 대중 가운데서
부처님의 진실한 법 정성 다해 듣는다면
부처님의 가르침이 방편이라 할지라도
교화되는 중생들은 모두 함께 보살이라.

어떤 사람 지혜 없이 애욕에만 집착하면
이런 사람 위하기에 그 고통을 설명하니
중생들이 기뻐하여 미증유법 얻게 되고
부처님의 참된 말씀 진실하여 틀림없다.

괴로움의 그 근본을 중생들이 모른다면
그 근본에 집착하여 잠시라도 못 버리니
이런 사람 위하기에 방편으로 도를 말해

모든 고통 그 원인은 탐욕심이 근본이라.

탐욕심이 멸한다면 의지할게 없으므로
모든 고통 다 사라져 그 이름이 열반이니
열반 행복 얻으려고 팔정도를 수행함에
고통 속박 여읜다면 해탈이라 부른다네.

이 사람이 무엇에서 해탈 행복 얻었는가.
허망한 것 여의어서 해탈이라 부르지만
실지로는 모든 해탈 얻는 것이 아니므로
이 사람을 부처님은 열반이라 하지 않네.

이 사람은 무상도를 아직 얻지 못했기에
열반 행복 도달했다 생각하지 않으리니
나는 법의 왕으로서 모든 법에 자유자재
중생들을 편케 하려 이 세상에 온 것이다.

사리불아, 내 가르침 이익 주는 법이지만
그렇다고 아무 데나 설법하려 하지 마라
이런 법을 듣는 사람 기뻐하고 받아쓰면
불퇴전의 보살임을 모름지기 알지어다.

이 경전의 가르침을 믿고 알고 받아쓰면
이 사람은 지난 세상 부처님을 찾아뵙고
예경하고 공양 올려 이 법문을 들었노라.

누구든지 그대 말에 믿는 마음 낸다면은
이 사람은 그대 보며 또한 나를 보는 마음
비구승과 보살까지 아울러서 보는 마음
법화경의 가르침은 깊은 지혜 속에 있어
보통 사람 듣는다면 미혹하여 알 수 없다.

듣고 아는 성문이나 혼자 깨친 벽지불도

법화경의 가르침엔 그들 힘이 못 미치고
이 가르침 부처님의 믿음으로 들어감에
사리불도 그러한데 다른 성문 똑같으니
모든 성문 빠짐없이 부처님 말 믿었기에
법화경을 따라가나 자기 지혜 아니더라.

이제 다시 사리불아, 교만하고 게으르며
아상 있는 자에게는 이 경전을 설법 말고
사람들이 알지 못해 세간 욕심 집착하면
법 듣고도 모르리니 그들에게 설법 말라.

법화경을 믿지 않고 비방하고 훼손하면
세간에서 부처님 될 씨앗들을 끊어내고
좋은 얼굴 찌푸리고 온갖 의혹 품으리니
이런 사람 죄의 업보 잘 들어서 알아둬라.

부처님이 계실 때나 열반하신 뒤에라도
법화경의 가르침을 험담하고 비방하고
경전 읽고 외워가며 항상 받아 지닌 자를
경멸하고 미워하고 원한 가득 품는다면
이런 사람 죄의 업보 이제 그대 들으리라.

그 사람이 죽은 뒤에 무간지옥 들어가서
억만년을 다 채우고 다시 한번 태어나길
끊임없이 되풀이해 끝날 날이 있지 않고
지옥업보 받고 나서 축생계로 떨어져서
여우 들개 몸을 받아 들판에서 지낼지라
추한 모습 더러워서 사람들이 천대하네.

사람들이 싫어하여 오고 갈 데 전혀 없어
배고프고 목이 말라 뼈와 살이 앙상하며
살아서는 죽을 고생 죽어서는 자갈 무덤

성불할 길 끊었기에 이런 업보 받느니라.

낙타 또는 당나귀로 몸을 받아 태어나면
가죽 채찍 맞으면서 무거운 짐 짊어지고
풀과 물만 생각할 뿐 다른 것은 알지 못해
법화경을 헐뜯어서 이런 업보 받느니라.

들개 몸을 받아 지녀 마을 안에 들어가면
더러워서 버짐 나고 한쪽 눈도 보지 못해
어린애들 달려들어 발로 차고 매질하여
온갖 고통 다 받다가 자칫하면 죽게 된다.

들개 몸이 죽어서는 구렁이 몸 다시 받아
그 길이가 징그럽게 오백 유순 뻗어나고
귀가 먹고 발이 없어 구물구물 기어가면
작은 벌레 독벌레들 몸 전체를 빨아먹어

밤낮으로 받는 고통 쉴 사이가 없으리니
법화경을 헐뜯어서 이런 업보 받느니라.

사람 몸을 받더라도 어리석기 짝이 없고
난쟁이에 곰배팔이 절름발이 눈먼 소경
귀머거리 곱사등이 몸을 받아 서럽더라.

그 사람이 하는 말을 다른 사람 믿지 않고
입에서는 추한 냄새 귀신들이 따라붙고
가난하고 천박하여 다른 사람 하인 되며
병이 많고 수척한데 의지할 곳 전혀 없어
다른 사람 좋아해도 짝해주는 사람 없고
좋은 일이 있더라도 금방 다시 잃고 마네.

의사 공부 잘하여서 처방 따라 치료해도
다른 병만 더 보태고 사람마저 죽게 하며

자신에게 병 있으면 치료해 줄 사람 없고
좋은 약을 먹더라도 병세만 더 나빠지네.

다른 사람 반역죄와 강도질과 절도죄에
까닭 없이 말려들어 억울하게 벌 받으니
이런 업보 죄인들은 부처님을 뵐 수 없다.

부처님이 이들에게 법을 설해 교화해도
이런 죄인 늘 언제나 어려운 곳 태어나서
귀가 먹고 산란하여 법을 전혀 듣지 못해
헤아릴 수 없이 많이 흘러가는 세월 속에
태어나도 불구 되어 벙어리에 귀머거리.

지옥 속에 늘 있으니 그 지옥이 놀이터라
자기 집의 안방처럼 나쁜 길로 드나드니
낙타 몸과 당나귀 몸 개와 돼지 모습이라

법화경을 헐뜯어서 이런 업보 받느니라.

사람으로 태어나도 청각 장애 눈먼 봉사
언어 장애 가난하며 추한 모습 드러내고
푸석푸석 썩은 몸과 마른버짐 문둥병과
등창 같은 이런 병이 몸 전체에 퍼져있네.

몸은 항상 추한 냄새 때가 많고 더러우며
나란 생각 집착하여 성내는 일 더욱 많고
음탕한 맘 치성하여 짐승들도 안 가리니
법화경을 헐뜯어서 이런 업보 받느니라.

사리불아, 잘 들어라 이 경전을 헐뜯은 이
죄의 업보 말한다면 말로 표현 다 못함에
이런 인연 가지고서 짐짓 내가 말을 하니
지혜 없는 사람에게 이 법문을 하지 마라.

똑똑하고 지혜 있어 부처님 삶 구한다면
이와 같은 사람에게 이 법문을 설하면서
많은 여래 친견하고 깊은 선근 심었다면
이와 같은 사람에게 이 법문을 설하여라.

정진하여 마음 닦되 목숨 바쳐 공부하면
이와 같은 사람에게 이 법문을 설하면서
다른 사람 공경하고 다른 생각 전혀 없어
어리석은 마음 없이 깊은 산중 공부하면
이와 같은 사람에게 이 법문을 설하여라.

나쁜 친구 멀리 떠나 선지식을 친견하면
이와 같은 사람에게 이 법문을 설하면서
사는 모습 아름다워 대승 경전 구한다면
이와 같은 사람에게 이 법문을 설하여라.

성을 안내 순수하고 그 마음이 부드러워
늘 중생을 챙기면서 부처님을 공경하면
이와 같은 사람에게 이 법문을 설하여라.

대중 속의 불자들이 맑디맑은 마음으로
온갖 인연 비유들로 걸림 없이 설법하면
이와 같은 사람에게 이 법문을 설하여라.

어떤 비구 부처님의 온갖 지혜 알기 위해
사방으로 법 구해서 지극 정성 받아들여
정수리에 대승경전 받아 들고 기뻐하며
소승경전 한게송도 받아 들지 않는다면
이와 같은 사람에게 이 법문을 설하여라.

지극 정성 마음 모아 불사리를 구하는 듯
경전 구해 마찬가지 정수리에 받아 드니

두번 다시 소승경전 구하려는 마음 없고
아직까지 속된 공부 마음 내지 않았다면
이와 같은 사람에게 이 법문을 설하여라.

사리불아, 잘 들어라 부처님 삶 향해 가는
이런 모습 영원토록 설명해도 끝없지만
이와 같은 사람들은 능히 믿고 이해하니
모름지기 정성 다해 법화경을 설하여라.

4. 진실을 믿고 알아야 한다

【 신해품信解品 】

네 명의 제자가 법을 듣고 기뻐하니

이때, 부처님의 훌륭한 제자 해공(解空) 제일 수보리, 논의(論議) 제일 가전연, 고행(苦行) 제일 마하가섭, 신통(神通) 제일 목건련이 부처님께 전에 듣지 못했던 법과 사리불에게 바른 깨달음의 확신을 주는 수기를 듣고 희유한 마음을 내어 뛸 듯이 기뻐하였다.

그들은 바로 자리에서 일어나 옷을 가지런히 하고 존경의 표시로 오른쪽 어깨를 드러내며 오른쪽 무릎을 땅에 대었다. 정성을 다하여 합장하고 허리를 굽혀 공경하며 부처님의 얼굴을 우러러보았다.

그리고 그들 중 마하가섭이 부처님께 말씀드렸다.

"저희 모두는 대중에서 나이가 많고 늙은 사람들입니다. 저희 모두 스스로가 이미 열반에 들어가 더 공부할 일이 없다고 하여 다시 깨달음을 구하지 않았습니다. 세존께서는 오랫동안 예전부터 법을 설하셨고, 저희도 그 자리에 있었으나, 게으르고 몸이 피로했기에 다만 공(空), 무상(無相), 무작(無作)만을 생각했습니다. 보살의 법으로 신통을 부리고 부처님의 국토를 맑히며 중생을 행복하게 하는 일에는 조금도 즐거워하지를 않았습니다. 왜냐하면 세존께서는 저희 모두에게 중생의 세상에서 벗어나 열반을 얻었다고 생각하게 했기 때문입니다.

또 저희 모두가 지금 나이 들고 늙었기에 부처님께서 보살을 깨닫게 하는 가르침에 한 생각도 좋아하는 마음을 내지 않았습니다. 그런데 지금 부처님 앞에서 성문에게 바른 깨달음에 대한 수기를 주는 것을 듣고 전에 없이 참으로 기쁜 마음입니다. 지금 뜻밖에 희유한 법을 듣고 매우 기뻐하며 큰 이익을 얻었으나, 그렇다고 헤아릴 수 없이 많은 보물을 구하지 않았는데도 저절로 얻은 것이라고 말할 일은 아닙니다.

아버지가 가난한 아들을 찾는 비유를 들다

세존이시여, 지금 저희는 즐거운 마음으로 이 뜻을 비유로 나타내겠습니다.

어떤 사람이 어린 나이에 아버지를 떠나 다른 지방에서 가난하게 살았습니다. 오십 년의 세월이 흘렀건만 아들의 가난은 더 심해져 사방으로 먹고 입을 것을 찾아다니다, 우연히 아버지 집으로 향하게 되었습니다. 그의 아버지는 아들을 찾다가 만나지 못하고 어떤 성에 머물러 있었습니다. 아버지는 큰 부자로서 헤아릴 수 없이 많은 재물이 있었습니다. 금 은 유리 산호 호박 파리 진주 같은 보물이 창고마다 가득하고, 많은 남녀 하인과 가신들이 집안일을 도왔으며, 코끼리 말 소 양이 끄는 수레가 셀 수 없이 많았습니다. 상품과 곡식의 거래는 다른 나라까지 영향을 미쳐, 나라 안팎의 많은 상인이 몰려왔습니다.

가난한 아들은 지방 여러 군데를 떠돌다 마침

내 아버지가 사는 곳에 이르게 되었습니다. 아버지는 언제나 아들만 생각했지만, 아들과 이별한 지 오십 년이 지나도록 한 번도 다른 사람에게 이 일을 말하지 않았습니다. 다만 혼자 이 일을 마음 아프게 생각하고 있을 뿐이었습니다. 그는 재물이 많아 금, 은 등의 진귀한 보물이 창고마다 가득 찼으나, 자신은 늙고 자식이 없기에 자신이 죽게 되면, 재물을 맡길 사람이 없어 그 많은 재물이 없어지지 않을까 걱정하였습니다. 이 때문에 아들을 찾으려고 늘 마음먹고 있었습니다. 또 아들을 찾아 재산을 맡기면, 이런 걱정거리도 없어지지 않을까 생각하였습니다.

세존이시여, 그때 궁핍한 아들이 이리저리 품팔이 다니다가 우연히 아버지의 집에 다다랐습니다. 멀리 대문 앞에서 보니 그의 아버지는 보배로 만든 의자에 편히 앉아 있었습니다. 많은 바라문과 경호원 및 거사들이 모두 공손한 자세로 그를 에워싸 모시고 있고, 그들은 매우 귀한 진주 목걸이로 몸을 꾸미고 있었습니다. 시종과 하인들은 작은 벌레나 곤충을 쫓는 흰 부채를 손에 들고 아버지를 좌우에서 모셨으며, 보배로 장식한 휘장으로 뜨거운 햇빛을 가리려 위를 덮고 꽃처럼 펄럭이는 아름다운 깃발을 드리웠습니다. 좋은 냄새를 풍기는 향수를 땅에 뿌렸는데 아름다운 꽃이 흩날렸으며, 진귀한 보물을 벌여 놓고 주고받는 화려한 모습이 아버지에 대한 위엄과 존경을 드러내고 있었습니다.

가난한 아들은 큰 세력을 지닌 자기 아버지를

보자 두려운 생각이 들어 그곳에 온 것을 후회했습니다. 그는 속으로 '저분은 아마 왕이나 왕족일 것이니 내가 품팔이하여 음식을 얻을 곳이 아니다. 이보다 좀 못한 가난한 마을로 찾아가 내 마음대로 품을 팔아서 먹고 입는 일을 해결하는 게 여기 있는 것보다 더 나을 것이다. 여기 오래 있다가는 잘못 붙들려 강제로 일을 당하게 될지도 모른다.'라고 생각하였습니다. 이런 생각이 들자마자 그는 서둘러 달아났습니다.

그때, 높고 큰 자리에 앉아 있던 아버지는 자기 아들을 바로 알아보고 크게 기뻐했습니다. 아버지는 곧 '나의 창고에 가득 차 있는 보물을 이제 맡길 데가 생겼다. 내가 늘 아들만 생각했는데도 만날 수 없더니 홀연 제 발로 찾아

왔구나. 나는 나의 소원을 때맞춰 성취하였다. 내 비록 늙었으나 아들을 찾지 못하여 여태까지 애석한 마음이 있었다.'라고 생각했습니다. 아버지는 옆에 있던 사람을 급히 보내 아들을 데려오게 했습니다. 그 사람이 쏜살같이 달려가 아들을 붙드니, 가난한 아들은 놀라 원망스럽게 '내게 아무 잘못도 없는데 왜 붙드십니까?'라고 큰 소리로 말하였습니다. 그러자 하인은 그를 더 단단히 붙들고 강제로 데려가려 했습니다.

그때, 가난한 아들은 '내가 아무 죄도 없는데 붙잡혔으니, 이들은 반드시 나를 죽일 것이다.'라고 혼자 생각하였습니다. 아들은 무섭고 두려운 생각에 정신을 잃고 땅에 쓰러져 기절하였습니다. 아버지는 멀리서 그 모습을 지켜보다가 하인에게 '그 사람은 데려올 필요 없다. 억지로 데려오지 마라. 찬물을 끼얹고 정신을 차리게 해라. 다른 말을 더하지 말아야 한다.'라고 말해 두었습니다. 왜냐하면 아버지는 아들의 못난 마음을 알고, 호화롭고 부귀한 생활은 아들이 감당하기 어려운 줄 알았기 때문입니다. 아들인 줄 알았지만, 방편으로 다른 사람에게 그 사실을 말하지는 않았습니다. 대신 하인이 아들한테 '내가 너를 놓아줄 터이니 네 마음대로 가도 좋다.'라고 하니, 가난한 아들은 매우 기뻐하고 땅에서 일어나 거기보다 좀 못한 가난한 마을을 찾아가 먹고 입을 것을 구했습니다.

그러자 장자는 아들을 타일러 데려오고자 방편을 썼습니다. 행색이 초라하고 볼품없는 두 하인을 보내면서 은밀히 그들에게 '너희들은 그를 찾아 여기에 일할 곳이 있는데 품삯을 두 배 준다고 해라. 그가 좋아하면 데리고 와 일을 시켜라. 무슨 일을 하냐고 묻거든 똥 치우는 일이라고 하고, 너희도 함께 일한다고 말해야 한다.'라고 일러두었습니다. 두 사람은 곧 가난한 아들을 찾아가 그 말을 전했습니다. 이에 그 아들은 먼저 품값을 받고 똥을 치우는 일을 하게 되었는데, 아버지는 아들의 모습에 가슴이 미어질 듯 마음이 매우 아팠습니다.

어느 날 창밖으로 더러운 똥 냄새가 나는 초췌한 아들을 본 아버지는, 옥구슬이 달린 좋은 의복을 벗고 때 묻은 허름한 옷으로 바꿔 입었습니다. 몸에 흙을 바르고 오른손에 똥통을 들고 거드름을 피우면서 일꾼들에게 '너희들은 부지런히 일하고 게으름을 피우지 말아야 한다.'라고 하였습니다. 이런 방편으로 아버지는 아들에게 가까이 다가갈 수 있었습니다.

다음날 다시 아들에게 '애야, 너는 늘 여기서 일하되 다른 곳에 가지 마라. 너의 품삯을 올려 주리라. 그릇이나 쌀, 밀가루, 소금, 간장할 것 없이 필요한 생활용품 모두를 청구하되 어려워 마라. 늙은 하인이 필요한 건 모두 줄 것이니 마음을 편히 가져라. 나는 너의 아버지와 같으니 다시 어려워 마라. 왜냐하면 나는 늙고 너는 젊은데도, 네가 일할 적에 한 번도 속이거나 성을 내고 원망하는 말이 없었으니, 다른 일꾼들의 나쁜 점을 너한테는 조금도 볼 수 없기 때문이다. 지금부터 너는 내가 낳은

아들과 같다.'라고 하고, 곧 장자는 그의 이름
을 다시 지어 주고 아들이라 불렀습니다.

그때, 가난한 아들은 이런 만남을 기뻐했으나,
그래도 전처럼 자신을 머슴살이하는 천한 사
람이라고 생각하였습니다. 이 때문에 아버지
는 이십 년 동안 아들에게 늘 똥만 치우게 하
였습니다.

이렇게 시간이 흘러 서로 마음이 통하고 믿었기
에 서로 왕래하는 데 어려움이 없었지만, 아들
의 거처는 그전과 똑같았습니다.

세존이시여, 그때 장자는 병이 생겨 얼마 지나
지 않아 죽을 것을 알았습니다. 그는 가난한
아들에게 '나에게는 지금 금은보배가 창고마

다 가득하다. 그것을 네가 다 알아서 처리해라. 내 뜻이 이러하니 너는 내 뜻을 알아야만 한다. 왜냐하면 너와 내가 지금은 다를 게 없기 때문이다. 마땅히 마음을 잘 써서 이 재물을 잃지 않아야 한다.'라고 당부하였습니다.

그때, 가난한 아들은 이 부탁을 받고 금은과 진귀한 보물 및 모든 창고를 맡았으나 조금도 욕심내지 않았습니다. 사는 곳도 예전 그대로였고, 자신을 낮추는 마음도 버리지 않았습니다.

얼마 뒤 시간이 흘러 아버지는 아들의 마음이 점차 열리고 큰 뜻을 가졌기에, 예전에 자신을 천하게 여겼던 마음을 스스로 뉘우치는 것을 알았습니다.

아버지는 죽을 때 아들에게 명하여 친족과 국왕과 대신과 무사들을 다 모이게 했습니다. 그리고 곧 그들에게 '여러분은 아셔야 합니다. 이 사람은 나의 아들이오. 내가 낳은 아들인데 전에 살던 성에서 나하고 헤어져 모진 고생을 오십 년 동안 했소이다. 그의 이름은 본래 법의 왕자였고 나의 이름은 법의 왕이었소. 오랫동안 근심 걱정하며 아들을 찾다가 홀연 이 성안에서 만났소이다. 이 사람은 참으로 나의 아들이고 나는 그의 아버지요. 지금 내가 가진 모든 재물은 다 나의 아들 것이오. 이전에 주고받던 모든 재물도 이 아들이 잘 알아서 처리할 것이오.'라고 선언했습니다.

세존이시여, 그때 가난한 아들은 아버지의 말을 듣고 전에 없이 큰 기쁨을 얻었습니다. 그는 '내가 본래 바라는 마음이 없는데도 지금 이 보물 창고가 저절로 생기는구나.'라고 생각했습니다.

부처님 아들로서 얻어야 할 것을 모두 얻다

세존이시여, 대부호 장자는 곧 여래이고 저희는 모두 부처님의 아들과 같습니다. 여래께서는 늘 저희를 아들이라고 말씀하셨습니다.

세존이시여, 저희가 고고(苦苦), 행고(行苦), 괴고(壞苦) 세 가지 괴로움 때문에, 삶과 죽음의 문제에서 온갖 고통을 받고, 미혹하고 어리석어 작은 법에 집착했습니다. 오늘 세존께서는 저희 모두 똥 무더기 같은 온갖 법을 없애야 한다는 것을 알려 주셨습니다. 저희는 그 가르침에서 부지런히 정진하여 참 열반의 하루치에 해당하는 품삯을 얻었습니다. 이것을 얻고 크게 기뻐하며 스스로 만족했습니다. 그리고 '부처님의 법에서 부지런히 정진하였으므로 얻은 것이 많다.'라고 하였습니다. 그러나 저희의 마음이 변변치 못하므로 작은 법에 즐거워하고 있는 것을 세존께서는 그대로 놓아두고, '그대들도 보물 창고와 같은 여래의 지견을 갖고 있다.'라고 알려주지 않으셨습니다. 세존께서는 여래의 지혜를 방편으로 말씀하셨는데, 저희는 부처님을 따라 겨우 열반의 하루치에 해당하는 품삯을 얻고는 소득이 크다고 자만하니, 대승에서 법을 구하려고 하는 마음이 없었기 때문입니다.

저희가 또 여래의 지혜로 모든 보살을 가르치면서도, 스스로 법에서 이 법을 원하는 마음이 없었습니다. 무엇 때문이겠습니까? 부처님께서는 저희가 작은 법을 좋아하는 줄 아시고 방편으로 저희 형편에 맞추어 법을 설하였으니, 이는 저희가 부처님의 참 아들인 줄 미처 몰랐기 때문입니다. 이제야 저희는 부처님께서 부처님의 지혜를 아낌없이 주시고자 함을 알았습니다. 왜냐하면 저희가 예전부터 부처님의 아들인데도, 다만 작은 법을 좋아했기 때문입니다. 만약 저희가 큰 법을 좋아하는 마음이 있었다면, 부처님은 곧 저희를 위하여 대승의 법을 설해 주셨을 것입니다.

부처님께서 오직 일승(一乘)만 말씀하시면서, 예전 보살들 앞에서 작은 법을 좋아하는 성문을 나무란 것은, 참으로 부처님께서 대승의 가르침으로 교화하고자 했던 것입니다.

이 때문에 저희 모두 본래 이 법을 바라는 마음이 조금도 없었는데, 지금 법왕의 큰 보물이 저절로 다가온 것입니다. 부처님의 아들로서 얻어야 할 것을 모두 얻은 것입니다."

이때, 마하가섭이 거듭 이 뜻을 펼치려고 게송으로 말하였다.

저희 모두 오늘에야 부처님의 말씀 듣고
전에 없이 기쁜 마음 가슴속에 가득 차니
성문들도 성불할 것 부처님이 설하심에
귀한 보배 안 구해도 절로 절로 얻습니다.

비유컨대 어린아이 유치하고 소견 없어
아버지를 멀리 떠나 먼 곳으로 도망가서
이리저리 오십 년을 떠돌면서 살았는데

아버지는 걱정되어 사방으로 찾더이다.

찾고 찾다 지친 걸음 큰 성 안에 머물러서
크나큰 집 지어놓고 큰살림을 차렸을 때
그의 집이 큰 부자라 많은 금과 은들이며
자거 마노 진주 유리 말과 소와 코끼리와
양과 가마 수레들과 논과 밭과 종들이며
거느리는 하인들이 셀 수 없이 많았다네.

주고받아 생긴 이익 이웃 나라 영향 주고
팔고 사는 상인들이 그 집 안에 가득 차며
많고 많은 사람 모두 빙 둘러싸 존경하니
임금이나 왕족들이 늘 언제나 경애하여
모든 신하 명문 호족 한결같이 공경하고
이런 인연 좋았기에 오고 가는 사람 많네.

부유하기 이와 같아 큰 세력을 가졌지만
몸이 점차 늙어가고 아들 생각 더욱 간절
자나깨나 찾는 마음 죽을 때가 되고 보니
어리석은 그 아들과 헤어진 지 오십여 년
창고마다 가득가득 금은보화 많은 재산
이것들을 누구한테 물려줄지 걱정이네.

이때, 아들 가난하여 먹고 살길 찾고 찾아
이 마을서 저 마을로 이리 데굴 저리 데굴
어떤 때는 찬밥 먹고 어떤 때는 굶주리며
허기지고 비쩍 말라 옴과 버짐 생겼었고
이리저리 떠돌다가 그 나큰 성 이르러서
품팔이로 살아가다 아버지 집 다다랐네.

그때 장자 아버지가 자기 집의 문안에서
보배 휘장 둘러치고 사자좌에 앉았는데

권속들에 둘러싸여 여러 사람 호위하고
어떤 사람 금은 보물 하나하나 계산하며
주고받는 온갖 재물 출납부에 기록하네.

궁한 아들 아버지의 위엄 존엄 바라보고
저분께선 국왕이나 왕족이라 생각하여
놀랍고도 두려워서 여길 어찌 왔었던고.

다시 한번 생각하니 더 머물다 잡혔다간
구박받고 핍박받아 모진 노동 당하리라
이런 생각 드는 순간 정신없이 달아나서
빈촌으로 찾아들어 품팔이로 살려 하네.

이때, 장자 아버지는 사자좌에 높이 앉아
멀리 있는 제 아들을 보는 순간 알아보네.

자기 아들 데려오라 하인에게 명을 하니
궁한 아들 이에 놀라 기절하고 넘어지며
이 사람들 날 붙드니 나는 정녕 죽으리라
먹고 사는 동냥으로 어찌 일이 이러한고.

아버지는 아들 마음 어리석고 졸렬해서
아버지란 자기 말을 결코 믿지 못하리라
방편으로 다시 한번 다른 하인 보내는데
애꾸눈에 난쟁이로 못난 사람 시키면서
네가 가서 말하기를 이리 와서 일을 하면
거름이나 치게 하고 일한 품삯 곱을 주리.

궁한 아들 그 말 듣고 기뻐하며 따라와서
똥 치는 일 겸하여서 집 안팎을 청소함에
아버지가 문틈에서 그 아들을 내다보니
어리석은 제 아들은 비천한 일 좋아하네.

이에 장자 옷을 바꿔 허름한 옷 걸쳐 입고
거름 치는 똥통 들고 아들한테 다가가서
방편으로 하는 말이 부지런히 일 잘하면
일한 품삯 올려 주고 손발 바를 기름 주리.

먹을 것도 넉넉하고 덮을 것도 따뜻하게
그대 생활 보살피리 부지런히 일만 하라
부드러운 목소리로 너는 나의 아들 같다.

지혜로운 아버지는 집안 출입 시키면서
이십 년이 흐르도록 집안일을 보게 하며
금은 진주 옥과 보물 눈앞에서 보여 주고
주고받는 온갖 살림 다 맡아서 보게 하나
대문 밖에 붙어 있는 초막집에 잠을 자는
그 아들은 가진 물건 하나 없는 가난뱅이.

아버지가 아들 마음 여문 것을 알게 되고
그 재산을 물려주려 친척들을 불러들여
국왕들과 대신들과 무사들을 모아 놓고
그들에게 하는 말이 이 사람은 나의 아들.

나를 떠나 멀리 가서 오십 년을 떠돌다가
제가 홀로 날 찾아와 지낸 세월 이십여 년
옛날 옛적 살던 성에 이 자식을 잃어버려
이리저리 찾아다녀 여기까지 온 것이니
이제 내가 갖고 있는 이 집안과 하인들을
아들한테 다 맡겨서 제 뜻대로 살게 하리.

그 아들이 생각하니 가난하고 힘든 세월
그 세월이 끝이 나서 큰 재산을 받게 되니
많은 집과 온갖 재물 한량없는 금은보화
전에 없던 큰 기쁨이 마음속에 넘쳐나네.

저희 모두 작은 법에 집착한 걸 아시고서
부처님은 성불했다 말씀하지 않았는데
번뇌 없는 온갖 법을 저희 모두 얻었기에
소승 이룬 성문이라 항상 말씀 하시면서
부처님이 저희에게 무상도를 설하시니
이런 법을 닦는 이는 언젠가는 성불하리.

저희 모두 말씀대로 모든 사람 위하여서
여러 가지 인연들과 가지가지 비유들로
온갖 언사 동원하여 무상도를 설했더니
모든 불자 우리에게 이 법문을 듣고 나서
밤낮으로 생각하며 부지런히 공부했네.

이때, 모든 부처님이 수기하며 하시는 말
그대들은 오는 세상 부처님이 될 것이다.

시방세계 부처님의 법문 속에 놓인 법문
보살들만 위하여서 참된 이치 연설하고
저희 성문 위하여선 아무 말씀 안 하시네.

궁한 아들 아버님 곁 가까이에 갈 수 있어
모든 보물 맡았어도 가질 생각 전혀 없듯
저희 모두 부처님 법 보배 곳간 말하지만
구하는 뜻 없는 까닭 또한 이와 같더이다.

저희 또한 속으로는 번뇌 없이 만족하고
오직 이 일 알고 나서 다른 생각 없었으니
불국토를 깨끗이 해 중생들을 교화한 것
저희 모두 듣더라도 즐거운 맘 없더이다.

그 까닭을 살펴보니 이 세간의 온갖 법은
모두가 다 공적해서 생멸할 일 전혀 없고

크고 작은 차별 없어 번뇌 없고 할 일 없어
이런 생각 하였더니 즐거운 맘 없더이다.

저희 모두 오랜 세월 부처님의 지혜에서
탐하는 맘 없게 하여 원하지도 아니하니
저희 모두 얻은 법이 최고라고 여겼도다.

저희 모두 오랫동안 공성 법을 닦아 익혀
욕계 색계 무색계의 고통에서 벗어나고
최후 몸에 숨어 있는 번뇌 있는 열반에서
부처님의 교화 받아 참된 도를 얻었으니
부처님의 깊은 은혜 갚았다고 했나이다.

저희 모두 비록 힘껏 모든 불자 제도하려
보살의 법 설하여서 부처님 삶 구했으나
이 법에서 원하는 맘 정말 하나 없었으니

부처님도 분별없이 저희 마음 아시므로
권하지를 않으면서 참된 이익 말씀하네.

아버지가 아들 마음 용렬한 줄 이미 알아
방편으로 그 마음을 다스리고 아우르며
그런 뒤에 많은 재산 아들에게 물려주듯
부처님도 이와 같은 희유한 법 드러내고
작은 법을 좋아하는 우리 마음 아시고는
방편으로 다스려서 큰 지혜를 가르치네.

저희 모두 오늘에야 전에 없던 기쁨에서
바라던 일 아니지만 절로절로 얻사오니
한량없는 보배 얻은 궁한 아들 같나이다.

세존이여 이제 저희 깨달음을 모두 얻어
번뇌 없는 참된 법에 청정한 눈 얻나이다.

저희 모두 오랜 세월 청정 계율 지녔으며
처음으로 오늘에야 그 결과를 얻었으니
부처님 법 가운데서 깨끗한 행 오래 닦아
지금에야 번뇌 없는 맑은 업보 얻나이다.

저희 모두 오늘에야 참된 성문 되었기에
부처님의 목소리로 온갖 소리 듣게 되고
저희 모두 오늘에야 아라한이 되었으니
온갖 세간 하늘 신중 사람들과 마와 범천
많은 대중 가운데서 공양물을 받나이다.

부처님의 크신 은혜 이 세상에 드문 일로
중생들을 교화하여 이익들을 나눠 주니
긴긴 세월 어느 날에 누가 은혜 갚으리오
수족 되어 받들면서 머리 숙여 예배하고
온갖 일로 공양해도 그 은혜를 못 갚으리.

머리 위에 모셔놓고 두 어깨에 짊어지고
하염없이 오랜 세월 마음 다해 공경하고
맛이 있는 음식들과 한량없이 좋은 의복
넓고 편한 이부자리 가지가지 탕약이며
전단향과 보배로써 마음 다해 공양 올려
넓고 높은 탑 세우고 좋은 옷을 땅에 깔아
이와 같은 좋은 일로 제아무리 오랜 세월
정성 다해 공양해도 그 은혜를 못 갚으리.

희유하신 부처님의 한량없고 끝이 없는
생각조차 할 수 없는 불가사의 큰 신통력
번뇌 없어 할 일 없는 모든 법의 왕으로서
중생 제도 모든 일을 참을 수가 있었으며
집착 많은 사람에게 형편 따라 법 설하네.

부처님의 정법에서 자유자재 법을 얻고

중생들의 온갖 욕망 가지가지 의지력을
그 형편에 따라가며 따뜻하게 감싸 안고
온갖 비유 가지고서 그들에게 법 설하네.

지난 세상 중생들의 좋은 인연 따라가서
공부 힘이 익었는지 하나하나 살펴보고
갖가지로 헤아리고 분별하여 아시고는
부처님 삶 바탕 삼아 근기 따라 법 설하네.

5. 크고 작은 약풀에 비유한 방편

【약초유품藥草喩品】

여래는 모든 법의 왕

이때, 세존께서 마하가섭과 여러 큰 제자들에게 말씀하셨다.

"착하고 착하도다, 가섭이여. 여래의 진실한 공덕을 잘 설명하니, 참으로 그대가 말한 내용과 같다. 여래는 헤아릴 수 없이 많은 공덕이 있으므로 그대들이 그 공덕에 대하여 아무리 기나긴 세월을 설명하더라도 다 설명할 수가 없다. 가섭이여, 마땅히 알아야 한다. 여래는 모든 법의 왕이니, 설한 내용이 조금도 허망하지 않다.

여래는 방편으로 지혜롭게 모든 법을 가르쳐, 설한 법이 모두 '어떤 것도 빠짐없이 다 아는 지혜의 경계'에 도달한다. 여래는 모든 법이 돌아갈 곳을 알고, 모든 중생이 깊은 마음으로 행할 것도 알아 통달하고 걸림이 없다. 또 모든 법을 남김없이 분명하게 알아, 모든 중생에게 모든 지혜를 보여준다.

크고 작은 나무와 약풀에 비유하다

가섭이여, 비유하면 삼천대천세계의 산천과 계곡, 땅 위에서 생겨나는 나무와 약풀의 경우와도 같다. 이 나무와 약풀들은 이름과 모양이 저마다 다르다. 짙은 먹구름이 삼천대천세계를 두루 가득 덮어, 일시에 골고루 내린 단비는 대지 전체를 촉촉이 적신다. 그러면 숲을 이루고 있는 나무와 약풀에 이르기까지 제각각 비를 맞는데, 작은 약풀은 작은 대로 그 뿌리와 줄기, 가지며 잎에 비를 맞고 조금 큰 약풀은 조금 큰 대로, 큰 풀은 큰 대로 뿌리와 줄기, 가지며 잎에 비를 맞는다. 나무 역시 크고 작은 특성 따라 크면 큰 대로, 작으면 작은 대로 저마다 비를 맞는다.

큰 구름에서 똑같이 내리는 비가 초목의 종류와 특성에 맞추어, 그들이 자라고 꽃과 열매를 맺게 하는 것이 여래의 지혜와도 같다. 비록 땅에서 똑같이 생겨나고 하늘에서 내린 비로 똑같이 적셔져도, 모든 풀과 나무의 모습에는 저마다 다른 차별이 있다.

부처님의 법도 약풀의 비유와 같다

가섭이여, 마땅히 알아야 한다. 여래께서도 이

와 같아, 세상에 나온 뜻이 하늘에 큰 구름이 일어나는 것과 같다. 여래의 큰 소리가 온 세계 하늘의 신중, 아수라에게 두루 들리는 것은, 하늘의 큰 구름이 삼천대천세계를 두루 덮는 것과 같다.

그러므로 대중 가운데서 여래께서는 '나는 여래 응공 정변지 명행족 선서 세간해 무상사 조어장부 천인사 불세존이다. 제도 안 된 자를 제도하고, 알지 못한 이를 알게 하며, 편안하지 못한 마음을 편안하게 하고, 열반을 얻지 못한 이는 열반을 얻게 한다. 지금 세상이나 오는 세상에서 바르게 알아야 한다. 나는 온갖 것을 알고 보며, 도를 알고 가르치며 설하는 사람이다. 이 때문에 그대들 하늘의 신중, 아수라들이 모두 여기에 와서 법을 듣는 것이다.'라고 말씀하셨다.

그때, 헤아릴 수 없이 많은 중생이 부처님이 계신 곳에 와서 법을 들었다. 여래께서는 이때, 중생들이 영리하고 둔한 사람인지, 부지런하고 게으른 사람인지를 보시고, 그들이 감당할 수 있게 법을 설하셨다. 온갖 중생은 모두 기뻐하고 많은 이익을 즐거이 받았다. 모든 중생이 이 법을 듣고 현세에 편안하고 후세에도 좋은 곳에 태어났다. 부처님의 도로써 즐거워하며 법을 듣게 되었다. 법을 듣고는 모든 걸림돌에서 벗어나, 온갖 법 가운데서 그들의 힘에 맞추어져 점차 도에 들어가게 되었다. 마치 큰 구름이 모든 나무와 약풀에 비를 내리면 그 종류와 성질대로 비를 맞아 저마다 자라는 것과 같았다.

여래의 설법은 한 모습이며 한 맛이다. 이른바 해탈의 모습이며 번뇌를 벗어난 모습이니, 마침내 '온갖 것을 빠짐없이 다 아는 지혜'에 도달한다.

어떤 중생이 여래의 법을 듣고 그대로 받아 지녀 읽고 외워 수행한다 해도, 얻는 공덕을 스스로 느끼고 알지 못할 것이다. 왜냐하면 오직 여래만이 이 중생의 종류와 모양, 바탕과 성품을 알기 때문이다. 오직 여래만이 무슨 일을 염두에 두고 생각하며 닦아야 할 것이며, 어떻게 염두에 두고 생각하며 닦을 것이며, 무슨 법을 염두에 두고 생각하며 닦아 어떤 법을 얻을 것인가를 알기 때문이다. 중생이 처한 온갖 상황을, 오직 여래만이 있는 그대로 보고 걸림 없이 아는 것이다. 이는 마치 나무와 약초가 스스로 자기의 성품이 상, 중, 하 어떤 것인 줄 알고 있지 못하는 것과 같다.

여래는 한 모습과 한 맛을 갖고 있는 법을 안다. 이른바 해탈의 모습이고 번뇌를 벗어난 모습이며, 마침내 늘 고요한 열반의 모습을 말하니, 끝내 온갖 것이 다 공(空)으로 돌아간다. 부처님께서는 이를 알고 중생의 욕망을 살펴 이들을 보호하신다. 이 때문에, 그들에게 '온갖 것을 빠짐없이 다 아는 지혜'를 설하지 않는다.

가섭과 그대들은 여래께서 형편 따라 설하는 법을 믿고 알고 지닐 수가 있으니, 참으로 희유한 사람들이다. 왜냐하면 모든 부처님께서 형편에 따라 설하는 법은 알기 어렵기 때문이다."

이때, 세존께서 거듭 이 뜻을 펼치려고 게송으로 말씀하셨다.

모든 집착 부숴 버린 법왕이신 부처님이
중생들을 제도하려 이 세상에 출현해서
중생들의 욕망 따라 온갖 종류 법 설하네.

중생들을 존중하는 여래 지혜 깊고 깊어
오래도록 중요한 법 드러내지 않고 있어
지혜롭게 들은 사람 믿고 이해 할 수 있되
무지한 자 의심하여 영영 잃게 되느니라.

이 때문에 가섭이여, 형편 따라 설법하고
온갖 인연 활용하여 바른 견해 들게 한다.

가섭이여, 알지어다. 비유하면 큰 구름이

세간에서 일어날 때 온갖 것을 다 덮듯이
구름 같은 지혜들이 번개처럼 번쩍이고
천둥 같은 소리 들려 중생들이 기뻐하네.

뜨거운 해 가려지고 땅 위에는 서늘하며
뭉게구름 자욱하여 손끝마다 닿을 듯이
넓게 고루 내리는 비 사방에서 쏟아지며
끝이 없이 주룩주룩 온 땅이 다 흡족하네.

넓게 퍼진 산천들과 깊고 깊은 골짜기 속
풀과 나무 약풀들이 크고 작은 숲속마다
온갖 곡식 여러 싹과 감자 포도 밭작물들
단비 흠뻑 적셔짐에 부족함이 전혀 없네.

메마른 땅 고루 젖어 나무 약풀 무성하고
하늘에서 내리는 비 그 물맛이 감로수맛

풀과 나무 숲속마다 인연 따라 적셔지고
온갖 숲속 나무들이 크든 작든 중간이든
본디 생긴 모습대로 제각각이 자라나네.

온갖 뿌리 가지와 잎 꽃과 열매 빛깔 모양
감로수 비 맞았기에 윤택하고 아름다워
자라나는 모양이나 크고 작은 특성 따라
젖어 들긴 똑같은데 무성함은 각양각색.

부처님도 이와 같아 이 세상에 나오심은
큰 구름이 세상에서 비를 내려 주는 모습
이 세상에 오신 뒤에 모든 중생 빠짐없이
온갖 법의 참된 이치 분별하여 가르치네.

성현이신 세존께서 온갖 하늘 신중들과
많은 대중 가운데서 선언하며 하신 말씀

나 자신이 여래로서 복덕 지혜 가장 높다.

이 세상에 출현함은 큰 구름이 덮이는 듯
비쩍 마른 모든 중생 흡족하게 적시어서
괴로움을 다 여의고 안온한 삶 얻게 하며
이 세간의 즐거움과 참된 행복 얻게 하니
하늘신중 대중들은 정성 다해 잘 들어라.

응당 모두 여기 와서 높은 이를 친견하라
내가 바로 세존이라 이 세상에 제일 높아
중생들을 편케 하려 이 세상에 출현해서
대중들을 위하여서 감로수법 설하노라.

청정한 법 하나의 맛 해탈이요 열반이라
묘한 음성 하나로써 이런 이치 가르치며
부처님의 마음자리 인연법을 짓느니라.

온갖 것을 내가 보니 두루 모두 평등하여
이것이라 저것이라 곱고 미운 마음 없고
내 욕심이 전혀 없어 걸림 또한 없음이라
모든 중생 늘 위하니 평등하게 설법하되
한 사람을 위하듯이 모든 중생 마찬가지.

어느 때나 법 설하며 다른 일이 전혀 없어
오고 가며 앉고 서도 피곤한 줄 모르나니
세간마다 흡족하게 감로수 비 내리듯이.

높고 낮은 신분 관계 잘 사는 자 못 사는 자
위의 갖춘 사람들과 볼품없는 못난이들
바른 견해 삿된 소견 영리한 이 둔한 머리
평등한 법 펼치는 데 게으름이 전혀 없네.

인연 있는 모든 중생 내가 설한 법을 듣고

형편 따라 받아들여 자기 위치 가질 적에
혹은 하늘 신중 인간 전륜성왕 제석천왕
범천왕과 같은 이들 작은 약풀 비유되네.

번뇌 없는 법을 알고 직접 열반 증명하여
육신통을 일으키고 온갖 지혜 얻고 나서
홀로 깊은 산중에서 선정 삼매 들어갈 때
연각 경계 증명하면 중품 약풀 비유되네.

틀림없이 세존 찾아 나도 성불 할 것이니
정진하여 선정 들면 상품 약풀 비유되리.

부처님의 제자들이 마음 모아 도를 닦고
자비심을 실천하여 성불할 줄 제가 아니
결코 다시 의심 없어 작은 나무 비유되고
신통력에 머물러서 불퇴전의 마음 가져

한량없는 백천만억 중생들을 제도하면
이와 같은 보살들은 큰 나무라 부르느니라.

부처님의 평등한 법 한결같은 맛인데도
중생들의 성품 따라 얻는 맛이 다 달라서
각기 달리 비를 맞는 풀과 나무 같으니라.

부처님이 온갖 비유 방편으로 가르치며
가지가지 이야기로 한가지 법 가르치니
부처님의 지혜에선 큰 바다의 물 한 방울.

내가 이제 세상에다 단비 같은 법을 내려
한결같은 그 법에서 분수 맞춰 수행하면
저 숲속의 풀과 약풀 크고 작은 나무들이
자기 모습 분수대로 자라남과 같으니라.

부처님의 모든 법은 변함없이 한 맛이라
온갖 세간 중생 모두 빠짐없이 맛을 보고
차근차근 수행하여 부처님 삶 얻는다네.

성문이나 연각 모두 산림 속에 있으면서
최후 몸에 머물러서 법을 듣고 결과 보니
이런 일은 약풀들이 자라나는 모습이라.

모든 보살 빠짐없이 그 지혜가 견고하여
중생계를 통달하여 최고 진리 구한다면
이런 일은 작은 나무 자라나는 모습이네.

선정 삼매 머물러서 신통한 힘 얻고 나니
모든 법이 공성이라 마음 크게 기뻐하고
온갖 광명 놓으면서 모든 중생 제도하면
이런 일은 큰 나무가 자라나는 모습이네.

마찬가지 가섭이여, 부처님이 설하신 법
비유컨대 큰 구름이 똑같은 맛 비를 내려
꽃과 사람 적셔줘도 각자 다른 열매 맺듯

가섭이여, 알지어다. 온갖 종류 인연들과
가지가지 비유로써 부처님 삶 가르치니
이는 나의 방편이요 모든 여래 그러함에
이제 그대 삶을 위해 참다운 법 설하리니
어떤 성문 깨달음도 참 열반이 아니라네.

그대들이 행할 바는 이제 오직 보살도라
점차 닦고 배운다면 미래 모두 성불하리.

6. 수기를 받은 네 명의 제자

【수기품授記品】

가섭에게 수기를 주다

이때, 세존께서 이 게송을 설하시고 모든 대중에게 선언하셨다.

"나의 제자 가섭은 오는 세상에 반드시 삼백만 억 모든 부처님을 친견하고 받들어 예경 공양을 올리며 존중하고 찬탄할 것이다. 그리고 널리 모든 부처님의 헤아릴 수 없이 많은 법을 설하고 마지막 몸에서 성불할 것이다. 그 명호는 광명(光明) 여래, 응공 정변지 명행족 선서 세간해 무상사 조어장부 천인사 불세존이다. 그 나라의 이름은 빛나는 공덕 광덕

(光德)이고, 세월의 이름은 크나큰 장엄이며, 부처님의 수명은 열두 소겁(小劫)이다. 정법은 이 세상에 스무 소겁을 머물 것이고, 상법 또한 스무 소겁을 머물 것이다.

그 나라는 장엄하게 꾸며져 더럽고 악한 어떤 것도 없다. 국토는 평탄하여 높고 낮은 구릉이나 구덩이가 없이, 보석 유리로 땅이 이루어져 있다. 길에는 보배 나무가 늘어서고 황금 줄로 장식하였다. 화려하고 아름다운 꽃이 뿌려지며 그 둘레는 맑고 맑다. 그 나라는 보살이 헤아릴 수 없이 많고, 성문이 또한 많아 셀 수가 없다. 마군의 장난이 없고, 설사 마구니가 있더라도 모두 부처님의 법을 지키고 보호할 것이다."

이때, 세존께서 거듭 이 뜻을 펼치려고 게송으로 말씀하셨다.

비구에게 알리노라 부처님의 눈으로써
마하가섭 내가 보니 앞으로 올 미래 세계
많은 세월 흐르고서 부처님이 될 것이라.

마하가섭 오는 세상 삼백만억 부처님을
만나 뵙고 받들어서 공양 올려 예배하고
여래 지혜 성취하려 맑디맑은 행을 지녀
복덕 지혜 다 갖추신 부처님께 공양 올려
높은 지혜 닦아 익혀 마지막 몸 성불하리.

그 국토는 맑디맑아 유리 보석 땅이 되고
길가 따라 보배 나무 나란히 쭉 늘어서서
황금 줄로 꾸며 놓아 보는 사람 기쁘더라.

늘 언제나 좋은 향기 온갖 꽃들 뿌려지고
기묘하고 아름다운 모습들로 장엄하며
그 땅들은 평평하여 구덩이나 구릉 없네.

그 숫자를 알 수 없는 많고 많은 보살 대중
마음들이 부드럽고 큰 신통을 지니므로
부처님의 대승경전 잘 받들어 지닌다네.

모든 성문 대중들의 번뇌 없는 마지막 몸
부처님의 아들이니 헤아릴 수 없이 많아
하늘의 눈 가지고도 그 숫자를 알 수 없네.

부처님이 누릴 수명 긴긴 세월 열두 소겁
바른 법이 그 세상에 머물기는 스무 소겁
상법 또한 머물기를 정법처럼 스무 소겁
빛이 나는 부처님의 온갖 삶이 이와 같다.

이때, 수보리 가전연 목건련 모든 대중이 송구스러워서 두 손 모아 합장하고, 부처님의 거룩한 얼굴을 우러러보며 잠깐도 눈을 떼지 않고 똑같은 목소리로 다 함께 게송으로 말하였다.

당당하신 세존이여 석가모니 법왕이라
우리 모두 위하여서 가르침을 주옵소서
우리 마음 다 아시고 성불 수기 주신다면
감로수로 열을 식혀 시원할 듯 하나이다.

걸식하고 다니다가 임금 수라 받았으나
의아하고 두려워서 감히 먹지 못하다가
임금 권유 받고서는 그제서야 먹게 되듯
우리 모두 이와 같은 소승 허물 갖고 있네.

부처님의 높은 지혜 어찌할 줄 모르므로
그대들이 성불한단 가르침을 받더라도
근심되고 두려워서 선뜻 받지 못하오니
성불하리 말씀하면 편안하고 즐거우리.

당당하신 세존께서 온 세상을 편케 하며
저희에게 수기하면 가르침을 받으오리.

수보리에게 수기를 주다

이때, 세존께서 모든 제자의 마음을 알고 비구들에게 말씀하셨다.

"수보리는 앞으로 다가오는 세상에서 삼백만억 나유타 부처님을 친견하고 받들어서 예를 드려 공경하고 공양 올려 존중하고 찬탄할 것이다. 항상 맑고 깨끗한 행을 닦아 보살도를 갖추어 마지막 몸에서 부처님이 될 것이다. 그 명호는 이름과 모습을 갖춘 명상(名相) 여래, 응공 정변지 명행족 선서 세간해 무상사 조어 장부 천인사 불세존이다. 세월의 이름은 보배가 있는 유보(有寶)이고, 나라의 이름은 보물이 생겨나는 보생(寶生)이다.

그 국토는 평탄하고 아름다워, 유리 보석으로 땅이 이루어져 있으며 보배 나무로 장엄한다. 구덩이나 언덕이 없고 똥오줌 같은 더러운 오물도 없다. 보배 꽃이 땅을 덮어 주변이 맑고 깨끗하다. 그 국토에 있는 사람은 모두 보배로 만든 집이나 누각에 산다. 성문 제자나 모든 보살이 헤아릴 수 없이 많고 많아 셀 수가 없다. 부처님의 수명은 열두 소겁이고, 바른 법이 세상에 머무르길 스무 소겁이며, 상법 또한 스무 소겁이다. 부처님은 항상 허공에서 대중을 위하여 설법하고 헤아릴 수 없이 많은 보살과 성문들을 제도한다."

이때, 세존께서 거듭 이 뜻을 펼치려고 게송으로 말씀하셨다.

모든 비구 대중이여 내가 이제 말을 하니
그대들은 집중하여 나의 말을 잘 들어라
나의 제자 수보리는 수행 정진 잘하여서
오는 세상 성불하여 그 명호가 명상이라.

많고 많은 부처님께 예 드리고 공양 올려
부처님의 행적 따라 크나큰 도 점차 갖춰
중생 몸을 떠날 때는 삼십이상 다 갖추니
단정하고 아름답기 보배로운 산과 같다.

그 부처님 국토 장엄 청정하기 제일이라
이 모습을 보는 중생 한결같이 즐거워서
부처님은 그곳에서 모든 중생 제도하리.

그 부처님 법 가운데 많은 보살 수행하니
이들 모두 똑똑하여 공부 중단 전혀 없어
그 나라는 늘 언제나 보살들로 장엄하여
헤아릴 수 없이 많은 성문들로 가득하네.

온갖 지혜 육신통을 성취하여 다 갖추고
여덟 해탈 머무르며 큰 위엄이 가득한데
그 부처님 법 설하여 나타내는 신통 변화
헤아릴 수 없이 많아 참으로 큰 불가사의.

강바닥의 모래같이 많고 많은 하늘 신중
이들 모두 합장하고 여래 말씀 경청하니

그 부처님 세상 수명 긴긴 세월 열두 소겁
바른 법이 그 세상에 머물기는 스무 소겁
상법 또한 마찬가지 스무 소겁 머물리라.

이때, 세존께서 다시 모든 비구 대중에게 말씀
하셨다.

"내가 이제 그대들에게 말하겠다. 가전연은
오는 세상 팔천억 부처님께 온갖 공양물을
올리고 받들어 공경하며 존중할 것이다. 부처
님이 모두 열반하신 뒤에 부처님마다 탑을
세워 그 높이가 일천 유순이며, 가로와 세로
가 반듯하게 오백 유순 될 것이다. 금 은 유리
자거 마노 진주 옥돌, 이 칠보를 합하여 만들
고 여러 꽃과 옥 장식, 바르는 향, 가루 향, 사

르는 향, 비단 햇빛 가리개와 깃발로 그 탑에 공양할 것이다. 이 일을 마친 뒤 다시 이만 억 부처님께 앞서와 똑같은 공양을 할 것이다. 이 모든 부처님께 공양한 뒤 보살도를 갖추어 부처님이 될 것이다. 그 명호는 세계에서 제일 좋은 금빛 염부나제금광(閻浮那提金光) 여래, 응공 정변지 명행족 선서 세간해 무상사 조어 장부 천인사 불세존이다.

그 국토는 땅이 평탄하고 유리 보석으로 되어 있다. 보배 나무로 장엄하고 황금 줄로 길가를 꾸미고 아름다운 꽃으로 땅을 덮으니, 둘레가 맑고 깨끗하여 보는 사람마다 기뻐한다. 지옥 아귀 축생 아수라와 같은 나쁜 세계가 없고, 하늘 신중, 성문과 보살들이 헤아릴 수 없이 많아 그 나라를 장엄한다. 그 부처님의 수명은 열두 소겁이고, 바른 법이 세상에 머물기는 스무 소겁이며, 상법 또한 마찬가지로 스무 소겁을 머문다."

이때, 세존께서 거듭 이 뜻을 펼치려고 게송으로 말씀하셨다.

모든 비구 대중이여 집중하여 들으시오.
지금 내가 설하는법 진실하여 거짓 없네.

나의 제자 가전연이 온갖 종류 공양물로
오는 세상 부처님께 정성 다해 공양 올려
부처님이 열반한 뒤 칠보 종류 탑 세워서
아름다운 꽃과 향을 부처님께 공양하리.

중생 몸을 떠날때는 으뜸 지혜 얻으므로

깨달음을 이루어서 그 국토가 청정하여
헤아릴 수 없는 중생 남김없이 제도하니
그들 모두 하늘신중 공양받을 자격 있네.

빛이 나는 부처님께 비할 분은 없으리니
그 부처님 쓰는 명호 제일 좋은 금빛 여래
헤아릴 수 없이 많은 성문들과 보살들이
모든 번뇌 끊어내고 그 국토를 장엄하리.

목건련에게 수기를 주다

이때, 세존께서 다시 대중들에게 말씀하셨다.

"내가 이제 그대에게 말하겠다. 목건련은 온갖 공양물로 팔천 명의 모든 부처님께 예를 드려 공경하고 공양을 올려 존중할 것이다. 모든 부처님이 열반한 뒤, 부처님마다 탑을 세워 그 높이가 천 유순이고, 가로와 세로가 반듯하여 똑같이 오백 유순이 될 것이다. 그 탑은 금 은 유리 자거 마노 진주 옥돌, 이 칠보로 만들고 많은 꽃과 옥 장식, 바르는 향, 가루향, 사르는 향, 비단 햇빛 가리개와 깃발로 탑에 공양을 올릴 것이다. 이 일을 마친 뒤 다시 이백만 억 부처님께 똑같이 공양을 올려 부처님이 될 것이다. 그 부처님의 명호는 다마라발전단향 여래, 응공 정변지 명행족 선서 세간해무상사 조어장부 천인사 불세존이다. 그 세월의 이름은 기쁨이 가득 한 희만(喜滿)이고, 나라 이름은 즐거운 뜻 의락(意樂)이다.

그 나라의 국토는 평탄하고 아름다워 땅이 유리로 되어 있다. 보배 나무로 장엄하고 진주로 만들어진 꽃을 뿌려 그 둘레가 맑고 깨끗하니,

보는 사람마다 기뻐한다. 훌륭한 하늘 신중 보살 성문들의 숫자도 많아 그 숫자를 헤아릴 수 없다. 그 부처님이 세상에 머무시는 기간은 스물네 소겁이고, 바른 법이 세상에 머물기는 마흔 소겁이며, 상법도 마찬가지로 마흔 소겁을 머문다."

이때, 세존께서 거듭 이 뜻을 펼치려고 게송으로 말씀하셨다.

나의 제자 목건련은 이번 생을 마치고서
헤아릴 수 없이 많은 부처님을 만나 뵙고
부처님 삶 살기 위해 예 드리고 공양 올려
부처님이 계신 데서 청정한 삶 살아가며
끝이 없는 오랜 세월 부처님 법 받들리라.

그 부처님 열반 뒤에 칠보탑을 세우고서
높게 꽂은 긴 표찰은 황금 칠로 꾸민 후에
꽃과 향과 음악으로 부처님 탑 공양 올려
보살도를 점차 갖춰 즐거운 뜻 나라에서
부처님이 될 명호가 다마라발 전단향불.

그 부처님 머물 기간 세상에서 스물네 겁
하늘 신중 위하여서 부처님 삶 말씀하니
갠지스강 모래처럼 많고 많은 성문 모두
육신통을 크게 갖춰 큰 위엄이 있게 되고
많고 많은 모든 보살 쉼이 없이 굳센 정진
부처님의 지혜 속에 물러남이 전혀 없다.

부처님이 열반하신 이후에는 바른 법이
사십 소겁 머무나니 상법 또한 그러하다.

부처님의 제자들은 위엄과 덕 모두 가져
그 숫자가 오백인데 빠짐없이 수기 받아
오는 세상 빠짐없이 모두가 다 성불하리.

나와 그대 전생 인연 내가 이제 설하리니
그대들은 집중하여 하나하나 잘 들어라.

7. 방편으로 큰 성을 만드니

【화성유품化城喩品】

대통지승 여래의 성불을 말씀하다

대통지승 여래의 성불을 말씀하다

부처님께서 모든 비구에게 말씀하셨다.

"아주 옛날 부처님이 한 분 계셨는데 그 명호는 크게 깨달아 지혜가 뛰어난 대통지승(大通智勝) 여래, 응공 정변지 명행족 선서 세간해 무상사 조어장부 천인사 불세존이다. 그 나라의 이름은 좋은 성 호성(好城)이고, 세월의 이름은 큰 모습 대상(大相)이다. 비구들이여, 그부처님이 열반하신 지 매우 오래되었다. 비유하면 삼천대천세계의 모든 땅을 갈아 먹물로만들어서, 어떤 사람이 동방으로 천 개의 국토를 지나 먹물 한 방울 떨치고, 또 천 개의 국토를 지나 다시 먹물 한 방울 떨치되, 이와 같이 하여 그 먹물을 다 소비하면 그대 생각은 어떠하냐. 그 누가 이 모든 나라의 수를 알 수 있겠느냐."

"알 수 없습니다, 세존이시여."

"비구들이여, 이 사람이 지나간 국토 가운데 먹물이 한 방울 떨어진 국토와 안 떨어진 국토를 다 모아 티끌을 만들고, 그 티끌 하나를 일 겁이라 하여, 그 티끌을 다 모아 놓은 세월보다 저 부처님께서 열반하신 세월이 더 오래되었다. 나는 부처님의 안목으로 그 오랜 세월을 오늘 일처럼 본다."

이때, 세존께서 거듭 이 뜻을 펼치려고 게송으로 말씀하셨다.

오래오래 지난 세상 내가 이제 생각하니
한 부처님 계셨는데 그 명호가 대통지승.

어떤 사람 애를 써서 삼천대천 땅덩어리
모두 곱게 갈고 갈아 그 먹물을 가지고서
천 개 국토 지날 적에 한 방울씩 떨구면서
차례차례 떨어뜨려 그 먹물이 없어지면

먹물 떨군 국토하고 먹물 없는 모든 나라
합치어서 다시 갈아 한 티끌을 일겁 쳐도
그 겁 합친 모든 티끌 많고 많은 세월보다
여래께서 열반한 뒤 흐른 세월 더욱 많다.

걸림 없는 참 지혜로 부처님의 열반 모습
성문 보살 열반 장면 오늘 일과 같이 보니
비구들아 알지어다. 부처님의 맑은 지혜
번뇌 없고 걸림 없어 무량한 겁 통하노라.

부처님께서 모든 비구에게 말씀하셨다.

"크게 깨달아 지혜가 뛰어난 대통지승 여래께
서 이 세상에 머문 기간은 오백사십만 억 나유
타 겁이다. 그 부처님은 본래 수행하는 자리에
서 마군을 쳐부수고 바른 깨달음을 얻으려고
하였지만, 어떤 부처님의 법도 눈앞에 나타나
지를 않았다. 일 소겁에서 십 소겁에 걸쳐 결가
부좌하고 몸과 마음을 움직이지 않았지만, 어
떤 부처님의 법도 눈앞에 나타나지를 않았다.

그때, 도리천 모든 사람이 그 부처님을 위하여 보리수 아래 사자좌를 펴니 그 높이가 일 유순이다. 부처님께서 이 자리에 앉아 바른 깨달음을 반드시 얻을 것이라고 사유하며 자리에 앉으셨다.

이때, 모든 범천왕이 하늘 꽃을 비 오듯 뿌렸는데 그 면적이 일백 유순이다. 향기로운 바람이 불어 시든 꽃잎을 실어 가면, 새로운 꽃을 비 내리듯 끊임없이 다시 흩뿌리기를 십 소겁이 꽉 차도록 부처님께 공양을 올렸다. 부처님께서 열반하신 뒤에도 이 하늘 꽃을 비 내리듯 늘 흩뿌렸다.

모든 사천왕도 부처님께 공양을 올리기 위하여 늘 하늘의 북을 치고, 나머지 모든 하늘도 하늘의 풍악을 울려 십 소겁이 꽉 차도록 부처님의 열반까지 이와 같은 공양을 올렸다.

모든 비구여, 크게 깨달아 지혜가 뛰어난 대통지승 여래께서는 십 소겁이 지나서야 모든 부처님의 법이 눈앞에 나타나 바른 깨달음을 이루었다.

그 부처님께서 출가하기 전에 열여섯 명의 아들이 있었다. 첫째 아들의 이름은 지혜가 축적된 지적(智積)이고, 모든 아들은 저마다 갖가지 보배로 만든 장난감을 갖고 있었다. 그들은 아버지가 바른 깨달음을 얻었다는 말을 듣고, 모두 보배로 만든 장난감을 버리고는, 부처님이 계신 곳을 찾아가고자 하였다. 그들의 어머니는 눈물을 흘리며 떠나보냈다. 그들의 할아버지 전륜성왕도 백 명의 대신과 백천만 억 백성들에게 둘러싸여 부처님이 수행하는 자리를 찾아갔다. 그들은 모두 대통지승 여래를 가까이 찾아뵙고, 예경 공양을 올리며 존중 찬탄하고자 하였다. 그들은 도착하여 부처님의 발에 머리 숙여 예배하고 존경의 표시로 부처님의 오른쪽을 맴돌았다. 정성을 다하여 두 손 모아 합장하고 세존의 존안을 우러러보며 계송으로 말하였다.

위엄 공덕 갖춘 세존 중생 제도 하기 위해
억만년의 수행 속에 때가 와서 성불하니
모든 원력 갖추어져 생각하면 참 좋은 일
세존 성불 희유한 일 한 자리에 열 소겁을
고요하게 앉아 있어 바위처럼 끄떡없네.

그 마음은 담담하여 어지럽지 아니하고
마침내는 적멸하여 번뇌 없이 머무심에
세존께서 편안하게 성불한 것 지금 보니
저희에겐 좋은 일들 크게 기뻐 하나이다.

중생들은 괴로운데 이끌어 줄 스승 없고
괴로운 길 벗어나는 해탈의 삶 알지 못해
긴 세월에 악만 늘고 하늘 복을 까먹으며
어둠 속만 파고 살아 여래 명호 못 듣더라.

지금 이제 부처님이 무상도를 얻으시어
하늘 신과 인간 모두 큰 이익이 있게 되니
이 때문에 부처님께 머리 숙여 귀의하네.

그때, 열여섯 왕자는 게송으로 부처님을 찬탄
하며 가르침을 청하였다. 그들은 다 함께 '세

존께서 법을 설하시면 저희 모두 마음이 참으로 편안합니다. 저희를 애틋하게 여기시어 가르침을 주옵소서.'라고 하면서 게송으로 거듭 법을 청하였다.

이 세상의 영웅으로 온갖 복을 다 갖추신
최상지혜 얻은 세존 세간 위해 법 설하여
저희들과 중생 모두 번뇌에서 해탈시켜
바른 분별 드러내어 지혜 얻게 하옵소서.

만일 저희 성불하면 중생들도 성불하니
중생들의 깊은 마음 세존께서 다 아시고
행할 도와 갖출 지혜 세존께서 다 아시며
즐거움과 닦은 복들 전생에서 지은 업보
세존께서 다 아시니 법을 설파 하옵소서."

부처님께서 모든 비구에게 말씀하셨다.

"대통지승 여래께서 깨달음을 얻었을 때 시방 세계 오백만 억 부처님의 모든 세계가 여섯 종류 상서로움으로 크게 흔들렸다. 밝은 해나 달도 비출 수 없던 어두운 골짜기까지 큰 광명이 비치니, 그 가운데 살던 중생이 모두 쳐다보며 다 함께 말하기를 '이 가운데서 어떻게 중생이 홀연 생겨났는가?'라고 하였다. 또 그 나라 경계에 있는 모든 하늘의 궁전에서 범천의 궁전까지 여섯 종류 상서로움으로 크게 흔들리고, 큰 광명이 두루 비쳐 온 세계에 가득 차니 어느 하늘의 광명보다도 더 밝았다.

범천왕이 공양을 올리고 법을 청하니

그때, 동방 오백만 억 모든 국토 가운데 있는

범천의 궁전에 광명이 비추니 보통 때보다 배나 더 밝았다. 모든 범천왕이 저마다 생각하기를 '지금 궁전에 비치는 광명은 옛날에 없던 일인데, 무슨 인연으로 이런 상서로운 모습이 나타나는가?'라고 하였다. 이때, 모든 범천왕이 서로 만나 이 일을 함께 의논하였다. 그때, 그 대중 가운데 이름이 어떤 어려움도 구제하는 구일체(救一切) 대범천왕이 있었는데, 그는 범천의 모든 중생을 위하여 게송으로 말하였다.

우리들의 궁전마다 전에 없던 이 광명이
무슨 인연 따라왔나 서로 함께 찾아보자
덕이 있는 하늘인지 부처님의 출현인지
크나큰 빛 큰 광명이 시방세계 비추누나.

그때, 오백만 억 국토의 모든 범천왕이 저마다

궁전을 공양물로 챙기고 신성한 꽃을 가득 담아 서방으로 이 상서로움을 찾아 함께 갔다. 그들은 대통지승 여래께서 보리수 아래 사자좌에 앉아 계신 것을 보았다. 그리고 하늘 신중 용왕 야차 건달바 아수라 가루라 긴나라 마후라가 인비인(人非人) 등이 부처님을 둘러싸고 공경하는 모습을 보았다. 열여섯 왕자가 부처님께 법을 청하고 있는 것도 보았다.

그러자 곧 모든 범천왕도 머리 숙여 부처님께 예배하고 부처님을 존경하는 마음으로 오른쪽으로 돌며, 하늘의 신성한 꽃을 부처님 위로 뿌리면서 공양을 올렸는데, 뿌려진 꽃이 수미산만큼이나 많았다. 아울러 부처님이 앉아 계신 보리수에도 공양을 올리니, 그 높이가 십유순이었다.

그들은 꽃 공양을 마치고 저마다 가지고 온 궁전을 부처님께 바치면서, '저희를 애틋하게 여기시어 선한 법을 베푸시고 이 궁전을 받아 주옵소서.'라고 말하였다.

이때, 모든 범천왕이 부처님 앞에서 똑같은 마음과 똑같은 목소리로 계송으로 말하였다.

희유하신 부처님은 만나 뵙기 어려운 분
온갖 공덕 갖추시고 모든 중생 구하시며
하늘 신중 스승 되어 세간 중생 보살피니
시방세계 모든 중생 큰 은혜를 입나이다.

오백만억 국토에다 즐거운 삶 놓아두고
부처님께 공양 올린 저희 모두 여기 왔고
지난 세상 복덕으로 잘 꾸며진 온갖 궁전

세존에게 바치오니 부디 받아 주옵소서.

그때, 모든 범천왕이 게송으로 부처님을 찬탄하고 저마다, '바라옵건대 세존이시여, 법을 설하여 중생의 어려움을 구하시고 열반의 길을 열어 주시옵소서.'라고 하였다. 이때, 모든 범천왕이 똑같은 마음과 똑같은 목소리로 게송으로 말하였다.

복덕 지혜 다 갖추신 부처님이 설법하셔
큰 자비를 베푸시어 중생 제도 하옵소서.

이때, 대통지승 여래께서는 고요한 마음으로 말없이 이 부탁을 받아들이셨다.

또 모든 비구여, 동남방 오백만 억 국토의 모

든 대범천왕이 전에 없던 밝은 광명이 궁전에 비치는 것을 보고 크게 기뻐하며 희유한 일이라고 생각하니, 곧 서로 만나 이 일을 두고 상의하였다. 이때, 대중 가운데 크게 자비로운 대비(大悲) 대범천왕이 있었는데, 모든 범천의 중생을 위하여 게송으로 말하였다.

무슨 인연 있었기에 상서로운 빛이 날까
우리들의 모든 궁전 전에 없던 광명이니
덕이 있는 하늘인지 부처님의 출현인지
전에 없이 상서로운 그 원인을 찾아보자
셀 수 없이 많은 국토 지나가도 찾으리니
아마 중생 제도하는 부처님의 출현일 것.

그때, 오백만 억 국토의 모든 범천왕이 저마다 궁전을 갖고 아름다운 상자에 하늘 꽃을 가득 담아 서북방으로 이 상서로움을 찾아 함께 갔다. 그들은 대통지승 여래께서 보리수 아래 사자좌에 앉아 계신 것을 보았다. 그리고 하늘 신중 용왕 야차 건달바 아수라 가루라 긴나라 마후라가 인비인(人非人) 등이 부처님을 둘러싸고 공경하는 모습을 보았다. 열여섯 왕자가 부처님께 법을 청하고 있는 것도 보았다.

그러자 곧 모든 범천왕도 머리 숙여 부처님께 예배하고 부처님을 존경하는 마음으로 오른쪽으로 돌며, 하늘 꽃을 부처님 위로 뿌리면서 공양을 올렸는데, 뿌린 꽃이 수미산만큼이나 많았다. 아울러 부처님께서 앉아 계신 보리수에도 공양을 올렸다. 그들은 꽃 공양을 마치고 저마다 가지고 왔던 궁전을 부처님께 바치면서 '저희를 애틋하게 여기시어 선한 법을 베푸시고 이 궁전을 받아 주시옵소서.'라고 말하였다.

이때, 모든 범천왕이 부처님 앞에서 똑같은 마음과 똑같은 목소리로 게송으로 말하였다.

아름답고 성스러운 부처님의 음성으로
중생에게 설법함에 우리 모두 공경하니
세존 모습 참 드문 일 오랜만에 출현했네.

백팔십 겁 오랜 세월 부처님이 안 계시어
나쁜 세상 가득하고 좋은 세상 줄었지만
지금 세존 오시어서 중생 앞길 밝혀 주네.

세간 중생 의지하면 온갖 고통 없애주고
중생들의 아버지로 좋은 법을 설파하니

우리들이 지난 세상 쌓은 복덕 축복받아
그 공으로 오늘날에 부처님을 만나 뵙네.

그때, 모든 범천왕이 게송으로 부처님을 찬탄
하고는 '바라옵건대 세존이시여, 모든 중생을
애틋하게 여기시어 법을 설하시고 그들을 제
도하여 주옵소서.'라고 말하였다. 이때, 모든
범천왕은 똑같은 마음과 똑같은 목소리로 게
송으로 말하였다.

세존께서 법 설하여 온갖 법을 드러내고
중생들을 제도하여 큰 기쁨을 얻게 하네.
중생들이 이 법 듣고 깨닫거나 복덕 많아
나쁜 세상 줄어들고 착한 사람 늘어나네.

이때, 대통지승 여래께서 고요한 마음으로 말

없이 이 부탁을 받아들이셨다.

모든 비구여, 남방 오백만 억 국토의 모든 범천왕이 자기들의 궁전에 전에 없던 광명이 비추는 것을 모두 보게 되었다. 그들은 크게 기뻐하며 희유한 일이라고 생각하니, 곧 서로 함께 만나 '무슨 인연으로 우리들의 궁전에 이런 광명이 있게 될까?'라고 의논하였다. 그들 가운데 오묘한 법 묘법(妙法) 대범천왕이 모든 범천의 중생을 위하여 게송으로 말하였다.

우리들의 궁전마다 상서로운 빛이 싸여
상서로운 이 광명의 그 원인을 찾으리라
백천 겁이 지나도록 이런 상서 없었으니
공덕 있는 하늘인가, 부처님의 출현인가.

그때, 오백만 억 국토의 모든 범천왕이 저마다 궁전을 갖고 아름다운 상자에 하늘 꽃을 가득 담아 북방으로 이 상서로움을 찾아 함께 갔다. 그들은 대통지승 여래께서 보리수 아래 사자 좌에 앉아 계신 것을 보았다. 그리고 하늘 신 중 용왕 야차 건달바 아수라 가루라 긴나라 마후라가 인비인(人非人) 등이 부처님을 둘러싸고 공경하는 모습을 보았다. 열여섯 왕자가 부처님께 법을 청하고 있는 것도 보았다.

그러자 모든 범천왕도 머리 숙여 부처님께 예배하고 부처님을 존경하는 마음으로 오른쪽으로 돌며, 하늘 꽃을 부처님 위로 뿌리면서 공양을 올렸는데, 뿌린 꽃이 수미산만큼이나 많았다. 아울러 부처님께서 앉아 계신 보리수에도 공양을 올렸다. 그들은 꽃 공양을 마치고

저마다 가지고 온 궁전을 부처님께 바치면서
'저희를 애틋하게 여기시어 좋은 법을 베푸시
고 이 궁전을 받아 주시옵소서.'라고 말하였다.
이때, 모든 범천왕이 부처님 앞에서 똑같은
마음과 똑같은 목소리로 게송으로 말하였다.

모든 번뇌 다 없애신 세존 뵙기 어려운데
백삼십 겁 지나서야 겨우 이제 만난 자리
목이 마른 중생에게 감로수를 듬뿍 주니
예전에는 보지 못한 한량없는 지혜로다.

우담바라 꽃피듯이 오늘에야 만났음에
우리들의 모든 궁전 거룩한 빛 충만하니
큰 자비를 베푸시는 빛이 나는 세존이여
정성으로 바친 궁전 부디 받아 주옵소서.

그때, 모든 범천왕이 부처님을 게송으로 찬탄하고는, 모두 '바라옵건대 세존께서 법을 설하시고 모든 중생 하늘 신중 마구니 범천 사문 바라문을 모두 편케 하시어 온갖 고통에서 벗어나게 하옵소서.'라고 말하였다. 이때, 모든 범천왕이 똑같은 마음과 똑같은 목소리로 게송으로 말하였다.

원하오니 세존께서 최상법을 설하시며
큰북이나 나팔 소리 울리듯이 드러내어
그나큰 법 두루 펼쳐 중생 제도 하옵시니
귀의하고 바라건대 법을 설해 주옵소서.

이때, 대통지승 여래께서 고요한 마음으로 말 없이 이 부탁을 받아들이셨다.

또한 서남방과 하방 세계까지 이와 같은 일이 있었다.

그때, 위쪽에 있던 오백만 억 국토의 모든 범천왕도 예전에 볼 수 없던 밝은 광명이 자기들의 궁전에 환하게 비추는 것을 보았다. 그들은 크게 기뻐하며 희유한 일이라고 생각하니, 곧 서로 만나 이 일을 함께 '무슨 인연으로 우리들의 궁전에 이런 광명이 있게 된 것일까?'라고 의논하였다. 이때, 그들 가운데 번뇌를 버린 시기(尸棄) 대범천왕이 모든 범천의 중생을 위하여 게송으로 말하였다.

지금 무슨 인연으로 우리들의 모든 궁전
성스럽게 빛이 날까 전에 없던 일이로세
이와 같은 묘한 모습 듣도 보도 못하던 일

공덕 있는 하늘인가, 부처님의 출현인가.

그때, 오백만 억 국토의 모든 범천왕이 저마다 궁전을 갖고 아름다운 상자에 하늘 꽃을 가득 담아 아래쪽으로 이 상서로움을 찾아 함께 갔다. 그들은 대통지승 여래께서 보리수 아래 사자좌에 앉아 계신 것을 보았다. 그리고 하늘 신중 용왕 야차 건달바 아수라 가루라 긴나라 마후라가 인비인(人非人) 등이 부처님을 둘러싸고 공경하는 모습을 보았다. 열여섯 왕자가 부처님께 법을 청하고 있는 것도 보았다.

그러자 모든 범천왕도 머리 숙여 부처님께 예배하고 부처님을 존경하는 마음으로 오른쪽으로 돌며, 하늘 꽃을 부처님 위로 뿌리면서 공양을 올렸는데, 뿌린 꽃이 수미산만큼이나 많았다. 아울러 부처님께서 앉아 계신 보리수에도 공양을 올렸다. 그들은 꽃 공양을 마치고 저마다 가지고 온 궁전을 부처님께 바치면서 '저희를 애틋하게 여기시어 좋은 법을 베푸시고 이 궁전을 받아 주시옵소서.'라고 말하였다.

이때, 모든 범천왕이 부처님 앞에서 똑같은 마음과 똑같은 목소리로 게송으로 말하였다.

거룩하신 부처님의 온갖 모습 참 좋으니
지옥 속에 있는 중생 건져내려 애쓰시고
높은 지혜 세존께서 뭇 삶들을 생각하며
감로수법 쏟아내어 모든 중생 제도하네.

긴긴 세월 오래도록 세존 모습 안 보일 때
시방세계 늘 언제나 깜깜하고 어두워서

나쁜 세상 점차 늘고 아수라만 치성하여
하늘 중생 줄어들고 삼악도만 늘어나니
부처님 법 안 따르고 나쁜 일만 따라감에
지혜로운 좋은 모습 점차 모두 줄어드네.

업보 인연 말미암아 즐거움을 모두 잃고
삿된 법에 머물러서 선한 법을 알 수 없어
부처님을 못 만나니 악한 길로 떨어짐에
희유하신 부처님이 오랜만에 출현하셔
고통받는 모든 중생 애틋하게 여기시어
세간에서 성불하니 우리 마음 즐겁다네.

모든 중생 빠짐없이 전에 없던 기쁨이라
우리들의 모든 궁전 상서로운 빛이 남에
지금 이제 이 궁전을 부처님께 바치오니
거절하지 마시옵고 부디 받아 주옵소서.

바라건대 이 공덕이 모든 중생 영향 끼쳐
저희 모두 빠짐없이 성불하게 하옵소서.

그때, 오백만 억 모든 범천왕이 게송으로 부처님을 찬탄해 마치고서 저마다 부처님께 '바라옵건대 세존이시여, 법을 설하시어 많은 중생을 편케 하시고 제도하시옵소서.'라고 사뢰었다. 이때, 모든 범천왕이 게송으로 말하였다.

세존께서 법 설할 때 감로수법 펼치시어
모든 중생 제도하려 열반길을 열어 주니
바라건대 저희에게 부처님의 목소리로
오랫동안 익힌 법을 설파하여 주옵소서.

사제법과 십이인연법을 설하다

그때, 대통지승 여래께서 시방세계 모든 범천

왕과 열여섯 왕자의 청을 받고 고(苦) 집(集) 멸(滅) 도(道)를 보여주고 수행할 것을 권하며 깨칠 것을 설하셨다. 이 내용은 사문 바라문 천상 마구니 범천 그리고 다른 세간의 그 누구도 설할 수 없으니, 이는 고집멸도 사제법과 십이인연법을 널리 말한 것이다.

무명이란 인연으로 중생 마음 만들어져
이 마음이 점차커져 알음알이 생겨나니
사람 몸에 들어가서 잉태했단 말을 듣네.

태아 몸에 눈귀코혀 몸과 뜻의 감각기관
색과 소리 맛과 냄새 감촉 경계 접촉하고
접촉하는 느낌에서 좋고 싫은 것을 알아
좋은 것만 받아들여 사랑하고 집착하네.

좋아하는 그 감각만 취하려고 달려들어
이 집착은 업이 되고 중생계로 태어나서
생로병사 근심 걱정 그 업보를 받게 된다.

만약 무명 사라지면 중생 마음 사라지고
이 마음이 사라지면 알음알이 없어지니
사람 몸에 들어가서 잉태했단 말도 없네.

태아 몸이 사라지니 눈 귀 코 혀 있질 않아
감각기관 존재 없어 바깥 경계 접촉 없고
접촉 없어 온갖 느낌 받을 일이 전혀 없네.

받아들일 느낌 없어 좋고 싫은 분별 없고
시비분별 사라지니 취할 것도 전혀 없어
취할 것이 없어지니 업도 생길 일이 없네.

업이 없어 중생계로 태어날 일 없으리니
생로병사 근심 걱정 절로 절로 사라진다.

부처님께서 하늘 신중 인간 모든 대중에게 이
법을 설하실 때, 육백만 억 나유타 사람들이
어떤 세간법의 영향도 받지 않았기에 온갖 번
뇌에서 해탈하였다. 모두 깊고 미묘한 선정과
세 가지 지혜 삼명(三明)과 육신통(六神通)을 얻
어 여덟 가지 해탈을 갖추었다.

두 번째, 세 번째, 네 번째 법을 설할 때도 천
만억 갠지스강 모래알처럼 많은 나유타의 중
생 또한 모든 세간법의 영향을 받지 않았기
에 모든 번뇌에서 해탈하였다. 이 뒤로 헤아
릴 수 없이 많은 모든 성문 대중도 온갖 번뇌
에서 해탈하였다.

그때, 열여섯 왕자는 모두 어린 동자로서 출가하여 영리하고 지혜로운 사미가 되었다. 그들은 벌써 백천만 억 모든 부처님께 공양을 올리며 깨끗한 삶을 살아왔다. 그들은 깨달음을 구하고자 부처님께 모두 함께 사뢰기를 '세존이시여, 헤아릴 수 없이 많은 대덕 성문이 이미 공부를 성취하였습니다. 세존이시여, 저희를 위하여 바른 깨달음의 법을 설하셔야 합니다. 저희는 같이 듣고 배워 그 법을 익힐 것입니다. 세존이시여, 저희가 성취하려는 여래의 지혜와 여래께서 깊이 생각하신 바를 부처님께서는 스스로 아셨을 것입니다.'라고 말하였다.

그때, 전륜성왕이 데리고 온 사람 가운데 팔만 억 명이 열여섯 왕자의 출가를 보고 자기들도 출가하고 싶어 하니, 전륜성왕이 허락하였다.

그때, 부처님께서 사미들의 부탁을 받아 이만 겁이 지나도록 사부대중 가운데서 대승 경전을 설하시니, 그 이름은 부처님이 늘 챙기는 보살을 가르치는 법 '연꽃법화경'이었다.

이 경을 설해 마치니 열여섯 명의 사미는 바른 깨달음을 구하고자 했기에 모두 이 경을 받아 지녀 읽고 외워 그 뜻에 통달하였다. 이 경을 설할 때 열여섯 명의 사미는 모두 이 경을 믿고 알아 몸에 받아 지녔다. 성문 대중 가운데도 이 경을 믿고 이해하는 이들이 있었지만, 그 밖의 천 만억 종류나 되는 다른 중생들은 모두 의심하는 마음을 내었다. 부처님께서는 팔천 겁 동안 쉬지 않고 이 경을 설하셨고, 이 경을 설해 마치시고는 조용한 방에서 팔만 사천 겁을 선정에 드셨다.

이때, 열여섯 명의 사미 보살은 부처님께서 조용한 방에 들어가 고요한 선정에 드신 것을 알았다. 그들은 저마다 법을 설하는 자리에 올라가 또한 팔만 사천 겁 동안 사부대중을 위하여 널리 연꽃법화경을 잘 가다듬어 설하였다. 그 법문 하나하나는 모두 육백만 억 나유타 갠지스강 모래알처럼 많은 중생을 고통으로부터 제도하였다. 그들에게 이 가르침을 보이고 기쁘게 하여 바른 깨달음을 일으키게 하였다.

대통지승 여래께서 팔만 사천 겁을 지나 삼매에서 나오셨다. 그리고 법을 설하는 자리에 나아가 편안히 앉아 널리 대중들에게 말씀하셨다.

'이 열여섯 명의 사미는 매우 드물게 영리하고 지혜로워 벌써 헤아릴 수 없이 많은 모든 부처님께 공양을 올렸다. 부처님이 계신 데서 늘 깨끗한 삶을 살며 부처님의 지혜를 받아 지녔다. 그들은 중생에게 부처님의 지혜를 가르치고 그 가운데로 들어가게 하였다. 그러므로 그대들 모두는 이들을 자주 친근하고 공양을 올려야 할 것이다. 무엇 때문인가.

성문과 벽지불과 모든 보살이 열여섯 명의 사미 보살이 설한 법화경을 믿고 알고 받아 지녀 헐뜯지 않는다면, 이들 모두는 바른 깨달음 여래의 지혜를 얻기 때문이다.'"

부처님께서 모든 비구에게 말씀하셨다.

"이 열여섯 명의 사미 보살은 늘 연꽃법화경을 즐겨 설하였다. 보살 한 사람 한 사람이 교화한 육백만 억 나유타 갠지스강 모래알처럼 많은 중생은 태어나는 세상마다 이 보살들과 함께 태어나서 그들에게 법을 듣고 모두 그 법문을 믿고 이해하였다. 이런 인연으로 사만 억 모든 부처님을 만날 수 있었고 지금까지 그 만남이 다하지를 않았다.

모든 비구여, 내 이제 그대에게 말하리라. 그 부처님의 열여섯 사미 보살은 지금 모두 바른 깨달음을 얻었다. 시방세계 국토에서 현재 법을 설하는데 헤아릴 수 없이 많은 보살과 성문이 그들의 권속이 되었다.

그 가운데 두 사미는 동방에서 성불하니 한 분의 명호는 즐거움의 나라 환희국(歡喜國)에 계시는 아촉불(阿閦佛) 부처님이고, 또 한 분의 명호는 수미산의 정상 수미정불(須彌頂佛) 부처님이다.

동남방의 두 부처님 가운데 한 분의 명호는 사자의 소리 사자음불(師子音佛) 부처님이고, 또 한 분의 명호는 사자의 모습 사자상불(師子相佛) 부처님이다.

남방에 계시는 두 부처님 가운데 한 분의 명호는 허공에 머무는 허공주불(虛空住佛) 부처님이고, 또 한 분의 명호는 언제나 번뇌가 없는 상멸불(常滅佛) 부처님이다.

서남방의 두 부처님 가운데 한 분의 명호는 하느님의 모습 제상불(帝相佛) 부처님이고, 또 한 분의 명호는 깨끗하고 맑은 모습 범상불(梵相佛) 부처님이다.

서방의 두 부처님 가운데 한 분의 명호는 영원한 빛 영원한 생명 아미타불(阿彌陀佛) 부처님이고, 또 한 분의 명호는 세간의 모든 고뇌가 사라진 도일체세간고뇌불(度一切世間苦惱佛) 부처님이다.

서북방의 두 부처님 가운데 한 분의 명호는 다마라발전단향 신통불(神通佛) 부처님이고, 또 한 분의 명호는 수미산 모습의 수미상불(須彌相佛) 부처님이다.

북방의 두 부처님 가운데 한 분의 명호는 자유롭게 흘러가는 구름 운자재불(雲自在佛) 부처님이고, 또 한 분의 명호는 자유롭게 흘러가는 구름의 왕 운자재왕불(雲自在王佛) 부처님이다.

동북방 부처님의 명호는 모든 세간의 두려움을 없애는 괴일체세간포외불(壞一切世間怖畏佛) 부처님이고, 열여섯 번째 부처님은 나 석가모니불(釋迦牟尼佛) 부처님이니, 이 사바세계에서 바른 깨달음을 성취하였다.

모든 비구여, 우리가 사미일 때 저마다 교화한 헤아릴 수 없는 백천만 억 갠지스강 모래알처럼 많은 중생이, 나에게 법을 듣고 나서 바른 깨달음을 구하였다. 이 모든 중생이 지금까지 성문의 지위에 있는 것을 내가 늘 바른 깨달음으로 교화하니, 이 모든 사람은 이 법으로 점차 부처님의 삶으로 들어가야 한다. 무엇 때문인가? 여래의 지혜는 믿고 알기 어렵기 때문이다.

그때 교화한 헤아릴 수 없이 많은 중생이 바로 그대 모든 비구와 내가 열반한 뒤에 나타날 미래 세상의 성문 제자들이다. 내가 열반한 뒤 어떤 제자가 이 경을 듣지도 못하고 보살이 행할 도리를 알지도 못한 채, 자신이 얻은 공덕에서 '열반했다는 생각'을 내어 열반에 든다면, 이 사람이 비록 '열반했다는 생각'을 내어 열반에 들어갔더라도, 내가 다른 나라에서 성불하여 이름을 달리할 때, 그 국토에서 부처님의 지혜를 구하면서 이 경의 가르침을 들을 것이다.

오직 부처님의 마음 일불승으로 참 열반을 얻을 뿐 그 밖에 다른 방편은 없다. 다만 모든 부처님께서 방편으로 설한 법을 제외할 뿐이다.

모든 비구여, 여래께서 열반할 때, 대중들이 맑고 깨끗하여 믿고 이해한 게 견고하여 공성(空性)의 법을 깨닫고 깊이 선정에 들어 있는 것을 알면, 곧 모든 보살과 성문을 모아 이 경을 설할 것이다. 세간에서는 이승으로 열반을 얻을 수 없다. 오직 부처님의 마음 일불승으로 열반을 얻을 뿐이다.

비구들이여, 마땅히 알아야 한다. 여래는 중생의 성품을 깊이 꿰뚫어 보시므로, 그들이 소승의 법을 즐기고 오욕에 깊이 집착하고 있음을 아시기에, 이들을 위하여 방편으로 열반의 법을 설한다. 그러므로 사람들이 이 법문을 듣는다면, 바로 믿고 알고 받아들일 것이다.

험난한 길에 큰 성을 만들다

이를 비유하면 거리가 오백 유순이나 되는, 사람의 자취가 없이 무섭고 험난한 길에서, 많은 대중이 이 길을 지나 진귀한 보물이 있는 곳으로 가려고 할 때의 이야기와 같다.

총명하고 지혜로운 길로 인도하는 스승이 있었는데, 험난한 길이 막혔는지 열렸는지를 잘 알고 있는 분이었다. 그분은 많은 사람을 이끌고 이 험난한 길을 지나가려고 하였는데, 같이 가던 사람들이 도중에 게을러져 포기하고 돌아가려고 하였다. 그들은 길을 인도하는 스승에게 '우리들은 너무 고단하고 두려워서 앞으로 갈 수가 없으니, 차라리 되돌아가고 싶습니다.'라고 말하였다.

하지만 길을 인도하는 스승에게는 많은 방편이 있었다. 스승은 '이 사람들은 참으로 불쌍하다. 진귀한 보물을 왜 포기하고 돌아가려 하는가?'라고 생각하였다. 이 생각 끝에 방편으로 삼백 유순을 지나서 있는 험난한 길 가운데 방편으로 성을 하나 만들었다. 그리고 많은 사람에게 '그대들은 두려워 말고 돌아가지 마라. 그대들은 지금 저 큰 성에서 마음대로 쉴 수 있다. 저 성에 들어가면 편안하고 즐거울 것이다. 쉬었다가 보물이 있는 곳에 가면 보물도 얻을 수 있다.'라고 하였다.

이때, 지쳐 있던 사람들이 크게 기뻐하고 참

드문 일이라고 찬탄하며 '우리들은 이제 험난한 길에서 벗어나 편하고 즐겁다.'라고 생각하였다. 이에 모든 사람이 방편으로 만든 성에 들어가 목적지에 도착했다는 생각에 푸근한 마음을 내었다. 그때, 길을 안내하는 스승은 이 사람들이 충분히 쉬고 피로가 풀어졌다는 것을 알고, 곧 방편으로 만든 성을 없애버렸다. 그리고 말하기를 '그대들은 가던 길을 가라. 보물이 있는 곳이 가깝다. 지난번 큰 성은 그대들을 쉬게 하려고 내가 방편으로 만든 것이다.'라고 하였다.

여래의 방편은 큰 성과 같아

모든 비구여, 여래께서도 이와 같다. 이제 그대들을 위하여 큰길을 안내하는 스승이 되어 멀고 험난한 삶과 죽음의 모든 문제를 알고 이를 뛰어넘게 할 것이다. 중생이 오로지 일불승만 듣게 되면 부처님을 만나려고도 하지 않고 가까이 가려고도 하지 않으면서 '부처님의 도는 멀고도 험하다. 오랫동안 부지런히 고행을 닦아야 성취할 수 있다.'라고 생각한다. 부처님은 졸렬하고 약한 이 마음을 알고 중도에서 쉬도록 방편으로 성문과 연각의 열반을 설한다. 중생이 성문과 연각의 두 경계에 머물면 여래는 그때 그들을 위하여 '그대들이 성취한 경지는 아직 공부를 다 마무리한 것이 아니다. 그대들이 머물러 있는 경지는 부처님의 지혜에 가깝다. 그러나 그대들의 열반은 진실이 아니라는 것을 잘 헤아려 보아야 한다. 다만 여래께서 방편으로 부처님의 마음 일불승에서 중생의 마음 삼승을 분별하여 설한 것이다.'라고 말한다.

이는 마치 길을 안내하는 스승이 따라오는 사람들의 피로를 풀기 위하여 큰 성을 방편으로 만들었다가 그들의 피로가 풀린 줄 알고 말하기를 '보물은 가까이 있다. 이 성은 진짜가 아니다. 내가 방편으로 만들었다.'라고 말한 것과 같다."

이때, 세존께서 거듭 이 뜻을 펼치려고 게송으로 말씀하셨다.

대통지승 여래께서 십 겁 동안 앉았어도
부처님 법 안 보여서 성불할 수 없었지만
하늘 신장 용왕들과 아수라의 무리들이
언제나늘 꽃을 뿌려 부처님께 공양 올려
하늘 북을 두드리며 온갖 악기 연주하며
향기롭게 부는 바람 새로운 꽃 실어 오니

십 소겁이 지난 뒤에 부처님 삶 성취하여
하늘신중 인간 모두 그 마음이 기쁘다네.

부처님의 십육 왕자 천 만억의 권속들이
모두 함께 둘러싸고 부처님을 찾아가서
머리 숙여 예배하고 법 설하길 간청하되
사자후로 비가 쏟듯 가르침을 주옵소서.

세존 친견 어려워라 오랜 세월 한 번이라
중생들을 깨우치려 상서로운 모든 울림
동쪽방향 모든 세계 오백만억 국토 중에
하늘 궁전 비친 광명 전에 없던 일이더라.

범천 모두 이 모습에 부처님을 찾아가서
하늘 꽃을 공양 올려 좋은 궁전 바치면서
법 설하길 청 올리며 게송 읊고 찬탄하네.

아직 때가 아니기에 조용하게 계시므로
남방서방 북방사유 위와아래 범천 모두
꽃 뿌리고 궁전 바쳐 설법하길 간청하며
세존 뵙기 어려우니 바라건대 큰 자비로
감로수법 활짝 펼쳐 최고 법을 설하소서.

지혜로운 세존께서 대중들의 부탁 받아
사제법과 십이인연 온갖 법을 설하시니
무명부터 노사까지 태어나서 죽음까지
이와같이 많은 재앙 그대 모두 알지어다.

이 법 널리 설하실 때 육백만억 중생들이
모든 고통 다 여의어 아라한을 이루었고
두번째로 설법할때 천 만억의 많은 중생
세간법을 받지 않고 아라한을 성취하며
그 뒤로도 성불한 이 그 숫자가 한량없어

억만겁을 헤아려도 끝간데를 알수없다.

그때 왕자 열여섯 분 사미 되어 출가하고
대승법을 설하기를 부처님께 청을 하여
우리들의 권속들도 부처님 삶 원하오니
맑은 지혜 청정한 눈 얻게 하여 주옵소서.

지난세상 행한 일을 부처님은 다아시고
셀 수없는 인연들과 온갖 모든 비유로써
육바라밀 설하시고 신통한 일 드러내며
보살들의 진실한 법 행한 도를 잘헤아려
많고 많은 게송으로 법화경을 설하시네.

설법 마친 그 부처님 고요한데 선정 드셔
팔만사천 겁 동안을 마음 모아 앉으시네.

부처님의 깊은선정 사미 모두 이미 알고
많은 중생 위하기에 부처님 법 설하려고
법 설하는 자리에서 법화경을 설하셨네.

부처님의 열반뒤에 이 법 널리 선양하는
한분한분 사미 보살 제도하는 모든중생
그 숫자가 육백만억 갠지스강 모래 같네.

그 부처님 열반한뒤 법을듣는 모든이는
부처님의 국토마다 스승과 늘 함께하며
열여섯 명 모든사미 부처님 삶 갖추어서
지금 모두 시방세계 깨달음을 이루었다.

부처님의 처소에서 그때 법을 들은 이들
성문 경계 있었으니 점차 불도 들게 하고
출가사미 있을때는 너희에게 법 설하니

이 때문에 방편 활용 부처님 앎 갖게 하여
그때 맺은 인연으로 법화경을 설하여서
부처님 삶 듣게 하니 놀라겁을 먹지 마라.

비유하면 험난한 길 사람 없고 맹수 많아
물과 풀이 전혀 없어 사람들이 두려워해
셀 수 없이 많은 사람 지나가고 싶지마는
멀고도 먼 그 거리가 자그마치 오백 유순.

길 이끄는 스승님이 지혜롭게 그 길 알아
분명하게 길을 찾고 험한 길을 인도할 때
모든 중생 지쳐 있어 그분에게 하는 말이
우리 지금 피곤하니 돌아가고 싶나이다.

스승님은 생각하길 이 사람들 불쌍하다
큰 보물을 놓아두고 어찌하여 돌아가나

방편 찾아 생각하여 신통력을 부려냄에
큰 성 하나 만들어서 온갖 장엄 하였다네.

동산과 숲 둘러 있고 맑은 시내 연못들과
크고 높은 누각들과 많은 남녀 가득하여
이런 모습 만들어서 대중들을 위로하며
이 성안에 들어가면 마음대로 즐기리라.

모든 사람 이 성에서 아주 크게 기뻐하며
온갖 고통 끝났다고 편한 생각 들었을 적
스승님이 이걸 알고 대중에게 알리는 말
그대들은 출발하라 여기 성은 허깨비 성
지쳐 있는 너희들이 돌아가려 하였기에
방편으로 허깨비 성 진짜처럼 만들었다.

부지런히 정진하고 이제 너희 공부하여

보물 있는 그곳으로 모두 함께 나아가자.

나도 또한 마찬가지 모든 중생 스승 되어
부처님 삶 추구하는 사람들이 게을러져
삶과 죽음 온갖 문제 해결하지 못할 적에
방편으로 쉬게 하려 열반이라 설하면서
그대들은 고통 없애 쉴 수 있다 하였더니
열반 속에 도달하여 깨친 줄로 착각한다.

이들에게 말하기를 진실한 법 설하려고
방편으로 분별하여 삼승 법을 설했으나
일불승만 있음이라 방편으로 이승 말해
그대들이 얻은 것은 참 열반이 아니더라.

부처님의 삶을 위해 부지런히 정진하라.

그대들은 온갖 지혜 전지전능 부처님 법
바른 법을 증명하고 삼십이상 갖추어야
이게 바로 참된 모습 거짓 없는 열반이네.

길을 아는 부처님이 방편으로 말했지만
마음 쉴 줄 알고서는 참지혜로 이끌더라.

7

8. 오백 아라한의 수기

【오백제자수기품五百弟子授記品**】**

부루나에게 수기하다

이때, 설법 제일 부루나는 부처님께서 지혜 방편으로 형편 따라 설법하는 내용, 모든 제자에게 바른 깨달음을 수기하는 내용, 지난 세상의 인연, 모든 부처님의 자유로운 신통력에 대해 말씀하시는 것을 들었다. 전에 없던 일이어서 마음이 뛸 듯이 기뻐 곧 자리에서 일어나 부처님께 머리 숙여 예배하고, 한쪽에 물러나 부처님의 존안을 우러러보며 잠깐도 눈을 떼지 않았다.

그러면서 '세존은 참으로 뛰어나신 분이니 하

시는 일이 희유하다. 세간 중생의 온갖 성품에 맞춰 지혜로운 법을 설해, 중생의 탐욕과 집착을 모두 제거하니, 우리 부처님의 공덕을 말로 다 표현할 수가 없다. 오직 세존만 우리들의 깊고 깊은 본디 원력을 아실 수 있다.'라고 생각하였다.

이때, 부처님께서 모든 비구에게 말씀하셨다.

"그대들은 부루나를 보았느냐. 나는 법을 설한 사람 가운데 늘 그를 제일이라 칭찬하고 그의 온갖 공덕을 찬탄하였다. 그는 부지런히 정진하고 법을 보호하며 나의 법을 많은 사람에게 가르쳤다. 사부대중에게 법을 보여 가르치고 이롭고 기쁘게 하였다. 부처님의 바른 법을 잘 풀어 같이 공부하는 자들에게 큰 이익을 주었다. 여래를 떠나서 그의 걸림 없는 말솜씨를 이길 사람은 없다.

그대들은 부루나가 오직 나의 법만 보호하며 가르친다고 말하지 마라. 그는 과거 구십억 모든 부처님이 계신 곳에서도 부처님의 바른 법을 보호하고 가르치니, 그 당시도 법을 설한 사람 가운데서 으뜸이었다. 또 모든 부처님이 설한 공(空)을 잘 알고, 어디에도 막힘없는 지혜를 얻었다. 늘 진리를 살피고 깨끗하게 법을 설하면서 의심을 남기지 않았다.

보살의 신통력을 갖추고 늘 깨끗한 삶을 살아가니, 그 부처님 당시의 세상 사람 모두 참다운 성문이라고 칭송하였다. 그리하여 부루나는 이런 방편으로 헤아릴 수 없이 많은 중생에

8

게 풍요로운 이익을 주었다. 또 헤아릴 수 없이 많은 사람을 교화하여 깨달음을 얻게 하였다. 청정한 부처님의 국토를 위하였기에 늘 부처님의 일을 하고 중생들을 교화하였다.

모든 비구여, 부루나는 과거 일곱 부처님 당시 설법하는 사람 가운데 으뜸이었고, 지금 내가 있는 이 자리에서 설법하는 사람 가운데 으뜸이며, 현겁(賢劫)의 모든 부처님 시대에 설법하는 사람 가운데 또한 으뜸이니, 모든 부처님의 법을 보호하고 가르쳐 왔다. 또 미래에도 헤아릴 수 없이 많은 부처님의 법을 보호하고 가르쳐서, 한량없는 중생들을 교화하는 이로움으로 깨달음을 얻게 할 것이다. 맑고 깨끗한 부처님의 국토를 위하였기에 부지런히 늘 정진하여 중생들을 교화할 것이다.

그는 점차 보살도를 다 갖추고 오랜 세월이 지나 이 땅에서 깨달음을 얻게 될 것이다. 그 명호는 법에 밝은 법명(法明) 여래, 응공 정변지 명행족 선서 세간해 무상사 조어장부 천인사 불세존이다. 그 부처님께서는 큰 갠지스강 모래알처럼 많은 삼천대천세계로 하나의 국토를 삼는데, 그 국토는 칠보로 된 땅이며 그 땅은 손바닥처럼 판판하여 산과 계곡과 구릉이 없다. 칠보로 된 누각이 그 가운데 가득하고, 많은 하늘 궁전이 땅에 가까운 허공에 있어 하늘과 사람이 서로 볼 수 있으므로 나쁜 세계도 없고 나쁜 여인도 없다.

모든 중생이 다 교화되고 음욕이 없어 큰 신통으로 몸에서는 광명이 난다. 날아다니는 게 자유롭고 뜻과 생각이 견고하며 열심히 부처

님의 지혜를 닦는다. 두루 모두 황금색의 몸을
갖고 저절로 부처님의 서른두 가지 아름다운
모습을 갖춘다.

그 국토의 중생은 항상 두 가지로 음식을 삼는
데, 하나는 법에 대한 즐거움이고, 또 하나는
선정의 기쁨이다. 헤아릴 수 없이 많은 천 만
억 나유타 모든 보살 대중이, 큰 신통과 어디
에도 막힘이 없는 지혜로 중생들을 교화할 수
있고, 헤아릴 수 없이 많은 수의 성문 대중도
육신통과 세 종류의 지혜와 여덟 가지 해탈을
다 갖추게 된다.

그 부처님의 국토는 이처럼 한량없는 공덕으
로 꾸며져 그 세월의 이름은 밝은 보배 보명(寶
明)이고, 나라의 이름은 청정한 삶 선정(善淨)

이며, 그 부처님의 수명은 헤아릴 수 없는 세월이다. 바른 법이 세상에 오래 존재하며 그 부처님이 열반한 뒤에는 칠보로 된 탑을 세워 그 나라에 가득 찬다."

이때, 세존께서 거듭 이 뜻을 펼치려고 게송으로 말씀하셨다.

모든 비구 잘 들어라. 불자들이 사는 삶에
부처님의 좋은 방편 생각으론 알 수 없네.

중생들이 작은 법을 좋아한단 것을 알고
모든 보살 이 때문에 성문연각 수준 맞춰
온갖 방편 사용하여 모든 중생 교화하되
중생이라 자칭하며 부처님 삶 멀다 하곤
한량없는 중생 모두 성불토록 하였다네.

의욕 없고 게을러도 점차 성불 하게 하려
안으로는 보살행을 밖으로는 성문 모습
생사 문제 관여하나 그 진실은 청정 국토
탐진치를 보여주고 삿된 모습 드러내니
나의 제자 이들처럼 방편으로 제도함에
내가 만약 온갖 교화 다 갖추고 설한다면
이 내용을 들은 중생 많은 의혹 품으리라.

여기 있는 부루나는 옛날 천억 부처님께
부지런히 도를 닦아 모든 불법 보호했네.

참된 지혜 구하려고 부처님이 계신 데서
큰 제자로 있을 때는 법문 듣고 지혜로워
설하는 법 당당하여 중생들을 기쁘게 해
권태 없이 부지런히 부처님 일 도왔다네.

큰 신통과 걸림 없는 지혜 이미 갖추어서
중생 근기 알아차려 청정한 법 늘 설하며
이런 뜻을 널리 펴서 천억 중생 가르치고
대승법에 머물게 해 여래 국토 청정하네.

미래에도 셀 수 없는 부처님께 공양 올려
바른 법을 보호하여 청정해진 세존 국토
항상 모든 방편으로 당당하게 법을 설해
많은 중생 제도하여 모든 지혜 성취하리.

모든 여래 공양 올려 법보 곳간 보호하여
뒷세상에 성불하면 법에 밝은 법명 여래
그 국토는 청정한 삶 칠보로 된 땅덩어리
그 세월은 밝은 보배 보살들이 참 많다네.

그들 모두 남김없이 큰 신통을 획득하여

위엄 복덕 다 갖추고 그 나라에 가득하며
지혜로운 신통 해탈 모두 가진 성문들도
셀 수 없이 많고 많아 이들 모두 출가자라.

그 나라의 모든 중생 이미 모두 음욕 끊고
순수하게 태어난 몸 잘 꾸며진 몸이어라.
법의 희열 선정 맛에 다른 생각 전혀 없어
나쁜 여인 있지 않고 어떤 악도 있질 않네.

부루나가 비구로서 온갖 공덕 성취하여
청정 국토 얻을 때는 성인들이 참 많으리
이와 같은 많은 일들 있으리라 예언하며
내가 이제 일부분을 간략하게 말했노라.

이때, 자유로운 마음을 가진 천이백 명의 아라한이 '우리들은 전에 없이 참으로 기쁘다.

세존께서 우리에게 큰 제자처럼 수기하신다면 이 또한 기쁜 일이 아니겠는가.'라고 생각하였다.

부처님께서 이들이 생각하는 마음을 알고 가섭에게 말씀하셨다.

"천이백 명의 아라한에게 내가 이제 이 자리에서 차례로 바른 깨달음의 수기를 주겠다. 이 대중 가운데 큰 제자 교진여 비구는 육만 이천억 부처님을 공양한 뒤에 성불하니, 그 명호는 두루 밝은 보명(普明) 여래, 응공 정변지 명행족 선서 세간해 무상사 조어장부 천인사 불세존이다. 또 오백 아라한 우루빈나가섭 가야가섭 나제가섭 가루다이 우다이 아누루타 이바다 겁빈나 박구라 주다 사가다 등도 모두 바른 깨달음을 얻고 전부 똑같은 명호로서 그 명호는 두루 밝은 보명(普明) 여래이다."

이때, 세존께서 거듭 이 뜻을 펼치려고 게송으로 말씀하셨다.

나의 제자 교진여는 많은 여래 친견하고
긴긴 세월 지난 뒤에 부처님이 될 것이니
큰 광명을 항상 놓아 온갖 신통 다 갖추며
시방세계 명성 높아 모든 사람 공경 받고
무상도를 늘 설하니 그 명호는 보명 여래.

그 국토는 청정하고 보살들이 용맹하여
아름다운 누각에서 시방 국토 다니다가
온갖 좋은 공양물로 모든 여래 받들고서

이런 공양 마치고는 큰 기쁨을 끌어안고
본국으로 돌아가는 이런 신통 있게 되리.

육만 겁의 여래 수명 바른 법은 그 두 배라
상법 다시 정법 두 배 그 다음은 말세일세.

아라한인 오백 비구 차례차례 여래 되어
그 명호가 보명 여래 시나브로 수기 받아
나의 열반 그 이후로 모두가 다 성불하니
그 부처님 교화 내용 오늘 나의 모습 같네.

그 국토는 청정하여 온갖 신통 나타나니
보살 성문 대중들과 바른 법과 상법들과
여래 수명 세월 이름 모두 위에 설한 내용
가섭이여, 알지어다. 자유로운 오백 나한
다른 성문 대중들도 또한 이와 같겠지만

이 법회에 없는이는 그대 법을 설하여라.

이때, 오백 아라한이 부처님 앞에서 수기를 받고 뛸 듯이 기뻐하였다. 자리에서 일어나 부처님 앞에 나아가 머리 숙여 예배하고 자기들의 허물을 뉘우치며 말하였다.

"세존이시여, 저희는 늘 '구경의 열반을 얻었다.'라고 생각하였는데, 그게 지혜롭지 못한 것인 줄 지금 알았습니다. 왜냐하면 저희가 여래의 지혜를 얻어야 할 것인데, 스스로 작은 지혜에 만족했기 때문입니다."

"세존이시여, 비유하면 헌 옷 속의 보배 구슬

이야기와 같습니다. 어느 가난한 사람이 친구 집에서 술에 취하여 누워 있을 때, 급한 일이 생긴 친구가 무척 귀한 보배 구슬을 가난한 친구 헌 옷 속에 챙겨 주고, 볼일을 보러 나갔습니다. 가난한 친구는 그 사실을 조금도 알지 못하였으므로, 술이 깨어 이리저리 떠돌다가 먹고 입는 일로 먼 나라까지 가 온갖 고생을 했습니다. 너무 가난한 그는 조그만 소득에도 매우 만족하였습니다.

뒷날 친구가 그를 만나 '대장부여, 안타깝다. 먹고 입는 일로 어찌 이처럼 구차하게 사느냐? 내가 옛날 너를 도우려고 아주 비싼 보배 구슬을 너의 옷 속에 챙겨 주었다. 그런데도 그때나 지금이나 네 형편이 어렵구나. 네가 그 사실을 알지 못하므로 고생하고 애써 살려

발버둥 치고 있으니, 참으로 어리석구나. 네가 이제 그 보물을 팔아 필요한 것을 구한다면, 언제나 네 뜻대로 살 수 있으니 모자랄 게 없다.'라고 말하였던 것입니다.

부처님도 이처럼 저희를 교화하여 온갖 것을 다 아는 지혜를 내게 하셨지만, 저희가 이를 잊고 몰랐기에 아라한의 도를 열반이라고 말했던 것입니다. 수행 자체가 어려워 적은 공부로 만족했지만, 어떤 것도 다 아는 지혜를 얻고자 하는 원력은 아직 잃지 않고 있습니다. 지금 세존께서 저희 모두를 깨우쳐 주시려 '모든 비구여, 그대들이 얻은 것은 구경의 열반이 아니다. 내가 오랫동안 그대들이 부처님의 선한 마음의 뿌리를 심게 하려고 방편으로 열반의 모습을 보였는데, 그대들은 그것을 실제 열반을 얻은 것이라고 말하는구나.'라고 하셨습니다.

세존이시여, 저희가 지금 실제 보살로서 깨달음의 수기 받은 것을 아니, 이 인연으로 전에 없던 큰 기쁨을 맛보았습니다."

이때, 교진여와 대중들이 거듭 이 뜻을 펼치려고 계송으로 말하였다.

저희 모두 깨달음의 수기 내용 듣고서는
전에 없던 큰 기쁨에 부처님께 예경 올려
세존 앞에 저희 지금 모든 허물 뉘우치네.

부처님의 셀 수 없이 많은 보배 조금 얻어
지혜 없는 사람처럼 스스로가 만족하니

비유하면 가난한이 부자친구 찾아가서
좋은 음식 대접받고 술에 취해 잠이 드니
친한친구 헌옷속에 귀한보배 넣어 주고
그냥 두고 떠나가니 잠든 채로 모르더라.

이 사람이 술을깨고 이리저리 다니면서
밥과 옷을 구했으나 사는 일이 고달프니
작은편리 만족하고 좋은것은 생각없어
헌 옷속에 귀한보배 있는줄을 모르더라.

구슬선물 해 준친구 이 사람을 뒷날만나
책망하고 충고하며 그 보배를 보여주니
가난했던 그 친구는 크게 기뻐 좋아하며
온갖것을 누리면서 살아가니 편하더라.

저희 모두 이와같아 세존께서 오랜 세월

중생들을 교화하며 여래 원력 심었지만
저희 모두 지혜 없어 이 의미를 몰랐기에
열반 보배 한 귀퉁이 스스로가 만족했네.

세존 이제 참 열반이 아니라고 말씀하며
여래 지혜 얻고 나야 참 열반이 된다하니
저희 모두 부처님께 수기 내용 듣고 나서
시나브로 수기 받고 정말 뛸 듯 기쁩니다.

8

9. 배우는 사람에게 수기를 주다

【수학무학인기품授學無學人記品】

9

아난과 라후라가 수기 받기를 원하다

이때, 아난과 라후라가 '우리도 수기해 주시면 이 또한 기쁜 일이 아니겠는가.'라고 생각하고 자리에서 일어나 부처님 앞에 나아가 머리 숙여 예배하고 사뢰었다.

"세존이시여, 저희도 여기에서 느낀 바가 있기에 오직 여래께 귀의합니다. 또 저희는 모든 세간에 있는 하늘 신중, 아수라의 본보기가 될 선지식입니다. 아난은 늘 부처님을 모시고 법의 곳간을 보호했으며, 라후라는 부처님의 아들입니다. 부처님께서 바른 깨달음의 수기를 주신다면, 저희 소원이 이루어지고 대중들의 희망도 만족시킬 것입니다."

이때, 도를 배우는 이와 다 배운 성문(聲聞) 제자 이천 명이 모두 자리에서 일어나 오른쪽 어깨를 드러내고 부처님 앞으로 나아갔다. 정성을 다하여 두 손 모아 합장하고 아난과 라후라의 소망처럼 똑같이 부처님을 우러러보고 한쪽 곁에 서 있었다.

아난에게 수기를 주다

이때, 부처님께서 아난에게 말씀하셨다.

"그대는 오는 세상 반드시 부처님이 될 것이다. 그 명호는 자유로운 모든 지혜의 왕 산해혜자재통왕(山海慧自在通王) 여래, 응공 정변지 명행족 선서 세간해 무상사 조어장부 천인사 불세존이다. 육십이억 모든 부처님께 공양을 올려 법의 곳간을 지키고 보호한 뒤에, 바른 깨달음을 얻어 이십 천 만억 갠지스강 모래알처럼 많은 모든 보살을 교화하여 깨달음을 얻게 한다.

그 나라의 이름은 늘 승리의 깃발을 세운 상립승번(常立勝幡)이고, 그 국토는 맑고 깨끗하여 땅덩어리가 반짝이는 유리 보배이다. 세월의 이름은 오묘한 소리가 가득 찬 묘음변만(妙音偏滿)이고, 부처님의 수명은 헤아릴 수 없이 많은 천 만억 아승지겁이니, 어떤 사람이 천 만억 무량 아승지겁에 걸쳐 그 수를 헤아려도 알 수가 없다. 바른 법이 그 수명의 두 배만큼 세상에 머무르고, 상법은 바른 법 수명의 두

배이다. 아난이여, 자유로운 모든 지혜의 왕 산해혜자재통왕 여래는 시방세계 헤아릴 수 없는 천 만억 갠지스강 모래알처럼 많은 모든 부처님이 다 함께 그 공덕을 찬탄하고 칭찬하게 될 것이다."

이때, 세존께서 거듭 이 뜻을 펼치려고 게송으로 말씀하셨다.

대중에게 알리노니 법이 있는 아난존자
모든 여래 공양 올려 바른 깨침 이룬다면
그 명호는 자유로운 모든 지혜 왕인 여래
맑디맑은 그 국토는 승리 깃발 날린 나라.

갠지스강 모래처럼 많은 보살 교화하니
위엄 복덕 갖춘 여래 시방세계 알려지고

셀 수 없는 그 수명은 중생들을 위함이라
바른 법은 수명 두배 상법 다시 두배이니
갠지스강 모래처럼 많고 많은 중생 모두
부처님 법 가운데서 불도 인연 심으리라.

이때, 대중 가운데서 새로 공부에 마음을 낸 보살 팔천 명이 다 같이 '아직 어떤 큰 보살도 이처럼 수기를 받았다는 것을 우리가 듣지 못했는데, 무슨 인연으로 모든 성문이 이처럼 확정된 수기를 받는가.'라고 생각하였다.

이때, 세존께서 모든 보살의 마음을 아시고 말씀하셨다.

"선한 불자들이여, 나와 아난이 공왕불(空王佛)

부처님이 계신 곳에서 깨닫고자 하는 마음을 똑같이 내었는데, 아난은 항상 많이 듣는 것을 좋아하고, 나는 부지런히 정진하여 바른 깨달음을 먼저 성취하였다. 아난은 나의 법을 지녀 보호하고, 미래 모든 부처님의 법문 곳간도 보호하여 모든 보살을 교화할 것이니, 그의 본디 원력이 이와 같은 것이므로 수기를 받는 것이다."

아난이 부처님 앞에서 수기와 그 국토의 장엄을 듣고 원하는 바가 다 갖추어지니 전에 없던 큰 기쁨을 얻었다. 과거 헤아릴 수 없이 많은 천 만억 모든 부처님의 법문 곳간을 기억하고 걸림 없이 통달하여 현재처럼 듣고 본디 원력도 알았다. 이때, 아난이 게송으로 말하였다.

거룩하신 세존께서 과거 모든 부처님 법
내가 모두 기억하여 현재처럼 듣게 하니
내가 이제 의심 없이 부처님 삶 안주하여
방편으로 시자로서 부처님 법 지키리라.

라후라에게 수기를 주다

이때, 부처님께서 라후라에게 말씀하셨다.

"그대는 오는 세상 성불할 것이다. 그 명호는 칠보 연꽃을 밟는 도칠보화(蹈七寶華) 여래, 응공 정변지 명행족 선서 세간해 무상사 조어장부 천인사 불세존이다. 시방세계 티끌처럼 많은 부처님께 공양을 올려, 늘 모든 부처님의 큰아들이 되니 지금의 모습과 같다.

칠보 연꽃을 밟는 도칠보화 여래의 국토 장엄

과 수명, 세월의 이름과 교화할 제자, 바른 법과 상법의 세월도, 산해혜자재통왕 여래와 다를 게 없고, 또한 이 부처님의 큰아들이 된다. 이런 세월이 지난 뒤에 반드시 바른 깨달음을 얻게 될 것이다."

이때, 세존께서 거듭 이 뜻을 펼치려고 게송으로 말씀하셨다.

옛날 내가 태자일 때 라후라가 아들인데
이제 내가 여래 됨에 그 법 받아 법의 아들
많고 많은 부처님을 오는 세상 만나뵙고
부처님의 아들 되어 한결같이 도 닦으리.

라후라의 은밀한 삶 오직 나만 알 수 있고
현재 나의 큰아들로 모든 중생 가르치니

헤아릴 수 없는 공덕 그 크기를 알 수 없고
부처님 법 머물기에 무상도를 구하리라.

성문 이천 명에게 수기를 주다

그때, 세존께서 도를 배우는 이와 다 배운 이들 이천 명이 부드럽고 맑고 고요한 마음으로 부처님을 쳐다보고 있는 사실을 아셨다. 그러므로 아난에게 "그대는 도를 배우는 이와 다 배운 이 이천 명을 보는가?"라고 물으시자, 아난은 "예, 보고 있습니다."라고 대답하였다.

세존께서 "아난이여, 여기 있는 모든 사람이 오십 세계에 널려 있는 티끌처럼 많은 모든 부처님께 예를 드려 공경하고 공양을 올려 존중하며 법문 곳간을 지키고 보호할 것이다. 그런 끝에 시방 국토에서 동시에 저마다 성불하여 모두 똑같은 명호를 갖게 되니 그 명호는 보배로운 모습 보상(寶相) 여래, 응공 정변지 명행족 선서 세간해 무상사 조어장부 천인사 불세존이다. 그 부처님의 수명은 일 겁이며 국토의 장엄, 성문과 보살, 바른 법과 상법의 수명도 모두가 다 똑같다."라고 말씀하셨다.

이때, 세존께서 거듭 이 뜻을 펼치려고 게송으로 말씀하셨다.

내 앞에서 지금있는 맑고고운 이천 성문
모두에게 수기 주니 미래 세상 성불하리
많고 많은 부처님께 빠짐없이 공양 올려
법문 곳간 지키면서 뒷날깨침 이루리라.

시방 국토 저마다가 다 똑같은 이름인데

보리도량 함께 앉아 높은 지혜 얻고서는
전부가 다 보배 모습 보상이라 불리면서
국토 제자 정법 상법 다름없이 똑같으며
모두가 다 신통으로 시방 중생 제도하고
높은 명망 널리 퍼져 점차 열반 들어가리.

이때, 도를 배우는 이와 다 배운 이들 이천 명이
부처님께서 수기하는 내용을 듣고 뛸 듯이 기
뻐하며 게송으로 말하였다.

세존 지혜 밝은 등불 수기하는 소리 듣고
감로수를 마시는 듯 기쁜 마음 가득하네.

10. 법화경을 전하는 연꽃법사

【 법사품法師品 】

연꽃법화경의 인연은 깨달음이다

이때, 세존께서 약왕보살과 팔만 보살에게 말씀하셨다.

"약왕보살이여, 그대는 이 대중 가운데 헤아릴 수 없이 많은 모든 하늘 신중 용왕 야차 건달바 아수라 가루라 긴나라 마후라가 인비인(人非人) 등과 비구 비구니 우바새 우바이로서 성문이 되고자 하는 이들, 벽지불이나 부처님의 도를 구하는 이들이 보이느냐. 이와 같은 중생이 모두 부처님 앞에서 연꽃법화경의 게송이나 내용을 한 구절 듣고서 한 생각이라도 기뻐하는 이에게는 내가 모두 수기를 주어 깨달음을 얻게 할 것이다."

부처님께서 약왕보살에게 말씀하셨다.

"또 여래께서 열반한 뒤, 어떤 사람이 연꽃법화경을 듣고 그 게송이나 내용 한 구절에서 한 생각이라도 기뻐한다면, 그에게 내가 깨달음의 수기를 줄 것이다.

또 어떤 사람이 연꽃법화경의 게송이나 내용을 한 구절이라도 읽고 외워 해설하며 쓰고, 이 경전을 부처님처럼 생각하여 온갖 꽃과 향, 옥구슬 장식, 가루 향, 바르는 향, 사르는 향, 비단 일산이나 휘장과 깃발, 의복과 좋은 음악으로 공양을 올리고 나아가 합장 공경한다면,

약왕보살이여, 이런 사람들은 모두 십만 억 부처님께 공양을 올려 모든 부처님이 계신 곳에서 큰 원을 성취하여 중생을 애틋하게 생각하는 마음으로 이 세상에 태어났다는 것을 알아야 한다.

법화경을 설하는 법사

약왕보살이여, '어떤 중생이 미래 세상에서 성불합니까?'라고 누가 물으면, '모든 사람이 미래 세상에서 반드시 성불할 것이다.'라고 가르쳐 줄 것이다. 왜냐하면 선한 사람이 법화경의 구절 하나라도 읽고 외워 해설하며 쓰고, 여기에 온갖 꽃과 향과 옥구슬 장식, 가루향과 바르는 향과 사르는 향, 비단 일산이나 휘장과 깃발, 의복과 좋은 음악으로 공양을 올리고 나아가 합장 공경한다면, 이 사람은 모든 사람이 우러러 받들 것이기 때문이다. 그러므로 여래를 대하듯 공양해야 한다. 이 사람은 큰 보살이니 깨달음을 성취하고 중생을 애틋하게 여겨 이 세상에 태어나기를 원했기에 법화경을 잘 설한다는 것을 알아야 한다. 그런데 하물며 법화경을 전부 받아 지녀 온갖 것에 공양을 올리는 법사야 더 말할 필요가 있겠느냐.

약왕보살이여, 이런 법사는 중생을 애틋하게 여기기에, 내가 열반한 뒤에 청정한 업보의 세계를 스스로 떠나, 일부러 힘들고 악한 세상에 태어나 이 경을 널리 설한다는 것을 알아야 한다.

내가 열반한 뒤에 만일 선한 불자들이 어떤

사람을 위해 법화경의 한 구절을 말해 줄 수 있다면, 이 사람은 여래의 심부름을 하는 사람인 줄 알아야 한다. 여래께서 보낸 분이니, 여래의 불사를 하는 사람인데, 하물며 많은 대중 가운데서 그들을 위하여 널리 법화경을 설하는 법사야 더 말할 필요가 있겠느냐.

약왕보살이여, 나쁜 사람이 착하지 못한 마음으로 일 겁 동안 부처님 앞에서 늘 부처님에게 욕을 하더라도, 그 죄는 법화경의 가르침을 전하는 법사에게 욕하는 죄보다 오히려 더 가볍다. 어떤 사람이 한마디라도 나쁜 말로 법화경을 읽고 외우는 법사를 헐뜯는 그 죄는 대단히 무겁기 때문이다.

약왕보살이여, 법화경을 읽고 외우는 사람은,

부처님의 장엄으로 자신을 장엄한다는 것을 알아야 한다. 그는 여래의 어깨에 올라탄 모습이므로, 그가 이르는 곳마다 품위 있고 아름다운 모습으로 예배를 올려야 한다. 정성을 다하여 두 손 모아 합장하고 예경을 드리며, 공양을 올리고 존중 찬탄하되, 꽃과 향과 보배 구슬, 가루 향과 바르는 향과 사르는 향, 비단 일산과 휘장과 깃발, 좋은 옷과 맛있는 음식, 온갖 악기를 연주하며 세상에서 가장 좋은 공양을 올려야 한다. 하늘의 보배로운 꽃을 가져다 머리 위에 뿌려야 하고, 천상의 보배를 모아 받들어서 바쳐야 한다. 왜냐하면 이 사람이 기쁜 마음으로 법을 설하면, 이 법문을 잠깐 듣더라도 곧 깨달음을 얻게 되기 때문이다."

이때, 세존께서 거듭 이 뜻을 펼치려고 게송으

로 말씀하셨다.

부처님 삶 머물러서 참 지혜를 이루려면
법화경을 지닌 분께 부지런히 공양하고
온갖 것을 아는 지혜 얼른 빨리 얻으려면
법화경을 받아 지닌 연꽃법사 공양하라.

알지어다 법화경을 받아 읽고 외운 사람
중생 제도 부처님의 심부름을 하는 사람
법화경을 독송하며 청정 국토 놓아두고
중생 제도 하기 위해 이 세상에 태어난다.

이런 사람 원력으로 이 세상에 태어나서
높은 법을 널리 설해 모든 중생 제도하니
하늘 꽃과 향과 보배 아름다운 의복들과
하늘 모든 보배로써 이 법사를 공양하라.

내 열반 뒤 나쁜 세상 법화경을 지닌 분께
부처님께 공양하듯 합장하여 공경하고
맛이 있고 좋은 음식 온갖 종류 의복들로
법사에게 공양 올려 잠시라도 법문 듣고
먼 뒷날에 법화경을 받아 읽고 외운 사람
내가 보낸 사람이라 온갖 불사 이루리라.

일 겁 동안 그 마음이 늘 착하지 못한 사람
부처님께 욕을 하여 짓는 죄가 무거운데
법화경을 받아 지녀 읽으면서 쓰는 분께
잠시라도 욕을 하여 짓는 죄는 더욱 크다.

부처님 삶 구하려고 긴긴 세월 일 겁 동안
내 앞에서 합장하고 게송으로 찬탄하니
이것으로 짓는 공덕 한량없이 많지마는
법화경을 찬탄하여 짓는 복이 더욱 크다.

묘한 색깔 미묘 음성 좋은 향과 음식 의복
팔십억 겁 법화경을 지닌 분께 공양 올려
이런 공양 마친 뒤에 잠시 법을 듣는다면
그 마음이 흔쾌하여 큰 이익을 얻으리라.

보살에게 말하노니 내가 설한 온갖 경전
그 가운데 법화경이 으뜸가는 최고니라.

이때, 부처님께서 약왕보살에게 말씀하셨다.

"내가 헤아릴 수 없이 많은 경전을 이미 설했고, 지금도 설하며 앞으로도 설할 것이다. 그 가운데 이 법화경이 가장 믿기 어렵고 알기 어려운 경전이다.

약왕보살이여, 이 경전은 모든 부처님의 비밀

스러운 중요한 말씀이다. 그러므로 함부로 다른 사람에게 설해 주어서는 안 된다. 모든 부처님이 지키고 보호하는 경이니, 옛날부터 지금까지 아직 드러내어 이 경을 설하지 않은 이유가, 여래께서 세상에 계실 때도 원망과 시기가 많았기 때문인데, 하물며 열반하신 뒤에야 더 말할 필요가 있겠느냐.

약왕보살이여, 마땅히 알아야 한다. 여래께서 열반한 뒤에, 이 경을 받아 지녀 읽고 외워 공양을 올리며 다른 사람을 위하여 설할 수 있는 이는, 여래께서 여래의 옷을 입혀 주고 또 다른 세계에 계신 모든 부처님이 지키고 보호하여 줄 것이다. 이 사람에게는 큰 믿음과 원력에서 나오는 선한 마음의 힘이 있다. 마땅히 이 사람은 여래와 함께 있고 여래께서 손으로 그의 머리를 어루만진다는 것을 알아야 한다.

약왕보살이여, 설하거나 읽고 외워 쓰는 법화경이 있는 곳은 어디서나 모두 칠보로 만든 탑을 세워 높고 크게 장엄하나 다시 사리를 봉안할 필요는 없다. 왜냐하면 이 법화경에 이미 여래의 전신이 있기 때문이다. 그러므로 이 탑은 모든 꽃과 향과 보배 구슬, 비단 일산과 휘장과 깃발, 아름다운 노래와 게송으로 공양을 올리고 공경 존중하며 찬탄해야 한다. 어떤 사람이 이 탑을 보고 예배하고 공양하면 이 사람들은 모두 바른 깨달음에 가까이 가 있다는 것을 알아야 한다.

약왕보살이여, 재가든 출가든 많은 사람이 보살도를 행할 적에 이 법화경을 읽고 외워 써서 지니고 공양하지 않는다면 마땅히 이 사람은 보살도를 잘 행하지 못함을 알아야 한다. 반대로 이 법화경을 들을 수 있는 이라면 보살의 도를 잘 행할 수 있다. 중생 가운데 부처님의 도를 구하는 사람으로서, 이 법화경을 보고 듣고 믿어 알기에 받아들인 사람이라면 마땅히 이 사람은 깨달음에 가까이 갔다는 것을 알아야 한다.

약왕보살이여, 비유하자면 어떤 사람이 목이 말라 물을 찾으려고 지대가 높은 벌판에서 우물을 파는데, 마른 흙을 보면 물이 멀리 있는 것을 알고, 젖은 흙과 진흙물을 보면 반드시 가까운 데 물이 있다는 것을 아는 것처럼 보살들도 이와 같다.

이 법화경을 듣거나 알지 못하여 닦아 익힐 수가 없다면 마땅히 이 사람은 깨달음과 거리가 아직 멀다는 것을 알아야 한다. 만약 이 법화경을 듣고 알아 그 내용을 간직하고 닦아 익힐 수 있다면 반드시 이 사람은 깨달음에 가까이 있다는 것을 알아야 한다. 왜냐하면 모든 보살의 깨달음은 모두 이 경에 속해 있기 때문이다. 이 경전은 방편으로 진실한 모습을 보인다. 법화경의 내용은 그 뜻이 깊어 혼자 도달할 수 있는 사람이 없기에 지금 여래께서 보살들을 교화하여 깨달음을 성취시키려고 가르침을 베푸는 것이다.

약왕보살이여, 어떤 보살이 이 법화경을 듣고 놀래 의심을 일으키고 두려워하면, 마땅히 이 보살은 새로 공부에 마음을 냈다는 것을 알아야 한다. 성문들이 이 경을 듣고 놀래 의심을 일으키고 두려워하면 마땅히 이 성문은 자신이 잘났다고 잘못 생각하고 있는 사람인 줄 알아야 한다.

여래께서 열반하신 뒤 연꽃법사는

약왕보살이여, 선한 불자들이 여래께서 열반한 뒤, 사부대중을 위하여 이 법화경을 설하려고 한다면 어떻게 설해야 하겠느냐. 선한 불자들은 여래의 방에 들어가, 여래의 옷을 입고 여래의 자리에 앉아 사부대중을 위하여 이 경을 널리 설해야 한다.

여래의 방은 중생의 모든 마음 가운데 있는 큰 자비이고, 여래의 옷은 욕됨을 참는 부드러운 마음이며, 여래의 자리는 모든 법이 공(空)

인 자리이다. 그 가운데 안주하여 부지런히 모든 보살과 사부대중을 위하여 널리 이 법화경을 설해야 한다.

약왕보살이여, 내가 다른 나라에 있더라도 나의 분신을 보내 법사를 위하여 그에게 법을 듣는 대중을 모이게 하고, 또한 비구 비구니 우바새 우바이들의 분신을 보내 그의 설법을 듣게 할 것이다. 이 모든 분신은 법을 듣고 믿고 따르면서 거역하지 않을 것이다.

법을 설하는 사람이 한적한 곳에 있으면, 내가 그때 널리 하늘 신중 용왕 귀신 건달바 아수라 등을 보내어 그 설법을 듣게 하고, 내가 다른 나라에 있더라도 설법하는 사람이 계속 나의 몸을 보게 할 것이다. 또 설법하다 이 경의 어떤 구절을 빠뜨리면, 내가 다시 설하여 그 내용을 보충할 것이다."

이때, 세존께서 거듭 이 뜻을 펼치려고 게송으로 말씀하셨다.

게으른맘 버리려면 법화경을 들을지니
듣기조차 어려운경 믿고알기 더 어렵네.

목이 말라 물찾으려 높은벌판 우물팔때
마른 흙을 보게 되면 물은 아직 멀리 있고
진흙물을 보게 되면 가까이에 물이 있다.

약왕보살 알지어다 이와같이 모든사람
법화경을 못 들으면 여래 지혜 멀리 있고
법화경을 듣는다면 성문의 법 알게 되며

경전의 왕 법화경을 잘 듣고서 생각하면
이 사람은 여래 지혜 가까운 줄 알지어다.

이 경전을 설하려면 여래의 방 들어가서
여래의 옷 걸치고는 여래 자리 앉은 뒤에
떨림 없이 대중 속에 그 내용을 설한다면
큰 자비는 방이 되고 부드러운 인욕의 옷
모든 법이 공성(空性)이라 이곳에서 법 설하리.

이 경전을 설할 때는 나쁜 말로 욕을 하고
칼과 돌과 막대기로 이곳저곳 찔러대도
부처님을 생각하며 모든 고통 참으리라.

내가 많은 국토에서 청정한 몸 나타내어
억겁이나 긴긴 세월 중생에게 법 설하고
내 열반 뒤 어느 법사 이 경전을 설한다면

법을 듣는 사부대중 내가 보낼 것이니라.
남녀 신도 할 것 없이 그 법사에 공양 올려
모든 중생 인도하여 그 법문을 듣게 하고
나쁜 사람 칼과 돌로 그 법사를 해친다면
신장들을 보내어서 그 사람을 보호하리.

설법하는 분이 만약 고요한 곳 홀로 있어
사람 없어 적막한데 이 경전을 독송하면
그때 내가 그를 위해 밝은 광명 나타내고
한 구절만 잊게 돼도 그 내용을 설해 주니
이런 덕을 갖춘 이가 대중에게 법을 설해
공(空) 도리로 경 읽으면 모두 나를 보게 되리.

한적한데 있게 되면 신중 용왕 야차 귀신
내가 모두 보내어서 법을 듣는 대중이니
이 사람이 설법 즐겨 자유롭게 법 설하면

부처님의 가피 입어 모든 대중 즐겨하리.
그 법사를 친근하여 보살도를 얻으려면
그 법사를 따르거라 많은 여래 보게 되리.

10

11. 다보여래 보배 탑

【견보탑품見寶塔品**】**

허공으로 솟은 칠보로 만든 탑

그때, 부처님 앞에 높이는 오백 유순, 넓이가 이백오십 유순인 칠보로 만든 탑이 있었다. 땅에서 솟아 허공에 떠서 있는데 온갖 보물로 장엄하였다. 오천의 난간과 천만의 방이 있고, 헤아릴 수 없이 많은 휘장과 깃발로 멋있게 꾸몄다. 옥구슬 보배 장식을 드리우고, 헤아릴 수 없이 많은 보배 방울을 그 위에 매달았다. 사방 벽에서 다마라발전단의 향기가 나와 세계에 그득하였다. 모든 깃발과 비단 덮개는 칠보를 섞어 만드니, 그 높이가 사천왕의 궁전까지 닿았다.

삼십삼천(三十三天)의 천신은 하늘에 있는 만다라꽃을 뿌려 칠보로 만든 탑에 공양을 올렸다. 그 밖에 하늘 신중 용왕 야차 건달바 아수라 가루라 긴나라 마후라가 인비인(人非人) 등 천 만억 중생은 모든 꽃과 향과 옥구슬 장식과 깃발과 비단 덮개, 아름다운 음악으로 칠보로 만든 탑에 예를 드려 공경하고 공양을 올려 존중하며 찬탄하였다.

다보여래께서 법화경 설법을 찬탄하다

이때, 칠보로 만든 탑에서 큰 음성으로 "거룩하고 거룩하십니다, 석가모니 세존이시여. 차별 없이 평등한 지혜로 보살을 가르칠 수 있는 법, 부처님이 지키고 보호하는 연꽃법화경을 대중에게 설하시니, 이처럼 석가모니 세존께서 설한 법은 모두 진실입니다."라고 찬탄하였다.

이때, 사부대중이 칠보로 만든 큰 탑이 허공에 떠서 있는 것을 보았다. 또 그 탑에서 나온 소리를 듣고, 모두 법의 즐거움으로 이 일은 참 드문 일이라 생각하고, 자리에서 일어나 공손히 합장하고 한쪽에 머물러 있었다.

이때, 아주 즐겁게 법을 설하는 대락설(大樂說) 보살이 있었다. 이 보살은 모든 세간의 하늘 신중 아수라 등 중생이 의심하는 마음을 알고 부처님께 사뢰었다.

"세존이시여, 무슨 인연으로 이 칠보로 만든 탑이 땅에서 솟고, 또 그 탑에서 소리가 흘러나오는 것입니까?"

이때, 부처님께서 아주 즐겁게 법을 설하는 보살에게 말씀하셨다.

"이 칠보로 만든 탑에는 열반하신 여래의 전신(全身) 사리가 있다. 과거 동방 세계에 보배처럼 맑은 나라 보정(寶淨)에, 많은 보배 다보(多寶) 여래라는 부처님이 계셨는데, 그 부처님께서 보살도를 실천하실 때, '내가 성불하여 열반한 뒤 시방 국토에서 법화경을 설하는 곳이 있으면, 나의 탑이 법화경을 듣기 위하여 그 앞에 솟아 법을 증명하고는 거룩하다고 찬탄할 것이다.'라는 큰 서원을 세웠다.

그 부처님께서는 도를 이루신 뒤 열반하실 때, 하늘 신중 앞에서 모든 비구에게 '내가 열반한

뒤에 나의 전신(全身) 사리에 공양하는 자는 큰
탑을 하나 세울 것이다.'라고 하셨다. 그 부처
님께서는 신통력으로 시방세계 어느 곳이든
법화경을 설하는 사람이 있으면, 그 부처님의
칠보로 만든 탑이 모두 법화경을 설하는 사람
앞에 솟게 하였다. 그 부처님의 전신 사리가
들어있는 탑은 법화경을 설하는 이에게 '참으
로 훌륭하고 훌륭하다.'라고 찬탄하였다.

아주 즐겁게 법을 설하는 보살이여, 지금 다보
여래의 탑이 법화경을 설하고 있는 것을 들었
기에 땅에서 솟아 '참으로 훌륭하고 훌륭하
다.'라고 찬탄하는 것이다."

석가모니 부처님의 분신이 모이다
이때, 아주 즐겁게 법을 설하는 보살이 여래

의 신통력으로 부처님께 "세존이시여, 저희 모두 이 부처님을 뵙고 싶습니다."라고 사뢰었다.

부처님께서 아주 즐겁게 법을 설하는 보살에게 말씀하셨다.

"이 다보(多寶) 부처님에게는 '내 보배 탑이 법화경을 듣기 위하여 모든 부처님 앞에 솟아날 때, 내 몸을 사부대중이 보고자 하는 마음을 낸다면, 법화경을 설하는 부처님의 분신으로서, 시방세계에서 법을 설하고 있는 모든 부처님을 다 한 곳에 모이게 한 뒤에야 내 몸을 드러내겠다.'라는 깊은 원력이 있었다. 아주 즐겁게 법을 설하는 보살이여, 나의 분신인 시방세계에서 법을 설하고 있는 모든 부처님을 지금 모이게 할 것이다."

아주 즐겁게 법을 설하는 보살이 부처님께 사뢰었다.

"세존이시여, 저희 모두 바라옵건대 세존의 분신 부처님을 모두 친견하여 예배하고 공양을 올리고 싶습니다."

이때, 부처님께서 눈썹 사이 흰 터럭에서 한 줄기 광명을 놓으니, 곧 동방 오백만 억 국토에 있는 모든 부처님을 보게 되었다. 모든 국토는 땅이 유리 보배이고, 보배 나무와 보배 옷으로 장엄하여 헤아릴 수 없이 많은 보살이 그 가운데 가득하였다. 두루 보배 장막을 두르고 그 위에 그늘을 만들기 위하여 보배 그물을 드리웠다. 그 국토의 모든 부처님은 크고 미묘하신 목소리로 많은 법을 설하였다. 또 헤아릴 수 없이 많은 보살이 모든 국토에 가득하여 중생을 위하여 법을 설하고 있는 것을 보았다. 동서남북 위아래로 흰 터럭에서 한 줄기 광명이 비추는 곳도 이와 같았다.

이때, 시방세계 모든 부처님이 저마다 보살들에게 말씀하셨다.

"선한 불자들이여, 내가 이제 사바세계 석가모니 부처님이 계신 곳에 가서 다보여래의 보배 탑을 공양할 것이다."

이때, 사바세계가 맑고 깨끗하게 변하였다. 땅이 유리 보배로 되어 있고 보배 나무로 장엄하며 황금 줄로 모든 길의 경계를 표시하였다.
거기에는 어떤 촌락이나 큰 바다와 강 및 산천
초목도 없었다. 큰 보배 향을 사르고 만다라꽃
을 두루 땅에 펼쳐 보배 그물과 장막으로 그
위를 덮으며 보배 방울을 매달았다. 다만 여기
에 모인 대중만 남겨두고, 온갖 하늘 신중을
다른 국토로 옮겨 놓았다.

이때, 모든 부처님께서 저마다 큰 보살을 시자
로 데리고 와 사바세계의 보배 나무 아래에
이르셨다. 보배 나무 하나하나의 높이는 오백
유순이고 가지와 잎과 꽃과 열매가 잘 정리되
어 장엄하였다. 보배 나무 아래마다 모두 사자
좌가 있는데 높이가 오 유순이며 큰 보배로
꾸며졌다.

그때, 모든 부처님께서 이 자리에 결가부좌를 하고 앉으셨다. 이런 모습이 펼쳐져 삼천대천 세계에 두루 가득하였지만, 석가모니 부처님이 한 방향으로 분신하여 나타낸 분신의 수에 비할 바가 못 되었다.

이때, 석가모니 부처님께서 분신 부처님 모두를 받아들이시려고 사방팔방으로 각각 다시 이백만 억 국토를 모두 맑고 깨끗하게 하시니, 지옥 아귀 축생 아수라가 없고 모든 하늘 신중은 다른 땅으로 옮겨 놓았다. 변화된 국토 또한 땅이 유리 보배로 되어 있고 보배 나무로 장엄하며 그 나무의 높이는 오백 유순인데 가지와 잎과 꽃과 열매로 잘 정리되어 꾸며졌다. 나무 아래에는 모두 보배로 된 사자좌가 있는데 높이가 오 유순이며 온갖 보배로 장엄하였다. 또한 큰 바다나 강이 없고 목진린타산과 마하목진린타산, 철위산과 대철위산, 수미산 등의 큰 산들이 전혀 없이 하나의 불국토가 되었다.

보배 땅은 판판하고 투명한 보배 장막을 두루 그 위에 덮으며 모든 깃발과 비단 덮개를 매달았다. 큰 보배 향을 사르고 많은 하늘의 보배 꽃을 그 땅에 두루 깔아 놓았다.

석가모니 부처님께서 모든 부처님이 와 앉으시게 하려고 다시 사방팔방으로 각각 이백만 억 국토를 모두 맑고 깨끗하게 하시니, 지옥 아귀 축생 아수라가 없고 또 모든 하늘 신중을 다른 나라에 옮겨 놓았다. 변화된 국토 또한 땅이 유리 보배로 되어 있고 보배 나무로 장엄하며 그 나무의 높이는 오백 유순이며 가지와 잎과 꽃과 열매로 잘 정리되어 꾸며졌다. 나무 아래에는 모두 보배로 된 사자좌가 있는데 높이가 오 유순이며 또 큰 보배로 장엄하였다. 또한 큰 바다나 강이 없고 목진린타산 마하목진린타산 철위산 대철위산 수미산 등의 큰 산들이 전혀 없이 하나의 불국토가 되었다.

보배 땅은 판판하고 투명한 보배 장막을 두루 그 위에 덮으며 모든 깃발과 비단 덮개를 매달았다. 큰 보배 향을 사르고 많은 하늘의 보배 꽃을 그 땅에 두루 깔아 놓았다. 그때, 동방에 있는 석가모니 부처님의 분신으로 나타난 백천만 억 국토의 모든 부처님께서 저마다 법을 설하시면서 이 자리에 모이셨다.

이런 차례로 시방세계의 모든 부처님께서 다 오셔서 사방팔방으로 앉았다. 이때, 하나하나의 방위에 있는 사백만 억 국토에 계신 모든 부처님께서도 그 가운데 두루 가득하셨다.

이때, 모든 부처님이 저마다 보배 나무 아래에 있는 사자좌에 앉아 시자들을 모두 석가모니 부처님께 보내 문안을 올리게 하며 가지고 온 보배 꽃을 가득히 안겨주시고 이르셨다.

"착한 시자여, 그대는 영취산 산중에 계신 석가모니 부처님의 처소에 가서 내가 시킨 대로 '근심 걱정 없으시고 몸이 편안하신지요. 함께 계신 보살과 성문들도 다 편안하신지요.'라고 안부를 전하여라. 그리고 이 보배 꽃을 부처님께 뿌려 공양을 올리고 '제가 모시는 부처님께서 보배 탑을 열고 싶어 하십니다.'라고 여쭈어라."

모든 부처님께서 보내신 시자들이 모두 시킨 대로 하였다.

이때, 석가모니 부처님께서 분신 부처님이 모두 모여 저마다 사자좌에 앉는 것을 보시고, 모든 부처님께서 똑같이 보배 탑을 열고 싶어 하신다는 이야기를 들었다. 곧 자리에서 일어나 허공에 떠오르시거늘 모든 사부대중이 일어나 합장하고 공손히 부처님을 쳐다보았다.

이에 석가모니 부처님께서 오른 손가락으로 칠보로 만든 보배 탑의 문을 여시니 큰 성문을 여는 빗장이나 자물쇠 소리와 같은 큰 소리가 났다. 모인 대중들은 곧 모두 보배 탑 안의 사자좌에 앉으시어 선정에 들어가신 듯한 온전한 몸의 다보여래를 보았다. 또 "참으로 훌륭하고 훌륭하다. 석가모니 부처님께서 이 법화경을 즐겁게 설하시기에 내가 이 경을 듣기 위하여 이곳에 왔다."라고 말씀하시는 소리를 들었다.

이때, 사부대중은 과거 천 만억 겁 오래전에 열반하신 부처님께서 이런 말씀을 하시는 것을 보고 참으로 드문 일이라고 찬탄하며 하늘의 보배 꽃을 다보여래와 석가모니 부처님께 뿌려드렸다. 이때, 보배 탑 안에 계시던 다보여래께서 석가모니 부처님께 자리를 반으로 나누어 드리며 "석가모니 부처님께서는 이 자

리에 앉으소서."라고 말씀하셨다. 곧 석가모
니 부처님께서는 그 탑으로 들어가 자리를 반
으로 나누어 앉아 결가부좌를 하셨다.

그때, 대중은 두 분 부처님께서 칠보로 만든
탑 안의 사자좌에 앉아 결가부좌를 한 모습을
보고 저마다 '부처님의 자리는 매우 높고 멀
리 있구나. 바라옵건대 여래께서는 신통력으
로 저희가 다 함께 허공에 떠서 있게 하옵소
서.'라고 생각하였다. 곧 석가모니 부처님께
서는 신통력으로 모든 대중을 맞이하여 모두
허공에 떠서 있게 하셨다.

그리고 큰 목소리로 사부대중에게 두루 말씀
하셨다.

"누가 언제 이 사바세계에서 연꽃법화경을 설하겠느냐? 지금이 바로 그때니라. 여래께서는 오래지 않아 열반에 드시기에, 부처님께서 이 연꽃법화경을 부촉하여 세상에 남게 하실 것이다."

이때, 세존께서 거듭 이 뜻을 펼치려고 게송으로 말씀하셨다.

거룩하신 세존께서 열반한 지 오래지만
칠보탑에 계시면서 법을 위해 오시거늘
모든 사람 어찌해서 법 구하려 아니 하나.

이 부처님 열반한 뒤 많은 세월 흘렀으나
법화경을 설할 적에 곳곳마다 법 들음은
바른 법을 만나기가 어려웠기 때문이다.

그 부처님 본래 소원 여래께서 열반한 뒤
어디든지 찾아가서 법화경 법 들으리라.

부처님의 분신으로 나타나신 부처님들
셀 수 없이 많은 분이 법 들으려 찾아오고
오래전에 열반하신 다보여래 보고 싶어
저마다가 장엄 국토 그 자리에 버려두네.

하늘신중 용왕귀신 온갖 공양 마다하고
오래 이 법 보존하러 이곳으로 왔으므로
여래 모셔 앉게 하려 신통력을 사용하며
많은 중생 옮기시고 온 국토를 맑게 하네.

보배 나무 있는 곳에 부처님이 나아가니
맑디맑은 연못 위에 많은 연꽃 장엄하듯
보배 나무 아래마다 사자좌에 앉은 여래

광명으로 장엄함이 어두운 밤 큰불 같네.

몸에 나는 묘한 향내 시방세계 가득하니
향기 맡은 중생들의 기뻐하는 그 마음이
큰바람에 흔들리는 작은 가지 모습이라
이런 방편 사용하여 오래 이 법 보존하리.

대중들께 고하노니 여래께서 열반한 뒤
누가 이 경 받아 지녀 설할 수가 있겠느냐.

지금 계신 부처님 앞 스스로가 맹세하라
다보여래 열반한지 비록 오래 되었지만
크게 세운 서원으로 사자후를 토하시니
다보여래 내 자신과 내 분신만 이 뜻 알리.

부처님의 제자들아 누가 이 법 지킬 건가

큰 원력을 발하여서 오래도록 가게 하라
법화경을 받아 지녀 보호할 수 있는 것은
나에게도 여래께도 공양하는 일이 되리.

칠보탑에 계신 여래 시방세계 나들이는
법화경의 가르침을 증명하기 위함이라
빛의 분신 모든 세계 장엄하는 부처님이
찾아오는 그 자체가 공양 올린 일이 되리.

이 경전을 설한다면 나의 몸과 다보여래
분신으로 나타나는 모든 여래 보게 되니
선한 불자 법화경을 듣는 일은 어려운 일
각자 깊이 생각하여 큰 원력을 낼지어다.

갠지스강 널려 있는 모래처럼 많은 경전
이들 모두 설하여도 어려운 일 아니더라.

수미산을 가져다가 셀수없는 불국정토
여기저기 옮겨놔도 어려운일 아니더라.
대천세계 발로툭차 이리저리 움직여서
다른세계 보내어도 어려운일 아니더라.

많고많은 경전모두 대중들을 위하여서
하늘에서 설법해도 어려운일 아니지만
부처님이 열반한뒤 나쁜세상 태어나서
이경전을 설하려면 이야말로 어려운일.

설사손큰 어떤사람 저허공을 휘어잡고
이리저리 거닐어도 어려운일 아니지만
부처님이 열반한뒤 스스로가 받아쓰고
다른사람 시키려면 이야말로 어려운일.

세상천지 넓은땅을 발톱위에 올려놓고

11

하늘까지 올라가도 어려운 일 아니지만
부처님이 열반한 뒤 나쁜 세상 태어나서
법화경을 잠시 읽는 이 일들이 어렵더라.

마른 풀을 짊어지고 불 속으로 뛰어들어
타지 않는 신통묘용 어려운 일 아니지만
부처님이 열반한 뒤 법화경을 받아 지녀
한 사람 더 제도하는 이 일들이 어렵더라.

팔만 사천 법의 곳간 부처님의 모든 법문
온갖 것을 받아 지녀 중생에게 설법하고
그 법들은 모든 중생 신통력을 얻게 하는
이와 같은 일조차도 어려운 것 아니지만
부처님이 열반한 뒤 이 경전을 받아 들고
뜻을 물어 알아보는 이 일들이 어렵더라.

어떤 사람 법을 설해 셀 수 없이 많은 중생
아라한을 얻게 하여 육신통을 다 갖추는
이런 이익 있게 해도 어려운 일 아니지만
부처님이 열반한 뒤 이 경전을 받아들여
경건하게 받들면서 지니는 일 어렵구나.

부처님의 도를 위해 셀 수 없이 많은 국토
처음부터 지금까지 온 경전을 설했으나
그 가운데 법화경이 최고로서 제일이라
받아 지녀 공부하면 부처님을 받드는 일.

그대 선한 불자시여, 여래께서 열반한 뒤
어느 누가 법화경을 수지하고 독송할까.
지금 바로 부처님 앞 스스로가 맹세하라
받아보기 어려운 경 잠시라도 지닌다면
내가 정말 기뻐하니 모든 여래 마찬가지.

모든 여래 이런 사람 찬탄하며 칭찬하고
이것이 곧 용맹정진 아름다운 고행이며
최고 진리 부처님 삶 참 빠르게 얻으리니
오는 세상 법화경을 수지하고 독송하면
이런 이는 참 불자로 좋은 세상 살아가네.

부처님이 열반한 뒤 그 이치를 이해하면
이런 사람 하늘 신중 중생들의 안목이니
두렵고도 험한 세상 잠깐 법을 설하여도
하늘 신중 모든 중생 빠짐없이 공경하리.

12. 부처님의 스승 제바달다

【 제바달다품提婆達多品 】

전생 스승이었던 제바달다

이때, 부처님께서 모든 보살과 하늘 신중 사부 대중들에게 말씀하셨다.

"내가 과거 헤아릴 수 없이 많은 세월 법화경의 가르침을 구할 적에 게으른 마음이 없었다. 또 많은 세월 늘 국왕으로 있으면서 최고의 깨달음을 구하고자 하는 공부에서 물러난 적이 없었다. 육바라밀을 실천하려 부지런히 베풀고 살면서 인색한 마음이 없으므로, 모든 재물과 몸은 물론 목숨조차 아끼지를 않았다. 그때, 세상 사람들의 수명이 한량없이 길었지만, 나는 법을 구하고자 국왕의 직책을 태자에게 물려주었다. 이리저리 사방으로 법을 구하면서 큰 소리로 '누가 나를 위하여 대승법을 설할 수 있을까. 나는 그를 종신토록 받들어 모시겠다.'라고 하니, 그때 한 선인이 왕을 찾아와서 '나에게 대승의 법이 있는데 연꽃법화경이라고 한다. 나의 뜻을 거스르지 않는다면 그대를 위하여 법을 설하겠다.'라고 하였다.

왕은 선인의 말을 듣고 뛸 듯이 기뻐 곧 선인을 따라가 받들어 모시게 되었다. 필요한 물건을 마련하고 열매를 땄으며, 물을 멀리서 길어 나르고 땔감을 준비하여 공양을 해드렸다. 온몸으로 그를 떠받드니 게으름피울 시간이 없었다. 그때부터 받들어 모시기를 천 년 동안 하였지만, 법을 위한 것이기에 쉬지 않고 부지런히 모시면서 조금도 불편이 없게 하였다."

이때, 세존께서 거듭 이 뜻을 펼치려고 게송으로 말씀하셨다.

내 과거를 생각하니 크나큰 법 구하고자
세상 국왕 되었어도 부귀영화 관심 없어
사방으로 이리저리 소문내고 다니면서
어느 누가 나를 위해 크나큰 법 설한다면
내가 종이 되더라도 그 은혜를 갚으리라.

그 당시에 아사선인 대왕 앞에 하는 말이
내가 가진 미묘한 법 세간에서 희유한 법
따라오는 자에게만 그를 위해 설하리라.

왕이 그 말 듣고 나서 큰 기쁨이 솟구침에

선인 뒤를 따르면서 온갖 정성 다 바치니
땔나무를 주워 오고 과일 따서 날랐으며
밥을 짓고 빨래하고 온갖 일을 보살필새
미묘한 법 뜻을 두니 게으름이 전혀 없네.

모든 중생 제도하려 부지런히 구하는 법
나의 욕심 채우거나 오욕락이 아니므로
권세 있던 왕이어도 쉬지 않고 이 법 찾아
마침내는 성불하여 그대에게 설법하네.

부처님께서 모든 비구에게 말씀하셨다.

"그때 왕은 지금의 나이며, 그때 선인은 지금의 제바달다이다. 선지식 제바달다로 말미암아 나는 육바라밀(六波羅密), 자비희사(慈悲喜捨), 삼십이상(三十二相) 팔십종호(八十種好)의

자줏빛 황금색 몸과 십력(十力), 사무소외(四無所畏), 사섭법(四攝法), 십팔불공법(十八不共法)과 신통력을 다 갖추어 등정각(等正覺)을 이루고 중생들을 널리 제도하게 되었으니, 이는 모두 선지식 제바달다의 도움 덕분이었다."

제바달다에게 수기를 주다

"이제 사부대중에게 말하노라. 제바달다는 뒷날 많은 세월이 흘러 성불할 것이니, 그 명호는 하늘의 왕 천왕(天王) 여래, 응공 정변지 명행족 선서 세간해 무상사 조어장부 천인사 불세존이다. 그 세상의 이름은 하늘의 길 천도(天道)라고 하며, 그때 천왕 여래가 세상에 머무는 기간은 이십 중겁(中劫)이다.

널리 중생을 위하여 오묘한 법을 설하니 갠지

12

스강 모래알처럼 많은 중생이 아라한과를 얻고 인연법을 깨달으며 무상도를 구하는 마음으로 생멸이 없는 지혜를 얻고 공부에서 물러나지 않을 것이다.

하늘의 왕 천왕 여래가 열반한 뒤 바른 법이 세상에 머무는 기간은 이십 중겁이고, 전신 사리를 모신 칠보탑을 세우리니 높이는 육십 유순이며 넓이는 사십 유순이다.

하늘 신중 모두 여러 가지 꽃과 가루 향, 사르는 향과 바르는 향, 옷과 옥구슬 장식, 깃발과 비단 덮개, 아름다운 노래와 음악으로 칠보로 만든 미묘한 탑에 예배하고 공양할 것이다. 그리하여 헤아릴 수 없이 많은 중생이 아라한 과를 얻고 인연법을 깨달으며 보리심을 내어 공부에서 물러나지 않을 것이다."

부처님께서 모든 비구에게 말씀하셨다.

"오는 세상 선한 불자들이 연꽃법화경의 제바달다품을 듣고 딴생각이 없이 믿고 알고 공경하여 의심하지 않는다면, 지옥 아귀 축생의 세계에 떨어지지 않고 시방세계 부처님 전에 태어나 그곳에서 늘 이 경전을 듣게 될 것이다. 만약 하늘이나 인간 세계에 태어나면 오묘한 즐거움을 받고, 부처님 앞에 태어나면 깨달음의 연꽃으로 피어난다."

어린 용녀가 성불하다

이때, 다보여래를 따라왔던 지혜 많은 지적(智積) 보살이 다보여래께 예를 올리고 그의 나라로 돌아가려고 하였다. 석가모니 부처님께서 그 보살에게 말씀하셨다.

"선한 불자들이여, 잠깐 기다려라. 여기에 문수보살이 있으니 서로 오묘한 법을 이야기해 보고 그대의 나라로 돌아가는 것이 좋을 것이다."

이때, 문수보살은 수레바퀴처럼 큰 잎이 많은 연꽃 위에 앉아 있고, 함께 온 보살들도 보배 연꽃 위에 앉아 있었다. 그 보살들은 연꽃에 앉아 큰 바다에 있는 사갈라 용궁에서 저절로 솟아 허공에 떠 영취산을 찾아왔다. 그들은 연꽃에서 내려와 부처님이 계신 곳에 다다라 두 분의 세존께 머리 숙여 예배하고 지혜 많은 보살에게 다가가 서로 인사하고 한쪽으로 물러나 있었다. 지혜 많은 보살이 문수보살에게

"그대가 용궁에서 교화한 중생의 수는 얼마나 됩니까?"라고 물었다.

문수보살이 "그 수는 헤아릴 수 없기에 말로 하거나 생각으로 추측할 수 없습니다. 잠깐 있으면 저절로 알게 될 것입니다."라고 대답하였다. 이 말이 채 끝나기도 전에 무수한 보살들이 바다에서 솟아 보배 연꽃 위에 앉은 채로 영취산을 찾아와 허공에 떠서 있었다.

이 모든 보살은 문수보살이 교화한 분들이니, 보살행을 다 갖추고 육바라밀을 서로 논하였다. 성문이었을 때 허공에서 성문의 행을 설하던 사람 모두가 지금은 대승의 공(空)에 대한 이치를 수행하고 있었다. 문수보살은 지혜 많은 보살에게 바다의 용궁에서 교화했던 일이 이와 같다고 하니, 바로 지혜 많은 보살이 게송으로 찬탄하였다.

큰 지혜와 용맹으로 많은 중생 교화한 것
여기 모인 대중들과 내가 이제 보았노라.
실상의 뜻 연설하고 일승법을 드러내어
모든 중생 이끌어서 깨달음을 얻게 했네.

문수보살은 "나는 바닷속 용궁에서 늘 오직 연꽃법화경만 설하였습니다."라고 하였다.

지혜 많은 보살은 문수보살에게 "이 경의 뜻이 깊고 오묘하여 모든 경 가운데 보배로서 세상에 드문 것입니다. 어떤 중생이라도 부지런히 정진하여 이 경전의 뜻을 닦고 익힌다면 빨리 성불할 수 있겠습니까?"라고 물었다.

문수보살이 대답하였다.

"사갈라 용왕의 딸이 있는데 겨우 나이가 여덟 살입니다. 지혜롭고 총명하여 중생의 행실을 잘 알면서 모르는 게 없습니다. 모든 부처님이 설한 법의 깊은 뜻을 다 받아 지녀 깊이 선정에 들어가 모든 법을 알았습니다. 그리고 잠깐 사이 깨달음을 얻고자 하는 마음을 내어 공부에서 물러나지를 않았습니다. 말에 걸림이 없고 자비로운 마음으로 어린아이처럼 중생을 사랑하여 모든 공덕을 다 갖추었습니다. 마음으로 생각하고 입으로 말하는 내용이 미묘 광대하여 자비롭고 뜻이 부드러워 깨달음에 다다를 수 있었습니다."

지혜 많은 보살이 말하였다.

"석가모니 부처님께서 오랜 세월 어렵게 수행하고 많은 공덕을 쌓아 깨달음을 구하셨으나 일찍이 쉬신 적이 없는 것을 보았습니다. 삼천대천세계에서 겨자씨만한 땅이라도 이 보살이 목숨을 바치지 않은 곳이 없음을 보았으니 이는 중생을 위하였기 때문입니다. 그런 뒤에야 깨달음을 이루었거늘 용녀가 잠깐 사이 바른 깨달음을 이루었다는 것이 믿어지지 않습니다."

그 말이 끝나기도 전에 용녀가 홀연 눈앞에 나타나 머리 숙여 예배하고 한쪽에 물러나 게송으로 찬탄하였다.

죄와 복을 통달하여 시방세계 두루 보면
아름다운 청정 법신 삼십이상 다 갖추고

여든 가지 좋은 상호 청정 법신 장엄하니
하늘 신중 존경하고 용왕 귀신 공경하며
중생 모두 마음 모아 부처님을 받듭니다.

깨달음을 이루는 일 부처님만 아시기에
나도 대승 가르쳐서 중생 고통 제도하리.

이때, 사리불이 용녀에게 말하였다.

"네가 금방 무상도를 얻었다는 말은 믿기 어렵다. 왜냐하면 여자의 몸은 더러워 큰 법을 담을 그릇이 아니기 때문이다. 그런데 어떻게 바른 깨달음을 얻을 수 있겠느냐. 부처님의 도는 멀리 있기에 오랜 세월 부지런히 고행하고 육바라밀을 다 갖추어 닦은 연후에야 이룰 수 있기 때문이다. 또 여인의 몸에는 다섯 가지 장애가 있다. 첫째는 범천왕이 될 수 없으며, 둘째는 제석천이 될 수 없으며, 셋째는 마왕이 될 수 없으며, 넷째는 전륜성왕이 될 수 없으며, 다섯째는 부처님이 될 수 없는 것이다. 그런데 어떻게 여자의 몸으로 그렇게 빨리 성불할 수 있겠느냐."

이때, 용녀에게 그 가치가 삼천대천세계와 맞먹는 매우 귀한 보배 구슬이 하나 있었다. 용녀가 그것을 부처님께 바치니 바로 부처님께서 받으셨다. 지혜 많은 보살과 사리불 존자에게 용녀는 "제가 보배 구슬을 바치니 세존께서 받으셨는데 이 일이 빠르지 않습니까?"라고 물었다. "참으로 빠르다."라고 대답하니, 용녀는 다시 "신통력으로 제가 성불하는 것을 보시면 이보다 더 빠를 것입니다."라고 말하였다.

그때 모인 대중들이 모두 용녀를 보니 홀연 남자로 변하여 보살행을 다 갖추고 남방의 맑고 깨끗한 세계에 가 보배 연꽃에 앉아 등정각을 이루었다. 삼십이상과 팔십종호를 갖추고 두루 시방세계 모든 중생을 위하여 미묘한 법을 설하고 있었다.

용녀의 성불에 대중이 기뻐하다

이때, 사바세계의 보살 성문 천룡팔부 인비인(人非人)이 모두, 용녀가 성불하여 그때 모인 하늘 신중을 위하여 법 설하는 것을 보고, 크게 기뻐 멀리서도 보고 예배하였다. 그리고 헤아릴 수 없이 많은 중생이 법문을 듣고 깨달아 공부에서 물러나지를 않았다. 헤아릴 수 없이 많은 중생이 깨달음의 수기를 받자, 맑고 깨끗한 세계는 여섯 종류의 진동이 있었다.

사바세계의 삼천대천세계 대중들은 공부에서
물러나지 않는 자리에 머물러 깨달음을 얻고
자 하는 마음을 내고 수기를 받았다.

지혜 많은 보살과 사리불, 거기에 모인 대중은
모두 이 법을 고요한 마음으로 말없이 받아
믿었다.

13. 법화경을 받아 지녀야

【 권지품勸持品 】

이만 명의 보살이 법화경 유통을 맹세하다

이때, 약왕보살과 즐겁게 법을 설하는 대락설 (大樂說) 보살이 이만 명의 권속들과 함께 모두 부처님 앞에서 맹세하였다.

"오직 바라옵건대 세존이시여, 염려하지 마옵소서. 저희는 부처님께서 열반한 뒤에 이 경전을 받들고 독송하여 그 내용을 설하렵니다. 뒷날 나쁜 세상의 중생은 좋은 마음이 적고 자기가 잘났다고 생각하는 마음만 늘어납니다. 공양을 탐내고 좋은 마음의 뿌리가 없는 사람들이 늘어 해탈을 멀리하기에 교화하기 어렵지만, 저희가 참고 이 경전을 읽고 외워 쓰며 어떤 공양이라도 올려 목숨조차 아끼지 않겠습니다."

오백 아라한과 팔천 성문이 맹세하다

그때, 대중 가운데서 수기를 받은 오백 명의 아라한이 부처님께 사뢰어 "세존이시여, 저희 모두 다른 국토에서 이 경을 널리 설파할 것을 스스로 맹세하옵니다."라고 말하였다. 다시 수기를 받은 팔천 명의 도를 배우는 이와 다 배운 이들이 자리에서 일어나 부처님께 합장하고 "세존이시여, 저희 모두 다른 국토에서 이 경전을 널리 설파하겠습니다. 왜냐하면 이 사바세계 인간들은 나쁜 마음이 많고 자기가 잘났다고 생각하는 마음이 있어 그 공덕이 천박하기에 탁하고 성내고 아첨하여 마음이 진실하지 않기 때문입니다."라고 맹세하였다.

이때, 부처님의 이모 마하파사파제 비구니가 도를 배우는 이와 다 배운 비구니들 육천 명과 함께 자리에서 일어나 정성을 다하여 합장하고 세존을 뚫어지게 쳐다보았다. 세존께서 그녀에게 말씀하셨다.

"무엇 때문에 근심 어린 얼굴로 나를 보느냐? 그대는 내가 그대에게 깨달음의 수기를 주지 않을까 걱정하고 있구나. 교담미여, 나는 먼저 모든 성문에게 수기를 주었다. 지금 그대가 수기에 대해서 알고자 원한다면 말해 주겠다. 미래 세상에서 그대는 육만 팔천억 부처님 법 가운데서 큰 법사가 될 것이며, 도를 배우는 이와 다 배운 육천 명의 비구니들도 함께 법사가 될 것이다. 그대가 여법하게 점차 보살도를 갖추어 성불하면 그 명호는 어떤 중생도 즐겁게 보는 일체중생희견(一切衆生喜見) 여래, 응공 정변지 명행족 선서 세간해 무상사 조어장부 천인사 불세존이다. 교담미여, 어떤 중생도 즐겁게 보는 부처님과 육천 명의 보살들이 점차 수기하여 깨달음을 얻을 것이다."

그때, 라후라의 어머니 야수다라 비구니는 '세존께서 다른 사람에게 수기를 주시며 내 이름은 이야기를 아니 하시는구나.'라고 생각하였다. 부처님께서 그 마음을 알고 야수다라에게 일러 "그대는 내생에 백천만 억 모든 부처님 법 가운데서 보살의 행을 닦아 큰 법사가 될 것이다. 점차 부처님의 도를 갖추어 좋은 나라에서 부처님이 될 것이다. 그 명호는 온갖 빛깔을 다 갖춘 구족천만광상(具足千萬光相) 여래, 응공 정변지 명행족 선서 세간해 무상사 조어장부 천인사 불세존이다. 그 부처님의 수명은 헤아릴 수 없이 많은 아승지겁이다."라고 말씀하셨다.

이때, 마하파사파제와 야수다라 비구니와 그 권속들이 모두 전에 없던 큰 기쁨을 얻고는, 부처님 앞에서 게송으로 말하였다.

거룩하신 세존께서 하늘신중 편케 하니
우리 모두 수기 받고 편안하고 행복하네.

모든 비구니가 게송을 설해 마치고 부처님께 사뢰어 "세존이시여, 이제 저희 모두 다른 국토에서 이 경전을 널리 설파할 수 있습니다.”
라고 말하였다.

수많은 보살이 법화경 유통을 맹세하다

이때, 세존께서 팔십만 억 보살들을 보니, 이
보살들은 모두 도에서 물러나지 않는 위치에
있는 분들로서, 계속 정진하여 모든 다라니를
얻은 이들이었다. 그들은 곧 자리에서 일어나
부처님께 정성을 다하여 합장하고 ‘세존께서
우리에게 이 경전을 갖고 설파할 것을 분부하
시면 부처님의 가르침처럼 이 법을 널리 설할
것이다.’라고 마음먹고 있다가, 다시 ‘지금 부
처님께서 아무 말씀이 없으시니 우리들은 어
찌하면 좋을까.’라고 생각하였다. 이때, 모든
보살은 부처님의 뜻을 잘 따르고 공경하며 스
스로 자기의 본디 원력을 다 이루려고 바로

부처님 앞에서 큰 소리로 맹세하였다.

"세존이시여, 저희 모두는 여래께서 열반한 뒤에 시방세계를 두루 돌아다닐 것입니다. 그리하여 중생이 이 경전을 받아 지녀 읽고 외워 쓰며 그 뜻을 해설하고 여법하게 수행하여 바른 생각을 하게 할 것입니다. 이 모든 게 부처님의 위엄과 공덕입니다. 오직 바라옵건대 세존께서는 다른 국토에 계실지라도 멀리서 보시고, 저희 모두의 원력을 지켜주시옵소서."

바로 이때, 모든 보살이 똑같이 소리 내어 게송으로 말하였다.

부처님이 열반한 뒤 원력 세워 법 설하니
저희 믿고 말세 중생 염려하지 마옵소서.

지혜 없는 중생들이 나쁜 말로 욕을 하고
몽둥이칼 휘둘러도 저희 모두 참으오리.

나쁜 세상 비구들은 아첨 많고 삿되므로
없는 데도 있는 척해 잘난 마음 가득하고
수행처에 있으면서 누더기를 걸쳐 입고
참된 도를 행한다며 다른 사람 경멸하네.

이익만을 노리면서 속인에게 설법하고
도인처럼 행동하며 세상 존경 받으므로
수행이란 허명 속에 온갖 허물 드러내며
다음 같은 말을 하되 "여기 있는 모든 비구
자기 이양 욕심냄에 외도의 법 설명하고
제멋대로 글을 써서 세상 사람 속여 먹고
잘난 명예 얻으려고 법화경만 말하도다."

대중들이 모인 자리 연꽃행자 욕보이려
나라 임금 모든 대신 바라문과 거사들과
다른 비구 스님에게 헐뜯으며 하는 말이
삿된 견해 가지고서 외도 법을 설한다나.

부처님을 공경하며 이 모든 악 이겨내고
너희들이 부처냐고 경멸하며 하는 말도
싫다 않고 견디면서 온갖 모욕 다 참으리.

탁한 세상 가운데에 많은 공포 있게 되어
나쁜 귀신 몸에 붙어 헐뜯으며 욕을 해도
부처님을 공경하는 저희 모두 참아내리.

법화경을 위하기에 이 모든 일 참아내고
이 한목숨 상관없이 무상도만 생각하여
저희 모두 오는 세상 부처님 법 보호하리.

13

세존께서 아시리니 탁한 세상 나쁜 비구
부처님이 형편 따라 법 설함을 알지 못해
욕을 하고 비난하며 그 자리를 떠나는데
이런 모든 나쁜 일에 마주하고 대처하길
부처님을 생각하고 이 모든 일 참으리라.

사람들이 모여 있어 법화경을 찾는다면
저희 모두 찾아가서 부처님 법 설법함에
저희 모두 당당하온 부처님의 심부름꾼
부처님 법 잘 설함에 편안하게 지내소서.

시방세계 부처님과 세존 앞에 제가 나와
이런 맹세 하옵나니 저희 마음 아옵소서.

14. 네 가지 법에 안주해야

【안락행품安樂行品】

네 가지 법에 안주하라

이때, 문수보살이 부처님께 사뢰었다.

"세존이시여, 여기 있는 모든 보살은 참으로 훌륭합니다. 이들은 부처님을 공경하고 따르므로 큰 맹세를 하고, 뒷날 나쁜 세상에서 이 법화경을 받아 지녀 읽고 외워 그 내용을 설파할 것입니다.

세존이시여, 이분들이 뒷날 나쁜 세상에서 어떻게 이 경을 설하겠습니까?"

14

부처님께서 문수보살에게 말씀하셨다.

"뒷날 보살들이 험하고 나쁜 세상에서 이 경을 설하려면 네 가지 법에 안주해야 한다.

첫째, 몸이 있을 곳에 있어야 편안하고 즐거워

첫째 법은 보살이 행할 마음자리와 가까이할 곳에 안주하여, 중생을 위하여 이 경을 설하는 것이다.

문수보살이여, 어떤 법을 보살이 행할 마음자리라고 하는가? 보살은 어떤 힘든 일도 잘 참고 부드럽게 인연을 따르면서 갑자기 성을 내거나 놀라지 않아야 한다. 또 어떤 법에도 집착하는 바가 없이 모든 법의 실상을 보아야 한다. 또한 집착하는 데서 행동하거나 분별하지 않는 법을 보살이 행할 마음자리라고 한다.

어떤 것을 보살이 가까이할 곳이라 하는가? 보살은 이익을 위하여 국왕이나 대신들을 가까이하지 말아야 한다. 어떤 외도, 유명 인사, 유물론자, 세상의 도리에 역행하는 자들도 가까이하지 말아야 한다. 또 어떤 흉물스러운 장난질이나 격투기, 또는 이상한 음악이나 놀이와 같은 변덕스러운 장난도 가까이하지 말아야 한다.

또 나쁜 직업에 종사하는 이와 잡아먹기 위하여 돼지, 양, 닭, 개 등을 기르는 이와 사냥하고 물고기를 잡는 이들과 같은 나쁜 사람들을 가까이하지 말아야 한다. 혹 이런 이들이 찾아와 그들에게 설법하더라도 아무것도 바라는 게 없어야 한다.

또 성문의 법을 구하는 사부대중을 가까이하거나 별다른 일이 없이 안부를 물으려 하지 말아야 한다. 거주하는 방이든지 산책하는 곳이든지 공부하는 강당이든지 같이 지내지 말아야 한다. 혹 이들이 찾아오면 형편에 따라 설법하되 아무것도 바라는 게 없어야 한다.

문수보살이여, 또 보살은 여인의 몸에 욕망을 품고 법을 설해서도 안 되며 또 즐겨 보지도 말아야 한다. 다른 사람의 집에 들어가면 어린 처녀나 과부들과 이야기하지 말아야 한다.

또 남자답지 않은 다섯 종류의 사람과 가까이하지 말아야 한다. 친하다고 하여 혼자 다른 사람의 집에 들어가서도 안 된다. 만일 인연이 있어 꼭 혼자 들어가게 될 때는 오직 정성을 다하여 부처님만 생각할 뿐이다.

만약 여인을 위하여 설법하게 되면 이를 보이고 웃지 말아야 하며 가슴을 노출하지 말아야 한다. 법을 위해서도 이런 행동을 가까이하지 않는데, 하물며 다른 일에서야 더 말할 필요가 있겠느냐. 어린 제자나 사미를 나쁜 마음으로 키우지 말고, 또 그렇게 하는 이와도 즐겨 어울리지 말아야 한다. 늘 좌선을 좋아하고 한적한 곳에 있으면서 그 마음을 잘 닦고 거두어야 한다.

문수보살이여, 이것이 첫 번째 법이니 가까이할 곳이라고 한다.

14

또 보살은 모든 법에서 공(空) 자체가 실상(實相)임을 보고, 잘못된 생각으로 흔들리지 말아야 한다. 왜냐하면 모든 법은 텅 빈 허공처럼 아무것도 없는 성품이니, 말로 표현할 수 없고 생멸할 것이 없으며 이름이나 모양도 없기 때문이다. 실로 있을 게 없고 헤아릴 수 없으며 걸릴 것이 없기 때문이다. 다만 인연으로 있을 뿐이고 잘못된 생각으로 생겨날 뿐이다. 그러므로 이처럼 늘 법의 모습을 즐겨 보라고 하니, 이를 보살이 두 번째 가까이할 곳이라고 한다.

이때, 세존께서 거듭 이 뜻을 펼치려고 게송으로 말씀하셨다.

인연 있는 어떤 보살 뒷날 나쁜 세상에서
두려움이 하나 없이 이 경전을 설하려면
보살의 삶 살아가며 가야 할 곳 들어가라.

국왕이나 왕자들과 높은 신하 고관대작
장난질이 흉악한 이 외도들과 바라문들
이와 같은 속된 이들 항상 멀리 해야 하고
소승법의 경율론에 집착하는 학자들과
잘난 마음 높은 이들 곁에 두지 말지어다.

옳지 못한 비구들과 이름뿐인 아라한들
잘 웃으며 희롱하는 추한 모습 비구니들
세상 쾌락 집착하며 깨달음을 추구하는
어리석은 그 누구도 곁에 두지 말지어다.

사람들이 법을 위해 좋은 마음 갖고 있어

보살 처소 찾아와서 부처님 법 원한다면
중생들을 구하려는 두렴 없는 마음으로
바라는 것 하나 없이 바른 법을 설하여라.

과부거나 처녀거나 남자답지 못한 이들
그 누구도 가까이해 사귀지를 말 것이며
짐승들을 도살하고 사냥하고 고기 잡고
돈 벌려고 살생하는 그런 이들 친근 말며
고기 팔고 몸을 팔아 살아가는 남자 여자
이런 이들 가까이해 곁에 두지 말지어다.

흉악하게 싸우거나 희롱하며 노는 이들
음란스런 나쁜 여자 이런 사람 친근 말며
외딴곳의 여인에게 홀로 앉아 설법 말고
설법하게 되었거든 장난치며 웃지 말고
마을에서 탁발할 때 비구 도반 동행하며

동행 없이 홀로가면 부처님만 생각하라.

이 모든일 보살 모두 행할법과 친근할곳
이 자리에 안주하면 편안하게 설법하리.

상중하로 나눈 법도 유위법과 무위법도
참다운 법 아닌 법도 행한다는 생각 없고
남녀 모두 분별하는 어떤 법도 없기 때문
아는 것도 있지 않고 보는 것도 있질 않아
이를 일러 말하기를 보살들이 갈 곳이라.

모든법은 그 자체로 공성이라 실체 없어
상주할것 있지 않고 생멸할것 또한없어
지혜로운 보살들은 이 도리를 챙긴다네.

모든법이 있든없든 실재하든 아니 하든

14

생겨나든 아니 나든 분별하면 이미 잘못
고요한데 있으면서 그 마음을 잘 다스려
태산처럼 흔들림이 없는 곳에 안주하라.

모든 법을 알고 보니 어떤 것도 있질 않아
그 모습이 허공 같아 잡히는게 전혀 없어
생멸하지 아니하고 흔들림이 전혀 없는
한마음에 머무르니 이를 일러 친근할 곳.

인연 있는 비구들이 내가 열반 하고 나서
행할 법과 친근할 곳 편안하게 머무르며
법화경을 설할때는 두려움이 없으리라.

보살들이 때가 되면 고요한 곳 들어가서
바른생각 모음으로 이치 따라 법을 보고
선정에서 일어남에 모든 국왕 왕자들과

고관대작 바라문과 백성들을 위하여서
가르침을 주기 위해 법화경을 설한다면
그 마음이 편안하여 두려움이 전혀 없네.

문수사리 보살이여 이를 일러 하는 말이
보살들이 첫째 법에 안주한단 말을 하니
이들 보살 뒷세상에 법화경을 설하리라.

둘째, 말을 조심해야 편안하고 즐거워

"또 문수보살이여, 여래께서 열반한 뒤 말법 시대에 이 경을 설하려면 즐겁고 편안한 보살행에 머물러야 한다.

입으로 법화경을 설하거나 읽을 때는 다른 사람이나 경전의 허물을 말하지 말아야 한다. 또한 법화경을 가르치는 다른 법사를 업신여

14

기지 말고 다른 사람의 좋고 나쁜 점도 말하지 말아야 한다. 성문에게 그들의 허물이나 칭찬을 말하지 말고 또한 원망이나 싫어하는 마음을 내지 말아야 한다.

이처럼 즐겁고 편안하게 마음을 잘 다스린다면, 설법을 듣는 이들 아무도 그의 뜻을 거역하지 않을 것이다. 어려운 질문을 받으면 소승의 법으로 대답하지 않고, 오직 대승의 법으로 풀어 온갖 것을 빠짐없이 다 아는 지혜를 얻게 해야 한다."

이때, 세존께서 거듭 이 뜻을 펼치려고 게송으로 말씀하셨다.

　　보살은 늘 즐기면서 편안하게 설법하되

맑디맑은 자리라야 나아가서 앉을지니
좋은 기름 몸에 발라 때와 먼지 제거하며
깨끗한 옷 새로 입어 안팎으로 청결하네.

법을 펴는 자리에서 묻는 대로 대답하되
비구들과 비구니와 우바새와 우바이들
국왕 왕자 고관대작 일반백성 모두에게
아름다운 뜻으로써 부드럽게 설해 주네.

또 어려운 질문이면 이치대로 답을 하되
인연이나 비유들로 적절하게 설명하는
이런 방편 두루 써서 모든 이들 알게 하여
점차 이익 얻음으로 부처님 삶 들게 하며
게으르고 늘어지는 나쁜 마음 제거하여
근심 걱정 떨쳐 주고 자비롭게 법 설하네.

14

밤낮으로 언제나 늘 무상도를 가르치되
헤아릴 수 없이 많은 인연법과 비유로써
중생들을 가르쳐서 이들 모두 기쁘지만
의복이나 방석들과 맛난 음식 의약품들
그 가운데 어떤 것도 바라는 게 전혀 없네.

법 설하는 인연만을 정성 다해 생각해서
부처님 삶 이룩하고 중생들도 성불하면
이야말로 최상 공덕 즐거운 맘 공양하리.

만약 내가 열반한 뒤 인연 있는 비구들이
법화경의 내용 알아 법을 설해 펼친다면
질투하고 성내는 일 그런 번뇌 하나 없고
근심 걱정 마찬가지 욕할 자도 역시 없고
칼과 막대 휘둘러도 두려움이 전혀 없어
쫓기는 일 있지 않아 인욕 속에 안주하네.

지혜로운 사람 모두 그 마음을 잘 닦아서
안락하게 머물기를 내가 말한 대로 하면
그 사람이 얻는 공덕 천 만억 겁 긴긴 세월
어떤 숫자 비유로도 헤아릴 수 없느니라.

셋째, 마음을 잘 써야 편안하고 즐거워

"문수보살이여, 뒷날 말법 시대에 바른 법이 멸하려고 할 때, 이 경전을 받아 지녀 읽고 외우는 사람은 질투나 아첨하는 마음이 없어야 한다.

또 부처님의 도를 배우는 이를 욕하거나 업신여겨 그들의 장단점을 찾지 말아야 한다. 사부 대중이나 성문 연각 보살을 구하는 이들을 어지럽게 하여 의심하고 후회하도록, 그 사람들에게 '그대들은 도와 거리가 멀기 때문에 끝내 온갖 것을 빠짐없이 다 아는 지혜를 얻을 수 없다. 왜냐하면 그대들은 나태하고 도를 공부하는 데 게으르기 때문이다.'라고 말하지 말아야 한다. 또한 어떤 법도 희롱하며 갖고 놀아서는 안 된다.

모든 중생에게 자비로운 마음을 크게 일으키고, 모든 여래에게 자비로운 아버지라는 마음을 일으키며, 모든 보살에게 큰 법사라는 마음을 일으켜야 한다. 시방세계에 있는 모든 보살을 항상 깊은 마음으로 공경하고 예배하며, 모든 중생에게 평등하게 법을 설해야 한다. 바른 법에 따르기 때문에 적절하게 법을 설하면서, 법을 깊이 좋아하는 이에게는 쓸데없이 많은 말도 하지 말아야 한다.

문수보살이여, 보살이 뒷날 말법 시대에 법이 멸하려고 할 때, 이 셋째 법인 즐겁고 편안한 보살행을 성취한 자가 이 법을 설한다면 그 무엇도 이 사람을 어지럽히지 못할 것이다. 좋은 도반을 만나 이 경을 같이 독송하며 또한 대중들이 몰려와서 이 경을 듣고 받아들일 것이다. 이 경을 받아 지닐 수가 있고, 지녔다면 외울 수가 있으며, 외웠다면 설할 수 있을 것이다. 이 경을 설하고는 사경할 것이며, 다른 사람을 시켜 쓰게도 하여 이 경전에 예를 갖추어 공경하고 공양을 올려 존중하며 찬탄할 것이다."

이때, 세존께서 거듭 이 뜻을 펼치려고 게송으로 말씀하셨다.

14

법화경을 설하려면 분노 질투 교만 아첨
나쁜 마음 다 버리고 바른 삶을 항상 살며
다른 사람 존중하고 부처님 법 희롱 말며
성불하지 못할거라 의심하지 않을지니
이런 사람 법 설할때 부드럽고 온화하며
자비롭게 모든 중생 끊임없이 감싸 안네.

시방세계 큰 보살이 중생에게 마음 내면
중생 모두 공경하여 큰 법사라 생각하고
부처님을 바라보며 아버지라 생각하여
교만한 맘 내질 않아 법 설함에 장애 없어
셋째 법은 이러하니 지혜롭게 지켜나가
안락행을 잘 행하면 중생 공경 받느니라.

넷째, 올바른 서원을 세워야 편안하고 즐거워

"문수보살이여, 뒷날 말법 시대에 법이 멸하

려고 할 때, 이 법화경을 지닌 사람은 세속에 있거나 출가한 사람들에게 큰 자비심을 내야 하고, 보살이 아닌 사람에게도 큰 자비심을 내어서, 이렇게 생각해야 한다.

'이 사람들은 큰 법을 잊은 사람들이다. 여래의 방편으로 형편에 따라 설법한 것을 듣거나 알지도 못하고 깨닫거나 묻지도 못하며 믿거나 이해하지도 못한다. 법화경을 묻고 믿고 이해하지 못하더라도, 내가 바른 깨달음을 얻은 후에는 어느 곳이든 따라가서 신통과 지혜의 힘으로 이들을 이끌어 법화경의 가르침에 머무르게 할 것이다.'

문수사리여, 여래께서 열반한 뒤 이 넷째 법을 보살이 성취한다면 이 법을 설할 때 허물이 없을 것이다. 늘 비구 비구니 우바새 우바이 국왕 왕자 신하 백성 바라문 거사들이 그에게 예를 갖추어 공경하고 공양 올려 존중하며 찬탄할 것이다. 허공에 있는 모든 천신은 법을 듣기 위하여 언제나 이 보살을 따라다니며 모실 것이다. 도심이나 산중에 있는 이 보살에게 어떤 사람이 어려운 질문을 하고자 찾아오면, 모든 하늘이 밤낮으로 법을 위하기에 이 보살을 지키고 보호하여 법을 듣는 이가 모두 기쁨을 얻게 할 것이다. 왜냐하면 이 경은 과거 현재 미래의 모든 부처님이 신통으로 보호하고 있기 때문이다.

법화경은 왕의 머리에 있는 보배 구슬과 같아

문수사리여, 이 법화경은 헤아릴 수 없이 많은 나라에서 그 이름도 들을 수가 없다. 그런데 어찌 이 경을 받아 지녀 읽고 외우게 될 수 있겠느냐?

문수사리여, 법화경은 마치 왕의 머리에 있는 보배 구슬과도 같다. 힘센 전륜성왕이 그 위세로 모든 나라를 항복시키려 할 적에, 작은 나라의 왕들이 그 명령을 따르지 않으면 전륜성왕은 많은 군사를 일으켜 토벌할 것이다. 전륜성왕은 병사들이 전쟁에서 공을 세우면 크게 기뻐하고 그 공의 크기에 따라 상을 줄 것이다. 혹 논밭과 성을 주거나 의복이나 장엄물을 주고, 금 은 유리 자거 마노 산호 호박 코끼리 말 수레 노비 백성들을 주게 될 것이나 머리에 있는 밝은 구슬만은 주지 않는다. 왜냐하면 왕의 머리에는 오직 하나의 구슬만 있기 때문이니, 이 구슬을 주면 왕의 모든 권속은 틀림

14

없이 깜짝 놀랄 것이다.

문수사리여, 여래께서도 선정과 지혜의 힘으로 바른 법의 국토를 얻었으니, 중생이 사는 세상의 왕과 같다. 여래에게 항복하지 않고 따르지 않는 어떤 마왕이 있다면, 여래를 따르는 장군들이 이들 모두와 싸울 것이다. 그리하여 공이 있는 자에게는 여래께서 기뻐하며, 사부대중 가운데서 모든 경전을 설하여 그들의 마음을 기쁘게 하고 선정(禪定) 해탈(解脫) 무루(無漏) 오근(五根) 오력(五力)의 모든 법을 줄 것이다. 또 열반의 성을 주어 열반이라 하고, 그들의 마음을 이끌어서 모두를 기쁘게 하나 이 법화경만은 설하지를 않는다.

문수사리여, 마치 전륜성왕이 크게 공을 세운

병사들을 보고 매우 기뻐하며, 오랫동안 다른 사람에게 주지 않고 간직했던 보배 구슬을 그 제서야 주는 것처럼, 여래께서도 그러하시다. 여래께서 중생의 세상에서 큰 법왕이 되어 법으로 모든 중생을 교화할 적에, 현자와 성인들이 오음마(五陰魔) 번뇌마(煩惱魔) 사마(死魔)와 싸워 큰 공을 세우며, 탐진치를 멸하고 중생의 세상에서 벗어나 마구니의 함정에서 빠져나오는 것을 본다.

그때, 여래 역시 크게 기뻐하며, 이 법화경의 가르침으로 중생들이 어떤 것도 다 아는 지혜로 가게 할 수 있음에도 불구하고, 모든 세간의 중생이 그 내용을 원망하고 믿지 못했으므로 설하지 못했던 것을, 이제야 설하게 된 것이다.

문수사리여, 이 법화경은 여래의 최고 법문이다. 모든 설법 가운데 가장 깊은 이치가 있어서 맨 마지막에 설하는 것이, 마치 힘센 전륜성왕이 오랫동안 밝은 구슬을 머리에 간직하고 있다가 지금 주는 것과 같다.

문수사리여, 이 법화경은 모든 부처님께서 참으로 하고 싶었던 법문이니, 모든 경전 가운데 그 뜻이 가장 으뜸이다. 오랫동안 간직하여 함부로 설하지 않다가 이제 비로소 그대들에게 설한다."

이때, 세존께서 거듭 이 뜻을 펼치려고 게송으로 말씀하셨다.

인욕을 늘 행하면서 중생들을 챙길 적에

부처님이 찬탄하신 법화경을 설파하라.

뒷날 말법 세상에서 법화경을 읽는 사람
재가자나 출가자나 보살들이 아니라도
평등하게 이들에게 자비심을 낼지어다.

이 경전을 듣고 나서 의심하면 큰 손해니
부처님 삶 이루어서 모든 방편 사용하여
법화경을 설파하여 그 가운데 있게 하라.

마치 힘센 전륜성왕 병사들이 공 있으면
여러 가지 상을 주되 코끼리 말 온갖 수레
몸에 걸친 장엄물과 많은 논밭 집들이며
촌락 성읍 떼어 주고 옷가지와 귀한 보배
노비들과 재물들을 기쁘기에 듬뿍 주고
용맹하게 잘 싸워서 어려운 일 능히 하면

14

머리 위의 밝은 구슬 아낌없이 풀어주듯

여래 또한 이와 같아 모든 법의 왕이 되고
욕된 것을 참는 큰 힘 온갖 지혜 가졌기에
여법하게 큰 자비로 모든 중생 교화하네.

고통에서 벗어나려 마구니와 맞서는 이
이런 사람 보게 되면 이 중생을 위하여서
온갖 법을 형편 따라 이리저리 설명하며
크신 방편 사용하여 모든 경전 설파하네.

중생들이 힘 얻은 것 여래께서 아시고는
마지막에 이들 위해 법화경을 설하시니
왕의 머리 밝은 구슬 풀어 주는 모습 같다.

이 경전은 존귀하여 경 가운데 으뜸이라

늘 지키고 보호하여 아무에게 안 보이나
이제 지금 때가 되어 그대에게 설하노라.

내가 이제 열반한 뒤 부처님 삶 구하는 이
안락행을 얻고 싶어 법화경을 설한다면
이와 같은 네 가지 법 가까이에 둘지어다.

법화경을 읽는 사람 근심 걱정 전혀 없이
질병 고통 하나 없어 얼굴빛이 아름다워
비천하고 추잡하며 가난하게 살지 않고
모든 중생 현인 성인 사모하듯 쳐다보고
하늘나라 모든 동자 심부름꾼 자청하네.

막대기나 시퍼런 칼 나쁜 독약 못 해치고
나쁜 욕을 하게 하면 욕한 입이 망가지며
걸어가는 그의 모습 두렴 없는 사자의 왕

광명처럼 밝은지혜 태양같이 비치리라.

잠자면서 꿈을꾸면 미묘한일 보게되니
빙 둘러싼 비구속에 부처님이 설법하고
셀수없는 용왕귀신 아수라와 그모두가
공경하고 합장하면 그들에게 설법하네.

황금같은 부처님이 모든세계 빛을내어
맑은 음성 하늘소리 모든법을 설파하며
모든대중 위하고자 부처님이 설법할때
자기몸이 그가운데 있는것을 발견하네.

정성다해 합장하여 부처님을 찬탄하고
법을듣고 기뻐하며 받들어서 공양올려
다라니를 또한얻어 불퇴지를 증명하니
수행력이 깊어진걸 부처님이 알아보고

수기 주며 하신 말씀 깨달음을 이루리라.

선한 불자 오는 세상 지혜로운 삶을 얻고
잘 꾸며진 그 국토는 청정하고 광대하니
사부대중 합장하고 그대 법문 들으리라.

또 스스로 법회에서 훌륭한 법 닦아 익혀
모든 법의 실제 모습 깨닫는 걸 바라보고
선정 속에 깊이 들어 시방여래 바라보니
모든 여래 황금빛과 온갖 복이 장엄하네.

법을 듣고 대중에게 설법하는 꿈을 꾸고
꿈속에서 왕인데도 궁전 권속 다 버리고
세상 욕심 다 떠나서 보리도량 나아가네.

보리수의 그늘에서 사자좌에 편히 앉아

14

이레 동안 공부하여 여래 지혜 모두 얻고
무상도를 완성하여 그 자리서 법을 설해
사부대중 위했기에 천 만억 겁 지나도록
번뇌 없는 오묘한 법 무량중생 제도하고
뒷날 열반 들어갈 때 들어가는 그 모습이
밝은 불빛 꺼지듯이 적막하기 짝이 없네.

뒷날 나쁜 세상에서 으뜸가는 법 설하면
이 사람이 얻는 이익 모든 공덕 이와 같다.

15. 땅에서 솟아오른 보살

【종지용출품從地涌出品】

다른 국토의 보살이 법화경 유통을 청하다

이때, 다른 국토에서 온 모든 보살의 수는 여덟 갠지스강 모래알보다 더 많았다. 그들이 대중 가운데서 일어나 합장 예배하고 부처님께 사뢰었다.

"세존이시여, 부처님께서 열반하신 뒤에 저희가 이 사바세계에서 부지런히 정진하여 이 경전을 지키고 보호하되 읽고 외워 쓰며 공양할 것을 허락하신다면 이 국토에서 법화경을 널리 설하겠습니다."

이때, 부처님께서는 그 보살에게 "그만두어라, 선한 불자들이여. 그대들이 이 경을 사바세계에서 지키고 보호할 필요가 없다. 왜냐하면 이 사바세계에는 육만 갠지스강 모래알처럼 많은 큰 보살이 있고, 그 보살 하나하나에 저마다 다시 육만 갠지스강 모래알처럼 많은 권속이 있어 이 모든 사람이 내가 열반한 뒤에 이 경을 지키고 읽고 외워 널리 설할 수 있기 때문이다."라고 말씀하셨다.

많은 보살이 땅속에서 솟아나와

부처님께서 이 말씀을 하실 때 사바세계 삼천대천 국토가 모두 흔들리고 갈라지면서 그 가운데 헤아릴 수 없이 많은 천 만억 보살들이 동시에 솟아나왔다.

이 보살들의 몸은 모두 금색이고 삼십이상을 갖추었으며 무량광명을 비추었다. 이 보살들은 모두 사바세계 아래에 있다가 석가모니 부처님께서 설법하시는 소리를 듣고 아래에서 솟아 허공 가운데 머물러 있게 된 것이다.

그 보살들 한 사람 한 사람은 모두 대중을 이끄는 지도자였는데, 저마다 육만 갠지스강 모래알처럼 많은 권속을 거느리고 있었다. 하물며 오만, 사만, 삼만, 이만, 일만 항하사 권속을 거느린 보살이야 더 말할 필요가 없었다. 하물며 다시 일 항하사, 반 항하사, 사분의 일 항하사, 나아가 천 만억 나유타 분의 일 항하사만큼의 권속을 거느린 이야 더 말할 필요가 없었다. 하물며 또 천 만억 나유타 권속, 억만 권속, 천만, 백만, 일만, 일천, 일백, 일십의 권속을 거느린 이와 홀로 멀리 떨어져 공부하는 보살들이야 더 말할 필요가 없었다.

이처럼 부처님을 따르는 대중이 헤아릴 수 없이 많아 어떤 숫자로나 비유로도 알 수 없었다.

이 보살들이 땅에서 솟아 허공의 칠보탑에 계신 다보여래와 석가모니 부처님을 찾아가 두 분 세존께 머리 숙여 예배하고, 보배 나무 아래에 있는 사자좌 위의 부처님께 다가가 예배하며, 존경의 표시로 오른쪽으로 세 번 돌고 합장 공경하였다. 보살들이 온갖 찬탄하는 법으로 부처님을 찬탄하고 물러나 기쁜 마음으로 두 분 세존을 우러러보았다. 땅에서 솟아오른 보살들 모두가 온갖 법으로 부처님을 찬탄하니 이 시간이 쉰 소겁을 흘렀다.

이때, 석가모니 부처님께서는 말없이 앉아 계셨고 모든 사부대중도 말없이 앉아 있기를 쉰 소겁이나 되었지만, 부처님의 신통으로 모두 이 시간을 반나절로 생각하였다. 그때, 사부대중은 부처님의 신통으로 모든 보살이 헤아릴 수 없이 많은 백천만 억 국토의 허공에 두루 가득 차 있는 것을 보았다.

이 보살들 속에는 네 분의 스승이 있었다. 그 명호는 으뜸가는 보살행 상행(上行)이요, 끝이 없는 보살행 무변행(無邊行)이며, 맑디맑은 보살행 정행(淨行)이요, 편안한 보살행 안립행(安立行)이었다. 이 네 보살은 그 대중 속에 가장 으뜸가는 지도자이며 스승이었다.

이들이 대중 앞에서 저마다 똑같이 합장하고

석가모니 부처님을 바라보며 "세존이시여, 근심 걱정 없이 편안하고 즐거우십니까? 제도 할 사람들이 가르침을 쉽게 받아들입니까? 세존을 고단하게 하지는 않았습니까?"라고 문안드렸다. 이때, 큰 보살 네 분이 게송으로 말하였다.

세존께서 편안하여 근심 걱정 전혀 없고
중생들을 교화함에 피로하지 않으시고
또한 중생 모두 함께 가르침을 잘 받아서
세존께서 힘나도록 잘들 하고 있나이까.

이때, 세존께서 보살 대중들에게 말씀하셨다.

"그렇다. 선한 불자들이여, 여래는 편안하고 즐거워서 근심과 걱정이 없다.

중생들을 모두 쉽게 교화할 수 있으므로 피로하지 않다. 왜냐하면 이 중생들은 오랜 전생부터 모두 늘 나의 가르침을 받고 또한 과거 모든 부처님을 공경하고 존중하며 좋은 마음의 뿌리를 많이 심었기 때문이다. 이 중생들은 처음에 내 몸을 보고 나의 설법을 들어 곧 모두 믿고 받아들여 여래의 지혜에 들어갔으나, 먼저 소승을 배우고 익혔던 자는 제외되었다. 이 사람들을 위하여 내가 지금 이 경의 가르침을 듣게 하고 부처님의 지혜에 들어가게 할 것이다."

이때, 큰 보살 모두가 게송으로 말하였다.

거룩하고 거룩하며 영웅이신 세존이여
많고 많은 중생들을 아주 쉽게 제도하여

시방세계 부처님의 깊은 지혜 묻는 그들
듣고 믿고 행하기에 저희 또한 기쁩니다.

이때, 세존께서 으뜸가는 큰 보살들에게 "착
하고 착하도다, 선한 불자들이여. 너희들이 여
래에게 기쁜 마음을 낸다."라고 칭찬하셨다.

이 땅의 보살들이 의아하게 생각하니

이때, 미륵보살과 팔천 항하사 모든 보살이
'우리는 옛날부터 이렇게 큰 보살들이 땅에서
솟아 세존 앞에 합장하고 공양을 올리며 여래
께 문안드리는 일을 보거나 듣지도 못했다.'
라고 생각하였다. 이때, 미륵보살이 팔천 항
하사 모든 보살의 마음을 알고 아울러 자기
의심도 해결하려, 부처님께 합장하고 게송으
로 물었다.

천 만억의 보살 대중 옛날에는 못 보던 일
어디에서 왔는가를 세존께서 설하소서.

무슨 인연 모였기에 거대한 몸 큰 신통력
생각할 수 없는 지혜 그 뜻 또한 견고하고
온갖 것을 참고 참아 중생들이 즐거워해
어디에서 그 보살들 왔는가를 설하소서.

한 분 한 분 보살들이 데리고 온 그 권속들
갠지스강 모래처럼 셀 수 없이 많고 많아
혹은 어떤 큰 보살은 육만 항하 권속들을
빠짐없이 데리고 와 부처님을 찾았기에
육만 항하 이 보살들 부처님께 공양 올려
법화경을 수호하며 읽고 쓰고 외운다네.

오만 항하 권속들을 데리고 온 보살들과

사만이나 삼만이나 이만 내지 일만이며
일천이나 일백이나 일 항하사 절반이나
삼분 사분 나아가서 억만 분의 일이 되며
천 만억의 나유타와 일만 억의 모든 제자
백만 내지 일만이며 일천 내지 일백이며
오십에서 십을 지나 세 명 두 명 한 명이네.

권속 없이 홀몸으로 공부하기 좋아하는
이들 모두 함께 모여 부처님을 찾아와서
법화경을 수호하며 읽고 쓰고 외운다네.

이와 같은 많은 대중 어느 누가 헤아려도
항하사겁 다하도록 그들 수를 알 수 없네.

큰 위엄과 덕스러운 공부하는 보살 대중
어느 누가 그들에게 부처님 삶 가르치고

누구 따라 발심하여 어느 불법 칭찬하며
무슨 경전 받아지녀 어떤 불도 익혔을까.

이런 보살 모두같은 신통력과 큰 지혜로
모든 땅이 흔들리며 그 속에서 솟아오니
옛날부터 이런 일은 보지 못한 희유한 일
그들이 온 국토 이름 세존께서 설하소서.

온갖 국토 다녔으나 이 대중들 처음 보고
제가 지금 아는 이가 한 사람도 있질 않아
땅속에서 홀연 솟은 그 인연을 설하소서.

지금 여기 모인 대중 한량없어 백천만억
이들 많은 보살대중 이일 알고 싶어 하니
솟아오른 보살들의 모든 인연 빠짐없이
덕 높으신 세존이여 의심 풀어 주옵소서.

이때, 헤아릴 수 없이 많은 천 만억 다른 국토에서 찾아온 석가모니 분신 부처님들께서 사방팔방에 있는 모든 보배 나무 밑의 사자좌에서 결가부좌를 하셨다. 그 부처님의 시자들은 많은 보살 대중이 삼천대천세계 사방팔방 땅속에서 솟아올라 허공에 머물러 있음을 보고, 저마다 그들의 부처님께 "세존이시여, 이 헤아릴 수 없이 많은 아승지 보살 대중이 어디에서 왔습니까?"라고 여쭈었다.

이때, 모든 부처님께서 당신 시자들에게 "선한 불자들이여, 잠깐 기다려라. 미륵이라는 보살이 있으니 석가모니 부처님의 수기를 받았기에 다음 세상에 성불할 보살이다. 그 보살이 이 일을 물었기 때문에 석가모니 부처님께서 지금 답변하실 것이다. 그대들도 저절로 이 일을 듣게 될 것이다."라고 말씀하셨다.

석가모니 부처님께서 답하시다

이때, 석가모니 부처님께서 미륵보살에게 말씀하셨다.

"착하고 착하도다, 미륵보살이여. 그대가 이처럼 큰일을 묻는구나. 그대들은 함께 정성을 다하여 공부하고 견고한 뜻을 일으켜야 한다.

나는 이제 모든 부처님의 지혜와 자유자재한 신통과 빠르고 용맹스러운 힘을 드러내 가르치겠다."

이때, 세존께서 거듭 이 뜻을 펼치려고 게송으로 말씀하셨다.

그대들은 정성 다해 마음 모아 정진하라
이 일들을 설하리니 의심 또한 품지 마라.

여래 지혜 불가사의 그대 지금 믿음 내니
이전에는 못 듣던 법 이제 모두 들으리라.
내가 너희 편케 하니 의심 말고 떨지 마라.

여래 말씀 진실하고 지혜 또한 한량없어
최고의 법 깊고깊어 분별하기 어려운데
이런 법을 설하노니 그대들은 잘 들어라.

이때, 세존께서 이 게송을 읊으시고 미륵보살
에게 말씀하셨다.

"내가 지금 그대들에게 말하겠다. 미륵보살이
여, 헤아릴 수 없이 많은 큰 보살들이 땅에서

솟아나오니, 그대들이 일찍이 보지 못했던 일이다. 사바세계에서 깨달은 나는 이 모든 보살을 교화하고 가르쳤으니, 그들이 마음을 다스리고 도 닦을 마음을 내게 하였다. 이 인연으로 보살들은 모두 사바세계 아래에 머물러 있다가 솟아올라, 사바세계의 허공에 머물고 있다.

이들은 모든 경전을 읽고 외워 통달하여 이해하고 분별하며 바르게 기억하였다. 미륵보살이여, 이 선한 불자들은 모두 대중 속에서 말하는 것을 그리 즐거워하지 않고 늘 고요한 곳을 좋아하여 부지런히 정진하며 일찍이 게으른 적이 없었다. 또한 인간이나 하늘 신들에게 의지하지 않고 늘 깊은 지혜를 즐겨하여 걸릴 것이 없었다. 또한 모든 부처님의 법을 언제나 좋아하고, 한마음으로 정진하여 가장 높은 지혜를 구하였다."

이때, 세존께서 거듭 이 뜻을 펼치려고 게송으로 말씀하셨다.

미륵보살 바로 알라 여기 모든 큰 보살이
오랜 세월 내려오며 여래 지혜 익혀가니
이는 모두 나의 교화 큰 도 닦을 마음 냈네.

그들 모두 나의 제자 이 세계에 의지하고
힘든 고행 감내하고 고요한 곳 좋아하여
시비 분별 다 버리고 말하기를 좋아 않네.

이와 같은 모든 제자 나의 도를 닦아 익혀
밤낮 없이 정진하고 부처님 삶 구하기에

사바세계 아래 있는 허공중에 머물더라.

뜻과 생각 견고하여 참된 지혜 늘 구하며
온갖 묘법 다 설하되 두려움이 전혀 없네.

붓다가야 보리수 밑 깨달음을 이루어서
내가 진리 설파하여 모든 중생 교화하니
도를 닦을 마음 내어 불퇴지에 머물기에
오는 세상 모두가 다 빠짐없이 성불하리.

내가 진실 말하노니 그대들은 믿을지라
옛날부터 이 대중을 남김없이 교화했네.

젊은이가 노인을 아들이라 하면

이때, 미륵보살과 셀 수 없이 많은 보살이 일
찍이 없던 이상한 일이라고 의심하며 '어떻게

세존께서 짧은 시간에 이처럼 헤아릴 수 없이 많은 보살을 교화하시어 깨달음에 머물게 하셨을까?'라고 생각하였다.

그리고 곧 부처님께 말씀드렸다.

"세존이시여, 여래께서 태자였을 때 왕궁을 나와, 가야성에서 멀지 않은 곳에서 깨달음을 얻은 지 겨우 사십 년이 지났습니다. 그런데 어떻게 세존께서 이 짧은 기간에 부처님의 힘과 공덕으로 이처럼 헤아릴 수 없이 많은 보살을 교화하시어 깨달음을 얻게 하셨습니까?

세존이시여, 이 많은 보살은 설사 어떤 사람이 천만 억겁을 헤아려도 그 수를 셀 수 없고 그 끝을 알 수 없습니다. 이들은 모두 오랜 세월 내려오며 헤아릴 수 없이 많은 부처님 처소에서 좋은 일을 많이 하여 보살도를 성취하고 늘 깨끗한 삶을 살았다고 했습니다. 그러나 세존이시여, 이런 일은 세상에서 믿기 어렵습니다.

이 일은 비유하면 마치 얼굴이 아름답고 머리가 검은 스물다섯 살의 어떤 젊은이가 백 살이 된 노인을 가리켜 자기 아들이라 하고, 그 백 살이 된 노인도 젊은이를 가리켜 자기 아버지로서 자기를 낳고 길러주신 분이라고 말하는 것과 같습니다. 이런 일은 세상에서 믿기 어려운 법입니다. 부처님도 이 비유와 같이 도를 이룬지가 사실 얼마 되지 않았습니다.

그런데도 이 많은 보살은 이미 헤아릴 수 없이

많은 천 만억 겁 동안 부처님의 도를 수호하였기에 부지런히 정진하고 헤아릴 수 없이 많은 백천만 억 삼매를 체험하고 있습니다. 큰 신통을 얻고 깨끗한 삶을 오래 살아 좋은 법을 차례대로 잘 배우고 질문에 답변을 잘하는 보배로운 사람들이니, 참으로 모든 세간에서 희유한 일입니다.

세존께서는 오늘에서야 비로소 '깨달음을 얻었을 때 중생이 도 닦을 마음을 내도록 가르치고 깨달음을 향하게 하였다.'라고 말씀하셨습니다.

그러나 세존이시여, 세존께서 성불하신 지 얼마 되지 않았는데, 이 큰 불사를 어찌 다 할 수 있었겠습니까. 저희는 모두 부처님께서 인연에 맞게 하신 설법이나 부처님께서 하신 말씀이 허망하지 않고, 부처님이 아신 것은 모두 통달한 지혜라고 믿습니다. 그러나 도 닦을 마음을 처음 낸 보살이, 부처님께서 열반한 뒤에 이 말을 듣고 혹 믿지 않는다면, 법을 헐뜯는 죄업을 일으킬 것입니다.

그렇습니다, 세존이시여. 바라옵건대 이 내용을 이해시켜 저희 모두의 의심을 풀고 오는 세상에 많은 선한 불자들이 이 일을 듣고서 의심하지 않게 하옵소서."

이때, 미륵보살이 거듭 이 뜻을 펼치려고 게송으로 말하였다.

부처님이 출가하여 붓다가야 보리수서

성불하신 그 세월이 얼마 되지 않았는데
부처님의 제자들이 셀 수 없이 많고 많아
오래 도를 닦고 닦아 신통력에 머무르고
보살도를 잘 배워서 세간법에 물 안 들며
연꽃같은 그 모습이 땅밑에서 솟아나와
모두가 다 세존 앞에 머물러서 공경하니
이런 일들 불가사의 어찌 우리 믿으리오.

부처님이 성불한 지 얼마 되지 않건마는
성취한 일 많고 많아 이해하기 어려우니
원하건대 중생들의 모든 의심 풀어지게
세존께서 진실하게 분별하여 설하소서.

비유하면 스물다섯 장가안간 젊은 청년
백 살 먹고 주름 많은 백발노인 가리키며
나는 그대 아버지요 그대 나의 아들이라

젊은 부모 늙은 자식 이 말 누가 믿으리오.

부처님이 성불한 뒤 그 세월은 짧은데도
많고 많은 보살 모두 당당하며 뜻이 굳고
오랜 세월 쉬지 않고 보살도를 행하여서
질문에도 답변 잘해 두려운 맘 하나 없네.

참는 마음 확실하고 단정하며 덕이 있고
법을 알고 설한다며 시방 여래 찬탄하며
시끄러운 대중 피해 참선하길 좋아하여
부처님 삶 구하기에 땅 속에서 솟아났네.

부처님께 들었기에 우리들은 의심 없고
오는 세상 중생에게 법을 설해 주옵소서.

법화경을 의심하고 믿지 않는 사람 모두

나쁜 길로 떨어지니 법을 설해 주옵소서.

어찌 그리 짧은 시간 한량없는 보살들을
불퇴지에 머물도록 가르칠 수 있나이까.

16. 여래의 수명은 영원하니

【 여래수량품如來壽量品 】

미륵보살이 거듭 의심 풀어 주기를 청하다

이때, 부처님께서 모든 보살과 대중에게 "선
한 불자들이여, 그대들은 반드시 여래의 진실
한 말을 믿고 알아야 한다."라고 말씀하시고,
또다시 대중들에게 "그대들은 반드시 여래의
진실한 말을 믿고 알아야 한다."라고 말씀하
시며, 또다시 모든 대중에게 "그대들은 반드
시 여래의 진실한 말을 믿고 알아야 한다."라
고 말씀하셨다.

이때, 보살 대중 가운데서 미륵보살이 앞장서
두 손 모아 합장하고 부처님께 "세존이시여,

바라옵건대 설하여 주옵소서. 저희가 부처님의 말씀을 믿고 받아들이겠습니다."라고 거듭 세 번 말하고, 다시 "세존이시여, 설하여 주옵소서. 저희가 부처님의 말씀을 믿고 받아들이겠습니다."라고 말하였다.

이때, 세존께서 모든 보살이 세 번 청한 뒤에도 이 뜻을 멈추지 않을 것을 아시고 대중들에게 말씀하셨다.

부처님의 생명은 영원하다

"여래의 비밀스러운 신통력을 그대들은 자세히 들어라. 모든 세간의 하늘 신중, 아수라들이 모두 이생에 내가 왕궁을 나와 가야성에서 멀지 않은 곳에서 깨달음을 얻었다고 한다. 그러나 선한 불자들이여, 사실 내가 부처님이 된 것은 헤아릴 수 없이 많은 백천만 억 나유 타 겁 이전이니라. 비유하면 오백 천 만억 나 유타 아승지 삼천대천세계를 어떤 사람이 갈 아 티끌로 만들어서, 동방 오백 천 만억 나유 타 아승지 국토를 지날 때마다 티끌 하나씩 떨어뜨려 그 많은 티끌이 다 없어지면, 선한 불자들이여, 그대들의 생각은 어떠한가? 이 모든 세계를 생각하여 그 수를 알 수 있겠는 가?"

미륵보살과 모든 대중이 함께 부처님께 "세존 이시여, 이 모든 세계는 그 끝이 없기에 수를 헤아려 알 수 없고 생각으로 미칠 수 있는 곳 이 아닙니다. 어떤 성문과 벽지불의 지혜로도 생각하여 그 수를 헤아려 알 수 있는 것이 아 니며, 저희가 불퇴전의 지위에 머물러도 미칠 수 없는 곳입니다. 세존이시여, 이와 같은 모든 세계는 그 끝이 없습니다."라고 말하였다.

이때, 부처님께서 보살들에게 말씀하셨다.

"선한 불자들이여, 지금 분명히 너희에게 말하겠다. 이 모든 세계에 티끌을 떨어뜨리든 떨어뜨리지 않든 모든 국토를 모아 티끌을 만들어 하나의 티끌이 일 겁이라면, 내가 부처님이 된 것은 이보다 백천만 억 나유타 아승지겁이나 더 오래되었다.

그때부터 늘 나는 이 사바세계에서 법을 설하여 중생들을 가르치고 또한 다른 백천만 억 나유타 아승지 국토에서도 중생들을 가르치고 이끌었다. 선한 불자들이여, 그 사이에 나는 연등불에게 법을 설하였고 또 열반에 들어가는 것을 말하였으니, 이와 같은 모든 게 모두 방편으로 분별한 것이었다.

선한 불자들이여, 어떤 중생이 나를 찾아오면 나는 깨달음의 눈으로 그의 믿음과 마음 상태를 보고, 그에 따라 제도하기 위해 이름도 연배도 달리하여, 여러 곳에서 다양한 모습으로 나타나 설한다. 또한 열반에 든다고 말하기도 하였다. 또 온갖 방편으로 미묘한 법을 설하여 중생이 기쁜 마음을 낼 수 있게 하였다.

선한 불자들이여, 나는 중생이 모두 작은 법을 탐하여 덕이 없고 업장이 무거운 것을 본다. 이 중생을 위하여 나는 젊어서 출가하여 깨달음을 얻었다고 말한다. 실로 내가 부처님이 된 적이 오래전 일이지만, 다만 방편으로 중생을 가르쳐서 부처님의 도에 들게 하려고 이처럼 설했을 뿐이다.

선한 불자들이여, 여래께서 설한 경전은 모두 고통에서 중생이 벗어나게 하기 위한 것이다. 혹 자기의 몸으로 설하거나 다른 부처님의 몸으로 설하며, 혹은 자기의 몸을 보이거나 다른 부처님의 몸을 보이며, 혹 자기의 일을 보이거나 다른 부처님의 일을 보여 설하시는 모든 말씀이 다 진실로 헛된 것이 아니다. 왜냐하면 여래는 중생의 세상 모습을 참답게 알고 삶과 죽음의 문제에서 물러나거나 벗어날 게 없으며, 또한 세상에 있거나 열반할 것이 없기 때문이다.

진실한 것도 아니면서 허망한 것도 아니며, 같은 것도 아니면서 다른 것도 아니며, 중생의 세상이 아니면서도 중생의 세상을 보니, 이런 일들을 나는 분명히 보아 잘못될 일이 없기 때문이다. 그러나 모든 중생에게는 온갖 성품에서 나오는 욕망과 행동과 억측 분별이 있으므로, 그들이 선근을 일깨울 수 있도록 많은 인연과 비유와 설법으로 그들을 깨우치는 부처님의 일을 일찍이 잠깐도 쉬어 본 적이 없었다.

이처럼 내가 부처님이 된 일은 참으로 오래된 일이며, 그 수명은 헤아릴 수 없이 많은 아승지겁이니 영원하다.

선한 불자들이여, 내가 본래 보살도를 행하여

서 성취한 수명은 지금도 아직 다하지 못하였고, 다시 위에서 말한 수명의 배나 된다. 그러나 지금 내가 보인 열반은 참 열반이 아니며 방편일 뿐이다. 여래는 이런 방편으로 중생을 제도한다. 왜냐하면 부처님께서 오래 이 세상에 머문다면 박덕한 사람들은 선근을 심으려 하지 않으며, 가난하고 천하여 오욕을 탐하고 헛된 생각들에 떨어지기 때문이다. 늘 부처님이 계신 것을 보면, 제멋대로 행동하고 게을러져 부처님의 법을 만나기 어렵다는 생각과 공경하는 마음을 낼 수 없기 때문이다. 이 때문에 부처님께서는 방편으로 법을 설하는 것이다.

비구들이여, 모든 부처님께서 이 세상에 출현하더라도, 중생들은 참으로 부처님을 만나 뵙기 어려운 줄 알아야 한다. 왜냐하면 박덕한 모든 사람은 헤아릴 수 없이 많은 백천만 억겁을 지나서야, 혹 부처님을 보기도 하고, 혹은 보지 못하기도 하기 때문이다. 그러므로 나는 '비구들이여, 여래를 만나기가 참으로 어렵다.'라고 설한다.

중생은 이 말을 듣고 틀림없이 부처님을 만나기 어려운 분이라는 생각을 하고, 부처님을 만나 뵙기를 그리워하며, 바로 좋은 마음의 뿌리를 심을 것이기 때문이다. 이 때문에 나는 비록 열반하지 않더라도 열반한다고 말하는 것이다.

또 선한 불자들이여, 모든 부처님의 법이 모두 이와 같은 중생들을 제도하기 위한 것이기 때문에 모두 진실로서 허망한 것이 아니다."

"비유하면 어떤 의사가 있었는데 지혜가 총명하고 처방을 잘하여 모든 병을 잘 치료하였다. 그 의사에게는 열, 스물, 백 명이나 되는 많은 아들이 있었다. 어느 날 그 의사는 볼일이 있어 먼 나라로 가게 되었다.

아버지가 볼일을 보러 떠난 뒤에 아이들이 잘 못하여 모두 독약을 마시고 정신이 어지러워 땅에 뒹굴게 되었다.

이때, 아버지가 집에 돌아오니 독약을 먹고 제정신을 잃은 아이와 아직 그렇지 않은 아이들이 뒤엉켜 있었다. 아이들은 멀리서 아버지를 보고 크게 기뻐하며 무릎 꿇고 절하면서 '편안하게 다녀오셨습니까. 저희가 어리석어 독약을 잘못 먹어 병이 났으니 제발 치료하여 병을 낫게 해 주셔야 합니다.'라고 말하였다.

아버지는 괴로워하는 아들들의 모습을 보고 처방전에 따라 좋은 빛과 향과 맛을 다 갖춘 약풀을 구하여 알맞은 약을 처방하였다. 그리고 아이들에게 먹게 하며 '이것은 좋은 빛과 향과 맛을 다 갖춘 약이니 너희들이 먹어도 좋다. 빨리 고통을 떨치고 다시 아프지 마라.'라고 하였다. 제정신을 잃지 않은 아이들은 빛과 향이 다 좋은 이 약을 보고 바로 먹었기에 병이 모두 나았다.

제정신을 잃고 있던 다른 아이들도 자기 아버

지가 온 것을 보고 기뻐하며 인사하고 병 치료를 원했으나 아버지가 준 약을 먹지 않았다. 왜냐하면 독이 깊이 퍼져 제정신이 아니었기 때문에 이 빛과 향이 좋은 약을 보고도 좋은 약이 아니라고 생각하였다.

그때, 아버지는 '이 아이들이 참으로 가엾구나. 독이 깊이 퍼져 제정신이 아니기에 나를 보고 기뻐하며 병 치료를 원하면서도 이처럼 좋은 약을 먹지 않으니, 내 이제 방편을 베풀어서 이 약을 먹여야겠다.'라고 생각하였다. 그리고 곧 '너희들은 내가 이제 늙고 쇠약하여 죽을 때가 된 것을 알아야 한다. 그러므로 이 좋은 약을 여기에 두니 내가 없더라도 너희들이 먹어도 좋다. 이 약이 차도가 없을까 근심하지 마라.'라고 말하였다.

이 가르침을 주고 다시 다른 나라에 가 심부름을 하는 사람을 본국의 아이들에게 보내어 '너희들의 아버지는 이미 죽었다.'라고 알리게 하였다.

이때, 아들들이 모두 아버지의 부고를 듣고 크게 슬퍼하며 '아버지가 계시면 우리들을 불쌍히 여기고 보살펴 주실 수 있을 것인데 지금 먼 타국에서 돌아가셨으니, 우리들이 외롭고 의지할 곳이 없다.'라고 생각하였다.

늘 슬픔에 잠겨 지내다가 정신을 차리고 빛과 향과 맛을 다 갖춘 이 약을 먹으니, 독이 다 치유되었다. 아버지는 아이들이 모두 병이 나았다는 소식을 들었다. 아버지는 다시 아이들에게 돌아와 그들을 모두 만났다.

선한 불자들이여, 그대들의 생각은 어떠하냐.
어떤 사람이 감히 이 의사가 허망한 죄를 지었
다고 할 수 있겠느냐?"

"그렇지 않습니다, 세존이시여."

부처님께서 "나도 그렇다. 내가 성불한 지가
헤아릴 수 없이 많은 백천만 억 나유타 아승지
겁이지만, 중생을 위하므로 방편으로 열반을
말한다. 그러므로 또한 여법하게 나에게 거짓
되며 허물이 있다고 말할 수 있는 사람은 없
다."라고 말씀하셨다.

이때, 세존께서 거듭 이 뜻을 펼치려고 게송으
로 말씀하셨다.

내 스스로 성불하여 지나쳐 온 그 세월은
헤아릴 수 없이 많은 백천만억 아승지겁
늘 언제나 법을 설해 무량중생 교화하여
부처님 삶 얻게 하니 그 세월이 한량없다.

중생 제도 방편으로 열반 모습 보였으나
그 진실은 불생불멸 늘 언제나 설법하니
나는 항상 여기에서 온갖 신통 방편으로
중생들을 제도하나 내 참모습 못 보므로
중생들은 내 열반 뒤 내 사리에 공양 올려
모두 함께 연모하며 그리운 맘 다시 낸다.

믿음 내는 중생들의 부드럽고 순수한 맘
부처님이 보고 싶어 목숨조차 내버리면
그때 나는 대중들과 영취산에 함께 나와
중생에게 말하기를 나는 항상 불생불멸.

방편으로 중생에게 열반 모습 보이지만
다른 세상 중생들이 공경하고 믿음 내면
내가 다시 그 가운데 더 높은 법 설하거늘
그대들은 듣지 않고 나의 열반만을 본다.

모든 중생 내가 보니 고통 속에 빠져 있어
그러기에 몸을 숨겨 법 귀함을 알게 하여
간절하게 연모하면 나타나서 법 설하니
신통력이 이와 같아 아승지겁 오랜 세월
영취산도 어디서도 늘 언제나 있어 왔네.

중생들의 세상 인연 큰 불길에 타더라도
나의 땅은 안온하여 하늘 신중 충만하고
동산 수풀 여러 전각 보배로써 장엄하며
보배 나무 꽃과 열매 중생들이 즐기면서
하늘 신이 북을 쳐서 많은 풍류 드러내고

만다라꽃 감로수비 부처님께 뿌린다네.

나의 정토 안전한데 중생들은 불에 타는
근심 고통 온갖 고뇌 재앙들이 가득하여
죄업 중생 모든 이가 나쁜 업의 인연으로
아승지겁 지나도록 삼보 존재 모르지만
공덕 닦아 부드럽고 순수한맘 간직한 이
그들 모두 여기에서 설법하는 나를 본다.

이런 중생 제도하려 무량수불 설법하고
부처님을 오래 본 자 그 인연을 설하노니
나의 지혜 이와 같아 지혜 광명 무량하고
그 수명은 끝이 없어 오래 닦은 업이니라.

지혜로운 그대들은 이 법문에 의심 말고
모든 의심 끊을지니 부처님 말 진실이라.

좋은 의사 방편으로 아픈 자식 구하려고
죽었다는 거짓말이 허망한 말 아니더라.
나도 또한 중생들의 뭇 고통을 구하려고
보통 사람 위하기에 거짓 열반 말을 한다.

항상 있는 나를 믿고 방자하고 교만하여
세상 쾌락 깊이 빠져 나쁜 길로 떨어짐에
애초 나는 중생들의 행동거지 꿰뚫어서
근기 따라 제도하여 온갖 법을 다 설하네.

매번 하는 이런 생각 어찌하면 저 중생을
무상 지혜 들게 하여 속히 성불 시킬 건가.

17. 공덕을 분별해 설명하다

【 분별공덕품 分別功德品 】

法문 듣고 얻게 되는 많은 이익

이때, 법회에서 부처님 수명이 이처럼 영원하다는 설법을 듣고 헤아릴 수 없이 많은 중생이 풍요로운 큰 이익을 얻었다.

이때, 세존께서 미륵보살에게 말씀하셨다.

"미륵보살이여, 내가 여래의 무한한 수명을 설할 때 육백팔십만 억 나유타 갠지스강 모래알처럼 많은 중생이 생멸이 없는 지혜를 얻었으며, 그 천 배의 보살들은 한번 듣고 모든 것을 기억하는 다라니를 얻었으며, 또 한 세계의 티

분별공덕품 459

끌 수만큼 많은 보살은 법을 즐겁게 설할 수 있는 자유자재한 변재를 얻었으며, 또 한 세계의 티끌 수만큼 많은 보살은 백천만 억 헤아릴 수 없이 많은 법문이 자재한 다라니를 얻었으며, 또 삼천대천세계 티끌 수만큼 많은 보살이 법에서 물러나지 않는 진리를 설할 수 있었으며, 또 중천 국토 티끌 수만큼의 보살들은 깨끗한 진리를 설할 수 있었으며, 소천 국토 티끌 수만큼의 보살들은 여덟 생에 깨달음을 얻었으며, 또 네 동서남북 하늘 아래 티끌 수만큼의 보살들은 네 생 만에 깨달음을 얻었으며, 또 세 동서남북 하늘 아래 티끌 수만큼의 보살들은 세 생 만에 깨달음을 얻었으며, 또 두 동서남북 하늘 아래 티끌 수만큼의 보살들은 두 생 만에 깨달음을 얻었으며, 또 다시 한 동서남북 하늘 아래 티끌 수만큼의 보살들은 한

생 만에 깨달음을 얻었으며, 또 여덟 세계 티끌 수만큼의 중생들도 바른 깨달음을 얻고자 하는 마음을 일으켰다."

대중이 꽃과 향으로 공양 올리다

부처님께서 이 많은 보살이 큰 법을 얻었다고 말씀하실 때 허공에서 크고 작은 만다라꽃이 쏟아져 헤아릴 수 없이 많은 백천만 억 보리수 아래 사자좌에 계신 모든 부처님께 뿌려지고, 아울러 칠보탑 속의 사자좌에 앉아 계신 석가모니 부처님과 오래전에 열반하신 다보여래께도 뿌려지며, 또한 모든 큰 보살과 사부대중에게도 뿌려졌다. 고운 가루 전단향과 침수향도 뿌려지고 허공에서 하늘 북이 저절로 울려 그 미묘한 소리가 멀리까지 퍼졌다. 또 온갖 종류의 하늘 옷을 내리고 옥구슬 장식을 드리우며 진주 마니주 여의주를 사방팔방으로 허공까지 두루 꽉 채웠다. 여러 가지 보배 향로에 매우 좋은 향을 사르니 자연스레 그 향이 두루 퍼져 큰 법회에 공양되었다. 부처님 한 분 한 분 앉아 계신 위에 보살들이 비단 일산을 들고 있어 차례차례 위로 이어져 범천까지 다다랐다. 이 많은 보살이 미묘한 음성으로 셀 수 없이 많은 노래를 불러 모든 부처님을 찬탄하였다.

이때, 미륵보살이 자리에서 일어나 오른쪽 어깨를 드러내고 부처님께 합장하며 게송으로 말하였다.

전에 듣지 못하던 법 부처님이 설하시니
부처님은 큰 힘 있어 그 수명이 한량없어

세존께서 법의 이익 얻은 자를 설하시자
많은 제자 들고서는 모두 기뻐 하나이다.

불퇴지에 머무르고 다라니를 얻었으며
걸림 없이 법을 설해 온갖 도리 얻었으며
대천세계 티끌처럼 헤아릴 수 없는 보살
모두가 다 불퇴 법륜 설할 수가 있었으며

중천세계 티끌처럼 헤아릴 수 없는 보살
모두가 다 깨끗한 법 설할 수가 있었으며
소천세계 티끌처럼 헤아릴 수 없는 보살
모두가 다 여덟 생에 부처님 삶 얻었으며

동서남북 하늘 아래 티끌처럼 많은 보살
모두가 다 빠짐없이 부처님 삶 이뤘으며
동서남북 하늘 아래 티끌처럼 많은 보살

남은 한 생 수행하며 모든 지혜 이루리라.

이런 중생 부처님의 무한 생명 듣고서는
헤아릴 수 없이 많은 청정 업보 얻었으며
여덟 세계 티끌처럼 헤아릴 수 없는 중생
여래 수명 듣고서는 도를 닦을 마음 냈네.

세존께서 설하신 법 끝이 없는 불가사의
많은 중생 얻은 이익 허공처럼 끝이 없네.

크고 작은 만다라꽃 하늘에서 쏟아지고
많고 많은 하늘 신중 부처님 땅 찾아와서
전단향과 침수향을 향기롭게 뿌리기를
나는 새가 내려오듯 모든 여래 공양하네.

하늘 북이 허공에서 묘한 소리 절로 내고

온갖 종류 하늘 옷이 하늘하늘 내려오며
가지가지 보배 향로 매우 귀한 향을 태워
그 향기가 퍼지면서 모든 세존 공양하네.

큰 보살이 들고 있는 칠보로 된 비단 덮개
차례차례 이어져서 범천까지 다다르며
한 분 한 분 부처님 전 보배 깃발 장식하고
천만 가지 게송으로 모든 여래 찬탄하네.

이런 종류 모든 일이 전에 없던 일이어서
부처님의 영원한 삶 모두 기뻐하나이다.
부처님의 높은 명성 많은 중생 이익 주니
좋은 마음 뿌리 있는 중생들을 돕나이다.

영원한 생명을 알면 큰 공덕이 있어

이때, 부처님께서 미륵보살에게 말씀하셨다.

"미륵보살이여, 어떤 중생이 부처님의 이와 같은 영원한 생명을 듣고 한 생각에 믿고 이해할 수 있다면 그가 얻는 공덕이 끝이 없다.

만약 선한 불자들이 깨달음을 위하여 팔십만 억 나유타 겁의 세월 동안, 반야바라밀을 제외한 나머지 다섯 바라밀인 보시 지계 인욕 정진 선정바라밀을 수행했다 하더라도, 이 공덕은 앞에 말한 공덕의 백천만 억분의 일에도 미치지 못하며 어떤 숫자로나 비유로도 알 수 없는 것이다.

만약 선한 불자들이 앞서 말한 공덕을 얻고서도 깨달음을 구하지 않는다는 것은 옳지 않다."

이때, 세존께서 거듭 이 뜻을 펼치려고 게송으

로 말씀하셨다.

부처님의 참 지혜를 사람들이 구하고자
팔십만억 나유타겁 보살행을 닦아가며
많은 세월 부처님과 연각 성문 보살 대중
수행하는 모든 이에 좋은 음식 좋은 의복
누울 자리 공부할 절 좋은 장소 제공하여
온갖 좋은 이런 보시 부처님께 회향하네.

계를 지켜 청정하고 모자람이 전혀 없이
무상도를 구한다면 부처님이 찬탄하네.

이치대로 잘 참기에 그 마음이 부드러워
나쁜 일이 다가와도 그 마음이 편안하네.

법 안다고 내세우는 잘난 마음 있는 사람

우쭐대고 빈정대도 이 모든걸 잘 참으며
부지런히 정진하여 뜻이 항상 견고하고
셀 수 없는 긴긴 세월 한 생각도 쉬지 않고
헤아릴 수 없는겁을 한적한 곳 머물러서
앉고서나 자나깨나 언제나 늘 마음 챙겨
이런 인연 공덕으로 모든 선정 생겨나니
팔십억만 긴긴 세월 그 마음이 편안하네.

이 마음의 복덕 지녀 무상도를 구하고자
온갖 지혜 모든 선정 얻으리라 원을 내니
이 사람이 백천만억 긴긴 세월 쉼이 없이
행하여 온 모든 공덕 앞서 말한 바와 같다.

선한 그대 불자들이 무량수불 듣고서는
한 생각에 믿음 내면 그 복덕이 더욱 많고
어떤 사람 이 말 듣고 의심 없이 다 믿으면

잠깐 사이 믿더라도 그의 복이 이와 같다.

오랜 세월 도를 닦은 많고 많은 모든 보살
내가 설한 무량수불 듣고 나서 받아들인
이와 같은 모든 사람 이 경전을 받들어서
오는 세상 중생 제도 끝이 없길 바란다네.

오늘날의 세존처럼 석가족의 왕이 되어
사자후로 설법하니 두려울 게 전혀 없고
우리 모두 오는 세상 모든 사람 존경하니
그 자리서 하는 설법 끝날 날이 없으리라.

깊은 마음 깨끗하고 순수하며 바른 사람
많이 듣고 받아들여 부처님 말 이해하니
이와 같은 사람들은 이 법문에 의심 없네.

"또 미륵보살이여, 부처님의 영원한 수명을 듣고 그 말뜻을 이해하면 이 사람이 얻는 공덕이 그 끝이 없어 여래의 지혜를 일으킬 수 있다. 하물며 이 경을 많이 듣고 지니고 옮겨 쓰면서 다른 사람들이 듣고 지니고 옮겨 쓰게 하는 사람이야 어찌 더 말할 필요가 있겠느냐. 꽃, 향, 옥구슬, 깃발, 비단 덮개, 향기로운 기름과 등불로 이 법화경을 공양하면 이 사람의 공덕은 헤아릴 수 없기에 온갖 것을 빠짐없이 다 아는 지혜를 낼 수 있다.

미륵보살이여, 선한 불자들이 부처님의 수명이 영원하다고 설한 내용을 듣고 깊이 믿고 이해하면 곧 부처님께서 늘 영취산에서 큰 보살과 모든 성문 대중에게 둘러싸여 설법하는 모습을 볼 것이다. 또 이 사바세계의 땅은 유리로 되어 있고 넓고 평평한데, 제일 좋은 황금으로 모든 길을 표시하고, 보배 나무가 줄지어 늘어서 있으며, 온갖 높은 누각이 빠짐없이 보배로 만들어져 있으니, 보살 대중이 그 가운데 있는 것을 볼 것이다. 선한 불자들이 이처럼 볼 수 있는 것은, 마땅히 내 말을 깊이 믿고 이해하기에 가능한 줄 알아야 한다.

또 여래께서 열반한 뒤, 법화경을 듣고 나서 비방하지 않고 기뻐하는 마음을 일으키면, 이는 이미 깊이 믿고 이해하는 것인 줄 알아야 한다. 그런데 하물며 받아 지녀 읽고 외우는 사람이야 어찌 더 말할 필요가 있겠느냐. 이 사람은 여래를 받들고 다니는 것이다.

미륵보살이여, 이와 같은 선한 불자들은 나를

위하여 탑이나 절을 일으켜 대중 스님에게 공양 올리려고 하지 않아도 된다. 왜냐하면 이 선한 불자들이 이 경전을 받아 지녀 읽고 외운다면, 이미 탑과 절을 일으켜 대중 스님에게 공양을 올린 게 되기 때문이다. 이는 곧 부처님의 사리로 칠보탑을 세우되 위로 갈수록 너비가 점점 좁아져 그 꼭대기는 범천에 이르고, 그 탑에 여러 가지 깃발과 해 가리개와 보배 방울을 달며, 꽃과 향과 옥구슬 및 가루 향, 바르는 향, 사르는 향을 공양 올리고, 여러 가지 놀이와 연주와 춤과 아름다운 목소리로 노래하고 찬탄하며 헤아릴 수 없이 많은 천만 억겁의 긴긴 세월 공양을 올리는 것과 같기 때문이다.

미륵보살이여, 내가 열반한 뒤에 이 경전을

듣고 받아 지녀 몸소 쓰고 다른 사람이 쓰게 할 수 있다면 큰 절을 일으키는 게 된다. 그 절은 붉은 전단향 나무로 서른두 칸의 큰 집을 높이 짓되 크게 잘 장엄하여 많은 비구가 그 가운데 머무를 수 있다. 아름다운 정원, 시원한 냇물, 포행할 수 있는 선방이 있으며, 의복, 음식, 침구, 탕약과 공부에 필요한 모든 게 그 안에 가득하다. 이와 같은 큰 절을 백천만 억이나 지어, 나와 비구승에게 공양을 올리는 것과 같다.

이 때문에 내가 '여래께서 열반한 뒤에 이 경전을 받아 지녀 읽고 외워 다른 사람을 위하여 설하며, 스스로 쓰고 다른 사람이 쓰게 하여 이 경전을 공양하면 일부러 탑과 절을 일으켜서 대중 스님들에게 공양하려고 애쓰지 않아도 된다.'라고 설하는 것이다. 하물며 어떤 사람이 법화경을 가지고 보시 지계 인욕 정진 선정 지혜를 행할 수 있다면 그 공덕이 가장 뛰어나니, 그 끝이 없는 것이야 어찌 더 말할 필요가 있겠느냐. 비유하면 허공이 위아래 사방팔방으로 그 크기가 헤아릴 수 없고 끝이 없는 것처럼, 이 사람의 공덕도 이와 같아 헤아릴 수 없고 끝이 없어 바로 온갖 것을 빠짐없이 다 아는 지혜에 다다르게 될 것이다.

만약 어떤 사람이 이 경을 받아 지녀 읽고 외워 다른 사람을 위하여 설하며, 몸소 쓰고 다른 사람이 쓰게 한다면, 탑과 큰 절을 일으켜 성문 대중 스님들께 공양을 올려 찬탄하는 것이며, 또 백천만 억 찬탄하는 법으로 보살의 공덕을 찬탄하는 것이다.

17

또 다른 사람을 위하여 가지가지 인연으로 이 법화경을 이치대로 풀이해 준다면, 아름답고 깨끗한 몸가짐으로 부드럽게 대중들과 함께 생활하게 될 것이며, 이치대로 잘 참기에 성내는 일이 없이 뜻과 생각이 굳건해지고, 늘 앉아 좌선하는 것을 귀하게 여겨 모든 깊은 선정을 얻을 것이며, 쉬지 않고 부지런히 공부하여 좋은 모든 법을 거두며, 총명한 지혜로 어려운 질문에 잘 답변할 것이다.

미륵보살이여, 내가 열반한 뒤에 이 모든 선한 불자들을 비롯해 법화경을 받아 지녀 읽고 외우는 사람이라면, 이처럼 좋은 모든 공덕이 있으니, 이 사람은 이미 공부하는 자리에서 깨달음을 가까이해 도를 이룰 나무 밑에 앉아 있다는 것을 알아야 한다.

미륵보살이여, 이 선한 불자들이 오가며 앉고 서며 다니는 곳에는 바로 탑을 세워야 하며, 모든 하늘 신과 사람들이 모두 부처님의 탑처럼 공양해야 한다."

이때, 세존께서 거듭 이 뜻을 펼치려고 게송으로 말씀하셨다.

만일 내가 열반한 뒤 법화경을 받든다면
위에 설한 내용처럼 이 사람의 복이 많네.

이 경 속에 모든 공양 빠짐없이 다 갖추니
사리탑을 일으켜서 온갖 보물 장엄하며
넓고 높은 그 모습이 하늘까지 다다르고
천 만억 개 보배 방울 바람따라 딸랑딸랑

헤아릴 수 없는 세월 이 사리탑 공양하되
꽃과 향과 옥구슬들 하늘 옷과 온갖 연주
사르는 향 좋은 기름 그 둘레를 항상 밝혀
나쁜 세상 말법 시대 이 경전을 지닌 이는
앞서 말한 모든 공양 이미 모두 갖추었네.

법화경을 지닌다면 현존하는 부처님께
좋은 나무 사용하여 큰 절들을 일으키며
그 높이가 매우 높은 서른두 칸 큰 집 짓고
좋은 음식 좋은 의복 침구들을 다 갖추어
많은 대중 거처하며 좋은 정원 맑은 연못
넓은 선방 장엄하여 공양함과 같으니라.

믿고 알아 읽고 외워 법화경을 지니고서
몸소 쓰고 남도 시켜 이 경전에 공양 올려
꽃과 향을 뿌리거나 붉고 푸른 백색 기름

좋은 향이 나는 기름 이것으로 불 밝히며
이와 같이 공양한 이 무량 공덕 얻어지니
저 허공이 끝이 없듯 이 복덕도 끝이 없네.

하물며 또 이 경 지녀 보시 지계 인욕 선정
성 안 내고 즐기는 이 더할 말이 있겠느냐.

탑과 절을 공경하고 스님들께 겸손하며
자만심을 멀리 하고 참 지혜를 생각하며
헐뜯으며 질문해도 성을 내지 아니하고
상대방의 근기 따라 차근차근 풀이하니
이런 행을 잘 닦으면 그 공덕이 무량이라.

이런 공덕 성취해 낸 큰 법사를 보게 되면
하늘 꽃을 뿌려 주고 하늘 옷을 입혀 주리.

부처님을 뵙는 듯이 머리 숙여 예배하고
이와 같이 생각하되 어서 빨리 도를 닦아
번뇌 없는 법을 얻어 하늘 신중 제도하며
그 법사님 머무는 곳 앉고 눕고 다닐 적에
한 게송만 설하여도 이 가운데 탑을 세워
온갖 좋은 장엄으로 가지가지 공양하리.

이런 곳의 불제자는 부처님이 거둬들여
그 가운데 늘 계시며 앉고 눕고 함께하네.

18. 함께 기뻐한 공덕

【수희공덕품隨喜功德品】

가르침을 듣고 함께 기뻐한 공덕

이때, 미륵보살이 부처님께 "세존이시여, 선한 불자들이 이 법화경을 듣고 그 가르침에 기뻐하면 그 복덕이 얼마나 됩니까."라고 물으며 게송으로 사뢰었다.

세존께서 열반한 뒤 법화경을 듣고 나서
가르침을 기뻐하면 받는 복이 얼맙니까.

이때, 부처님께서 미륵보살에게 말씀하셨다.

"미륵보살이여, 여래께서 열반한 뒤 사부대중

과 나이가 많든 적든 지혜로운 이들이 이 법화경을 듣고 따라 기뻐하고, 그들이 법회가 끝난 뒤에 다른 곳에 가서 절이든 한적한 곳이든 성읍 촌락 어느 곳이나 그가 들은 대로 부모와 친척과 좋은 친구들을 위하여 힘이 닿는 대로 법화경을 설하여서, 이 모든 사람이 듣고 따라 기뻐하며 그 가르침을 다시 전파하고, 그것을 들은 다른 사람들이 또한 따라 기뻐하며 그 가르침을 다시 전파하여 쉰 번째까지 다다른다.

미륵보살이여, 그 쉰 번째 선한 불자들이 따라 기뻐하는 공덕을 내가 이제 말할 것이니 그대들은 잘 들어라.

만약 어떤 사람이 복을 구하려고 사백만 억

아승지 세계의 육도 중생 태생(胎生) 난생(卵生) 습생(濕生) 화생(化生) 유상(有相) 무상(無相) 유상(有想) 무상(無想) 비유상(非有想) 비무상(非無想), 발이 없거나 많은 다리가 달린 것, 두 발이나 네 발 달린 것 등 모든 중생에게 저마다 그들이 원하는 대로 좋은 것들을 모두 주되, 일일이 그 중생들에게 사바세계에 가득한 금은 유리 자거 마노 산호 호박과 모든 아름답고 진귀한 보물과 코끼리와 말이 끄는 수레와 칠보로 만든 궁전과 누각 등을 주었다고 하자.

이 큰 시주가 이처럼 보시를 팔십 년 동안 다해 마치고는 생각하기를 '내가 이미 중생들의 소원대로 좋아하는 것을 다 베풀었으나 이 중생들은 다 늙고 쇠약하여 이미 여든 살이 넘었다. 머리는 희고 얼굴은 주름이 많아 오래지 않아 죽을 것이니 내가 부처님의 법으로 그들을 가르치겠다.'라고 하였다.

곧 이 중생들을 모아 법으로 교화하고 가르쳐서 이들을 이롭고 기쁘게 하니 한꺼번에 모두 수다원 사다함 아나함 아라한의 도를 얻어 모든 번뇌를 빠짐없이 다 없앤 깊은 선정에서 모두 자유자재하여 여덟 해탈을 갖추었다.

미륵보살이여, 그대의 뜻은 어떠하냐. 이 큰 시주가 얻은 공덕이 많다고 할 수 있겠느냐?"

미륵보살이 부처님께 사뢰었다.

"세존이시여, 이 사람의 공덕은 헤아릴 수 없이 많습니다. 이 시주가 중생이 좋아하는 것을 베푸는 것만으로도 그 공덕을 헤아릴 수 없거늘, 하물며 그들 모두 아라한과를 얻게 했는데 무엇을 더 말할 필요가 있겠습니까."

부처님께서 미륵보살에게 말씀하셨다.

"내가 이제 분명히 그대에게 말하리라. 이 사람이 사백만 억 아승지 세계의 모든 육도 중생에게 그들이 좋아하는 것을 모두 베풀고, 또 그들이 아라한과를 얻게 하여 얻은 공덕은 법화경을 듣고 따라 기뻐한 쉰 번째 사람의 공덕보다 못하다. 백천만 억분의 일에도 미치지 못하고 어떤 숫자나 비유로도 알 수가 없다.

미륵보살이여, 이처럼 쉰 번째 사람이 차례차례 전해진 법화경을 듣고 따라 기뻐한 공덕도 헤아릴 수 없이 많거늘, 하물며 처음 법회에서 법화경을 듣고 따라 기뻐한 이야 무엇을 더 말할 필요가 있겠느냐. 그 복이 더 뛰어나기에 무량(無量) 무변(無邊) 아승지로도 비유할 수 없는 것이다.

또 미륵보살이여, 어떤 사람이 법화경을 들으러 절에 나가 서서 듣거나 앉아서 듣거나 법문을 잠깐만 들어도, 이 공덕으로 다음 세상에서 좋고 아름다운 코끼리나 말이 끄는 수레를 타며, 보배로 치장한 가마를 타고 천궁에 올라갈 것이다. 또 어떤 사람이 법화경을 설하는 곳에 앉아 있다가 다른 사람이 오는 것을 보고, 그가 법화경을 앉아 듣게 권하려 자리를 내주면 이 사람은 그 공덕으로 다음 생에 제석천왕이나 범천왕 또는 전륜성왕의 자리에 앉게 될 것이다.

미륵보살이여, 만약 어떤 사람이 다른 사람에게 '법화경이라는 경이 있는데 같이 가서 들어보자.'라고 하여, 곧 그 말을 듣고 잠깐이라도 이 경의 내용을 듣는다면, 이렇게 권유한 사람은 그 공덕으로 다음 생에 다라니보살과 함께 다음과 같은 모습으로 태어날 것이니라.

이 사람은 지혜가 총명하고 백천만 세상에서 벙어리가 되지 않으며 입에서 추한 냄새가 나지 않을 것이다. 늘 건강한 혀로 입안에는 병이 없으며, 이빨은 더럽거나 검지 않고, 누렇거나 성글지도 않으며, 빠지거나 뒤틀린 이빨도 없다. 윗입술이 아래로 쳐지지도 않고 오그

라들지도 않으며 보기 싫지도 않다. 부스럼도 없고 다치거나 삐뚤어지지도 않는다. 너무 두텁거나 크지도 않고 또한 검지도 않기에 나쁘다고 할 만한 것이 없다.

코는 납작하지도 않고 비뚤어지거나 굽어지지도 않는다. 얼굴은 검지도 않고 좁거나 길지도 않으며 푹 꺼지지도 않아 사람들이 싫어할 만한 모습이 조금도 없다. 입술과 혀와 이빨이 보기에 다 좋고 코는 높고 곱다. 얼굴이 원만하고 눈썹은 길며 이마는 넓고 반듯하다. 사람의 모습을 다 갖추고 세세생생 부처님을 보고 법을 들으면서 그분의 가르침을 다 믿고 받아들인다.

미륵보살이여, 보아라. 한 사람에게 법을 권하

여 듣게 한 공덕도 이와 같거늘, 하물며 한마음으로 이 경의 내용을 듣고 설하고 읽고 외우면서 대중 앞에 그들을 위하여 법을 풀이하고 설한 대로 수행한 공덕이야 무엇을 더 말할 필요가 있겠느냐."

이때, 세존께서 거듭 이 뜻을 펼치려고 게송으로 말씀하셨다.

법회에서 사람들이 법화경을 듣고 나서
배운 것의 한 부분을 남을 위해 설해 주고
들은 사람 또 전하여 오십 번째 배운 사람
그 사람이 얻는 복덕 내가 이제 설하리라.

큰 시주가 중생에게 남김없이 보시하되
팔십 년이 꽉 차도록 그들 원을 들어 주고

그 중생들 노쇠하여 백발 되고 주름 잡혀
바싹 마른 모양 보니 죽을 날이 내일모레.

이제 그가 법 설하여 참된 도를 얻게 하려
열반의 법 진실한 법 방편으로 설하면서
세상 모두 무상하니 물거품과 아지랑이
싫은 마음 그대들은 어서 빨리 낼지어다.

법문 듣고 모든 사람 아라한을 성취하며
육신통과 세 신통력 여덟 해탈 다 갖춰도
오십 번째 배운 사람 게송 듣고 기뻐하면
큰 시주의 복덕보다 이 사람의 복덕 많아
가지가지 비유로도 설할 수가 없느니라.

오십 번째 그 사람이 얻는 공덕 무량한데
법문 처음 듣고 나서 기뻐하는 사람들이

얻게 되는 그 공덕에 무슨 말이 필요할까.

다른 사람 권유하여 법화경을 듣게 하려
'이 경전은 억천만겁 만나보기 어려운 것'
그 말 듣고 잠깐 사이 법화경을 듣는다면
권유한 이 얻는 복덕 이제 내가 말하리라.

세세생생 입병 없고 이빨들이 튼튼하여
누렇거나 검지 않고 보기 좋은 하얀 이들
입술 두께 적당하고 보기 싫지 않은 모양
흉하다고 할 수 있는 나쁜 모습 전혀 없네.

혀는 또한 마르거나 검지 않고 짧지 않고
미끈하게 높은 코가 길고 또한 반듯하며
그 이마는 넓적하고 얼굴 모양 단정하여
그 모습에 사람들이 즐거운 맘 갖고 보니

추한 냄새 없는 입안 우담바라 꽃향 가득
그 속에서 늘 언제나 좋은 향기 풍기더라.

마음 내어 절에 가서 법화경을 잠시 듣고
기뻐하면 그 공덕을 이제 내가 설하리라.

다음 생에 하늘 신중 그 가운데 태어나서
아름다운 코끼리와 말이 끄는 좋은 수레
진귀하고 보배로운 잘 꾸며진 가마 타고
하늘나라 궁전 향해 복 누리러 올라가리.

좋은 법회 다른 사람 권유하여 듣게 하면
이 인연은 높은 자리 제석 범천 전륜성왕
그렇다면 정성 다해 법화경을 풀이하고
설한 대로 수행하면 그 복덕은 끝이 없네.

19. 법을 전한 법사의 공덕

【 법사공덕품法師功德品 】

법사의 육근 공덕을 밝히다

이때, 부처님께서 늘 공부하는 상정진(常精進) 보살에게 말씀하셨다.

"만일 선한 불자들이 이 법화경을 받아 지녀 읽고 외우거나 해설하고 옮겨 쓰면, 이런 사람은 팔백의 눈 공덕, 천이백의 귀 공덕, 팔백의 코 공덕, 천이백의 혀 공덕, 팔백의 몸 공덕, 천이백의 뜻이 자유자재한 공덕을 얻게 되니 이 공덕으로 눈 귀 코 혀 몸과 뜻을 잘 장엄하여 모두 맑고 깨끗하게 할 것이다.

이 선한 불자들은 부모에게 받은 맑고 깨끗한 눈으로, 삼천대천세계 안팎에 있는 산과 숲과 강과 바다를 보되, 아래로는 무간지옥 위로는 하늘 끝까지 본다. 또한 그 가운데 있는 모든 중생과 업을 짓는 행위의 원인과 조건, 그리고 그 결과로 다음에 태어나는 곳을 다 보고 알 것이다."

이때, 세존께서 거듭 이 뜻을 펼치려고 게송으로 말씀하셨다.

대중 속에 어떤 사람 두렴 없는 마음으로
법화경을 설법하는 그 공덕을 잘 들어라.

이 사람은 팔백 공덕 뛰어난 눈 얻으리니

이것으로 장엄하여 그 눈 매우 청정해서
부모에게 받은 눈이 삼천세계 안팎으로
미루산과 수미산과 그 다음에 철위산과
아울러서 숲과 바다 큰 바다와 큰 강물들
아래로는 무간지옥 하늘 위로 그 끝까지
그 가운데 모든 중생 남김없이 환히 보니
하늘의 눈 없더라도 육안의 힘 이와 같다.

귀의 공덕을 밝히다

"또 늘 공부하는 상정진보살이여, 만일 어떤
선한 불자들이 법화경을 받아 지녀 읽고 외우
거나 해설하고 옮겨 쓰면, 이런 사람은 천이백
가지 귀의 공덕을 얻게 된다.

이 맑고 깨끗한 귀로 삼천대천세계의 무간지
옥에서 하늘 끝까지 그 안팎에 있는 온갖 말과

소리를 들을 것이다.

코끼리와 말과 소가 끄는 수레 소리, 우는 소리, 탄식하는 소리, 바라 치고 북 치는 소리, 종소리나 방울 소리, 웃는 소리, 말하는 소리, 남자나 여자의 소리, 사내아이나 계집아이 소리, 법의 소리, 법이 아닌 소리, 괴로운 소리, 즐거운 소리, 평범한 사람의 소리, 성인의 소리, 기쁨의 소리, 기쁘지 않은 소리, 하늘의 소리, 용의 소리, 야차 소리, 건달바 소리, 아수라 소리, 가루라 소리, 긴나라 소리, 마후라가 소리, 불타는 소리, 물 흐르는 소리, 부는 바람 소리, 지옥의 소리, 축생의 소리, 아귀의 소리, 비구나 비구니 소리, 성문이나 벽지불 소리, 보살이나 부처님의 소리를 다 분별하여 들을 것이다.

요점을 말하자면 삼천대천세계 안팎에 있는 온갖 소리를 하늘의 귀가 없더라도, 부모에게 받은 맑고 깨끗한 귀로 모두 다 듣고 아니, 이처럼 온갖 소리를 분별해도 귀가 상하는 일이 없을 것이다."

이때, 세존께서 거듭 이 뜻을 펼치려고 게송으로 말씀하셨다.

부모님께 받은 귀가 티도 없이 맑디맑아
삼천세계 모든 소리 빠짐없이 모두 듣네.

코끼리와 말과 소가 짐수레를 끄는 소리
종소리와 방울 소리 고동 소리 북소리며
거문고와 비파 퉁소 피리 부는 소리들과
아름다운 노랫소리 좋아해도 집착 없고

온갖 나라 언어들을 다 듣고서 이해하며
모든 하늘 묘한 음악 그 소리도 다 들으며
남자 소리 여자 소리 어린 동자 동녀 소리
깊은 계곡 가릉빈가 원앙새와 온갖 새들
아름다운 그 소리도 빠짐없이 모두 듣고

지옥에서 받는 고통 그 소리도 다 들으며
배가 고픈 아귀들이 먹을 것을 찾는 소리
많고 많은 아수라가 큰 바닷가 모여들어
싸우면서 주고받는 떠들썩한 그 큰 소리
법화경을 설하는 자 그 소리에 머물면서
많고 많은 이 소리를 끊임없이 듣더라도
맑디맑은 청정한 귀 상하는 일 전혀 없네.

시방세계 짐승들과 온갖 새들 우는 소리
법화경을 설법한 자 이 자리서 모두 듣고

하늘나라 광음천과 변정천과 유정천에
생겨나는 모든 소리 법화 법사 모두 듣고

모든 비구 비구니가 법화경을 읽고 외고
타인 위해 설하는 말 법화 법사 모두 듣고
보살들이 경을 읽고 남을 위해 설법하며
뜻을 푸는 모든 소리 법화 법사 모두 듣고
중생들을 교화하는 부처님의 법문 소리
법화경을 지닌 법사 남김없이 모두 듣고

삼천대천 모든 세계 안과 밖의 모든 소리
무간지옥 아래에서 하늘 위의 그 끝까지
그 가운데 나는 소리 빠짐없이 다 들어도
총명한 귀 손상 없이 모든 소리 분별하네.

법화경을 지닌 이는 하늘 귀가 없더라도

태어날 때 가진 귀로 이런 공덕 지니노라.

코의 공덕을 밝히다

"늘 공부하는 상정진보살이여, 만일 선한 불자들이 법화경을 받아 지녀 읽고 외우거나 해설하고 옮겨 쓰면, 팔백 코의 공덕을 성취한다.

맑디맑은 청정한 코로 삼천대천세계 위아래 안팎의 온갖 향기를 맡는다. 수만나꽃 향기, 사제꽃 향기, 말리꽃 향기, 첨복꽃 향기, 바라라꽃 향기, 붉은 연꽃 향기, 푸른 연꽃 향기, 흰 연꽃 향기, 꽃나무 향기, 과일나무 향기, 전단향, 침수향, 다마라발향, 다가라향과 천만 가지 온갖 향기 혹은 가루 향과 둥근 향과 바르는 향의 향기를 이 경전을 지닌 이는 이 세간에 머물러 다 맡고 분별할 수 있다.

또 중생들의 냄새를 맡고 안다. 코끼리와 말과 소와 양의 냄새, 남자와 여자의 냄새, 사내아이와 계집아이 냄새, 풀과 나무와 숲의 냄새, 멀고 가까운 모든 냄새를 다 맡고 정확하게 분별한다.

이 세계에 머물러도 법화경을 지닌 이는 또한 천상의 모든 하늘 향기를 맡는다. 파리질다라와 구비다라나무 향기, 만다라꽃, 마하만다라꽃, 만수사꽃, 마하만수사꽃 향기와 전단향, 침수향 그리고 온갖 가루 향과 꽃의 향기, 이런 하늘 향기들이 섞여 나오는 향기를 다 맡고 알지 못하는 향기가 없다.

또 천인들의 향기를 맡는다. 석제환인이 좋은 궁전에서 온갖 유희를 즐기면서 놀 때 나는 향기, 혹은 훌륭한 법당에서 도리천을 위하여 설법할 때 풍기는 향기, 아름다운 정원에서 놀 때 나는 향기, 다른 하늘나라 남자와 여자의 몸에서 나는 향기를 모두 다 멀리서 맡는다. 이렇게 시작하여 범천과 하늘 끝에 있는 유정천까지 모든 천인의 향기를 다 맡는다.

아울러 모든 하늘에서 사르는 향의 향기, 성문과 벽지불, 보살과 부처님의 몸에서 풍기는 향기를 또한 모두 멀리서 잘 맡고 그 향기가 나는 장소를 잘 안다. 이 모든 향기를 맡더라도 코를 다치거나 잘못 맡는 법이 없다. 만약 이 향기를 분별하여 다른 사람에게 설명하면 그 생각과 기억이 잘못된 것이 없다."

이때, 세존께서 거듭 이 뜻을 펼치려고 게송으

로 말씀하셨다.

이 사람 코 맑고 맑아 온 세계에 퍼져 나는
좋은 향기 나쁜 악취 온갖 냄새 바로 아네.

수만나꽃 사제꽃향 다마라향 전단향과
침수향과 월계수향 온갖 꽃과 과일 향기
남자 여자 중생들의 온갖 냄새 또한 맡아
멀리 있는 법사님은 냄새나는 장소 아네.

크고 작은 전륜왕과 그들 아들 모든 신하
궁인들이 있는 처소 냄새로써 알아내며
몸에 지닌 귀한 보배 땅속에 든 보물들과
전륜왕의 귀한 공주 냄새로써 알아내며

여러 사람 장엄물과 의복이나 영락이며

갖가지로 바른 향을 냄새 맡고 알아내며
천인들이 걷고 앉고 즐기면서 부린 신통
법화경을 지닌 이는 냄새로써 알 수 있다.

온갖 나무 꽃향 과일 우유 기름 좋은 향기
법화경을 지닌 이는 냄새로써 장소 알며
산속 깊고 험한 계곡 전단 나무 꽃 피어도
그 가운데 있는 중생 냄새로써 알아낸다.

철위산과 큰 바다와 땅속 깊이 있는 중생
법화경을 지닌 이는 냄새로써 알아내고
아수라신 남자 여자 그들 권속 빠짐없이
아옹다옹 싸울 적에 냄새로써 알아내며
거친 들판 험준한 곳 사자 이리 코끼리와
호랑이와 들소 물소 냄새로써 알아낸다.

아기를 밴 여인 몸속 남아인지 여아인지
중성인지 사람인지 아닌지를 알아내고
냄새 맡는 이 힘으로 처음 아기 잉태할 적
잘 낳을지 못 낳을지 그 상태를 알아내며
냄새 맡는 이 힘으로 남자 여자 생각한 일
욕심인지 아닌지를 그 마음을 잘 안다네.

땅속 깊이 감추어진 금과 은과 많은 보배
구리그릇 담긴 물건 냄새로써 알아내며
여러 가지 구슬 장식 그들 값은 잘 몰라도
그 가치와 있는 곳들 냄새로써 알아낸다.

하늘나라 피는 꽃들 만다라꽃 만수사꽃
바라질다 나무 등등 냄새로써 알아내고
하늘나라 모든 궁전 각양각색 온갖 차별
보배 꽃의 온갖 장엄 냄새로써 알아낸다.

하늘 동산 좋은 궁전 잘 꾸며진 법당에서
즐기면서 노는 것들 냄새로써 알아내고
모든 하늘 법을 듣고 즐거움을 받을 때는
행주좌와 모든 행동 냄새로써 알아낸다.

선녀들이 입은 옷에 꽃과 향을 장엄하고
두루 돌며 유희할 때 냄새로써 알아내고
마찬가지 여기저기 범천 세계 하늘까지
선정 속에 들고나고 냄새로써 알아내며
광음천과 변정천과 유정천에 올라감에
그들 복을 빠짐없이 냄새로써 알아낸다.

모든 비구 불법에서 쉬지 않고 늘 공부해
오고 가며 앉는 데서 법화경을 읽고 외고
숲속 나무 아래에서 마음 모아 좌선할 때
법화경을 지닌 이는 냄새로써 알아낸다.

보살들이 마음 내어 좌선하고 독송하며
남을 위해 설법할 때 냄새로써 알아내고
방방곡곡 계신 세존 모든 공경 받으면서
중생에게 법 설할 때 냄새로써 알아낸다.

부처님 전 모든 중생 이 경 듣고 환희하며
여법하게 수행할 때 냄새로써 알아내니
번뇌 없는 이런 코를 가진 보살 아니라도
이 경전을 지닌 사람 코의 공덕 이렇도다.

혀의 공덕을 밝히다

"또 늘 공부하는 상정진보살이여, 만일 선한 불자들이 법화경을 받아 지녀 읽고 외우거나 해설하고 옮겨 쓰면 천이백 혀의 공덕을 얻는다. 좋고 나쁘거나 맛이 있고 없는 것과 쓰고 떫은 것들이 그 혀에 닿으면 다 좋은 맛으로 변하여 하늘의 감로수처럼 달고 맛있지 않은 것이 없다.

이 혀로 대중 가운데서 연설하면 깊고 미묘한 목소리가 생겨 듣는 이의 마음을 다 기쁘고 즐겁게 한다. 또 하늘의 남자와 여자, 제석과 범천의 모든 하늘 신이 모두 이 깊고 미묘한 목소리를 듣고, 연설하는 곳을 찾아와 모든 설법을 듣는다. 또, 모든 용왕과 용녀, 야차와 야차녀, 건달바와 건달바녀, 아수라와 아수라녀, 가루라와 가루라녀, 긴나라와 긴나라녀, 마후라가와 마후라가 여인들이 법을 듣기 위하여 와서 친견하고 예경을 드리며 공양을 올린다.

또, 비구와 비구니, 우바새와 우바이, 국왕과

왕자 및 군신들의 권속, 작은 나라 전륜왕과 큰 나라 전륜왕, 그들이 가진 칠보로 장엄한 전륜왕과 천 명의 아들 내외 권속이 그들의 궁전을 타고 함께 법을 들으러 온다.

이 보살이 법을 잘 설하기 때문에 바라문과 거사와 나라 안의 백성들이 그 수명이 다하도록 모시고 따르고 공양을 올리며, 또 모든 성문과 벽지불과 보살과 부처님께서 늘 즐겨 지켜보신다.

이 사람이 있는 곳의 모든 부처님께서 그를 향하여 설법하면 그는 모든 부처님 법을 다 받아 지니며 또 깊고 미묘한 법의 소리를 낼 수 있다."

이때, 세존께서 거듭 이 뜻을 펼치려고 게송으로 말씀하셨다.

이 사람의 청정한 혀 나쁜 맛이 전혀 없어
먹고 씹는 온갖 것들 감로수맛 느끼면서
깊고 묘한 목소리로 대중에게 설법하며
인연 비유 방편으로 중생 마음 이끄나니
듣는 사람 기뻐하며 공양물을 올린다네.

하늘 신중 용왕 야차 아수라가 기뻐하여
공경하는 마음으로 함께 와서 듣는 법에
법화경을 설할때는 깊고 묘한 목소리를
삼천세계 가득 채워 그 뜻대로 듣게 하네.

크고 작은 전륜성왕 천 명 아들 권속들이
두 손 모아 합장하며 항상 와서 법 들으며

천신 용왕 야차 나찰 비사사와 모든 중생
기뻐하는 마음으로 항상 공양 올린다네.

범천왕과 마왕들과 자재천과 대자재천
이와 같은 하늘 중생 항상 와서 법 들으며
부처님과 모든 제자 설법 소리 듣고 나서
이분들을 보호하려 언제든지 몸 나투리.

몸의 공덕을 밝히다

"또 늘 공부하는 상정진보살이여, 만일 선한
불자들이 법화경을 받아 지녀 읽고 외우거나
해설하고 옮겨 쓰면, 팔백 몸의 공덕을 얻는다.
이 사람은 깨끗한 유리와 같은 청정한 몸을
얻으니, 중생이 그의 몸을 보고 즐거워한다.

그 몸이 청정하기에 삼천대천세계 중생들이

태어나는 모습과 죽는 모습, 귀하거나 천한 모습, 추하거나 고운 모습, 좋고 나쁜 곳에 태어나는 모습이 모두 그의 몸 가운데 나타난다.

철위산과 대철위산과 미루산과 마하미루산 등의 모든 산과 그 가운데 중생들이 모두 그의 몸 가운데 드러난다.

아래로는 무간지옥에서 위로는 하늘 끝까지 존재하는 모든 중생이 그의 몸 가운데 드러난다.

벽지불과 보살과 모든 부처님의 설법이 모두 그의 몸 가운데 그 모습을 나타낸다."

이때, 세존께서 거듭 이 뜻을 펼치려고 게송으

로 말씀하셨다.

법화경을 지닌다면 받은 몸이 청정하여
유리처럼 맑고 맑아 중생들이 기뻐하네.

깨끗하고 맑은 거울 모든 모습 드러내듯
보살들의 청정한 몸 모든 세상 드러내니
오직 홀로 밝게 보되 다른 사람 모르더라.

삼천세계 모든 중생 하늘신중 아수라와
지옥아귀 축생들이 제멋대로 가진 모습
이런 형태 모든 모습 보살 몸에 드러난다.

하늘 궁전 유정천과 철위산과 미루산과
큰 수미산 큰 바다가 그 몸 안에 나타나며
부처님과 제자들과 성문들과 보살들이

여기저기 법 설할 때 그 모습이 나타난다.

번뇌 없는 미묘한 몸 비록 얻지 못했어도
청정한 몸 그 안에서 온갖 모습 나타난다.

뜻의 공덕을 밝히다

"늘 공부하는 상정진보살이여, 선한 불자들이
여래께서 열반한 뒤 법화경을 받아 지녀 읽고
외우며 해설하고 옮겨 쓰면, 천이백 뜻의 공덕
을 얻는다.

이 청정한 뜻으로 법화경에서 한 게송이나 한
구절만 들어도 헤아릴 수 없이 많은 뜻을 통달
하고, 이 뜻을 알고는 한 구절, 한 게송을 한
달 나아가 넉 달 또는 일 년 동안 설할 수 있다.

설하는 모든 법이 그 뜻에 맞아 모두 실상과 서로 어긋나지 않으니, 세속의 경서나 언어나 생활하는 방법을 설하더라도, 다 바른 법에 따라간다. 삼천대천세계에서 윤회하는 중생의 마음이 움직여 쓸데없이 논쟁하는 것을 모두 안다.

비록 번뇌 없는 지혜는 얻지 못했으나 그 뜻이 이처럼 청정하기에 이 사람의 생각과 언설이 모두 부처님 법이어서 진실하지 않은 것이 없고, 또한 이것은 먼저 부처님께서 경 가운데 설하신 내용이다."

이때, 세존께서 거듭 이 뜻을 펼치려고 게송으로 말씀하셨다.

19

이 사람의 청정한 뜻 영리하고 똑똑하여
이 오묘한 이 뜻으로 상중하의 법을 알고
한게송만 듣더라도 무량한 뜻 통달하며
여법하게 설법하되 한달 넉달 일년이라.

세계 안팎 모든 중생 하늘 신중 용왕 인간
야차들과 여러 귀신 윤회 속에 있으면서
생각하는 어떤 것도 하나하나 빠짐없이
법화경을 지니기에 한꺼번에 모두 아네.

시방세계 셀 수 없는 온갖 장엄 부처님이
중생에게 법 설함을 모두 듣고 받아 지녀
무량한 뜻 생각하고 셀 수 없이 법을 설해
망각 착오 없으리니 법화경을 지닌 까닭.

모든 법을 다 알고서 뜻에 따라 알아가고

개념 언어 통달하여 아는 대로 연설하니
이 사람이 설한 것은 모두가 다 부처님 법
이런 법을 설하므로 두려움이 하나 없네.

법화경을 지닌 이는 맑은 뜻이 이와 같아
여래 지혜 못 얻어도 이런 모습 있게 된다.

이 사람이 경을 지녀 좋은 경계 안주하니
모든 중생 기뻐하며 좋아하고 공경함에
온갖 방편 활용하여 분별하고 설법함은
언제나 늘 법화경을 받아 지닌 까닭이라.

20. 늘 남을 공경하는 보살

【상불경보살품常不輕菩薩品】

**이때, 부처님께서 큰 세력을 지닌 득대세(得大
勢) 보살에게 말씀하셨다.**

**"그대는 마땅히 알아야 한다. 만일 비구 비구
니 우바새 우바이로서 법화경을 지닌 이를 나
쁜 말로 욕하고 헐뜯으면 얻는 죄가 크니 앞서
말한 내용과 같고, 법화경을 지녀 얻는 공덕은
이제 말할 것이니 눈 귀 코 혀 몸과 뜻이 다
청정해질 것이다."**

"큰 세력을 지닌 득대세보살이여, 헤아릴 수

없이 많은 불가사의 아승지겁 이전에 부처님이 계셨으니, 그 명호는 위엄 있는 소리의 왕 위음왕(威音王) 여래, 응공 정변지 명행족 선서 세간해 무상사 조어장부 천인사 불세존이었다. 그 세월의 이름은 늙지 않는 세월 이쇠(離衰)이고, 나라의 이름은 크게 이룰 나라 대성(大成)이었다. 위엄 있는 소리의 왕 부처님께서 그 세상 가운데 있는 하늘 신중 아수라들에게 설법하시되 성문을 구하는 이에게는 네 가지 성스러운 진리를 나타내는 사제법을 설하시어 생로병사(生老病死)를 극복하고 마침내 열반에 이르게 하셨다.

벽지불을 구하는 이에게는 세상의 흐름을 나타내는 열두 가지 인연법을 설해 주시고, 모든 보살을 위해서는 깨달음으로 인도하는 보살이 행할 육바라밀을 설하시어, 마침내 부처님의 지혜에 들게 하셨다.

큰 세력을 지닌 득대세보살이여, 이 위엄 있는 소리의 왕 부처님 수명은 사십만 억 나유타 갠지스강 모래알처럼 많은 겁이다. 바른 법이 이 세상에 머무는 세월은 사바세계의 가는 티끌처럼 많은 겁이며, 상법이 머무는 세월은 동서남북 하늘 아래 모든 땅의 티끌처럼 많은 겁과 같으니, 그 부처님은 중생에게 많은 이익을 주신 뒤에 열반하셨다. 바른 법과 상법이 다 사라진 뒤에 이 국토에 다시 부처님이 나오시니, 또한 명호가 위엄 있는 소리의 왕 여래, 응공 정변지 명행족 선서 세간해 무상사 조어장부 천인사 불세존이었다. 이처럼 차례대로 똑같은 명호의 부처님이 이만 억 분이 계셨다.

처음에 계셨던 위엄 있는 소리의 왕 여래께서 열반하고 바른 법이 사라진 뒤, 상법 가운데 아만을 키워가는 비구들이 큰 영향력을 가졌다. 그때, 늘 남을 공경하는 상불경(常不輕) 보살이 있었다.

큰 세력을 지닌 득대세보살이여, 무슨 인연으로 그를 늘 남을 공경하는 상불경보살이라고 하는지 아느냐. 이 비구는 모든 비구 비구니 우바새 우바이를 보면 다 예배하고 찬탄하며 '저는 그대들을 깊이 공경하여 가볍게 여기지를 않습니다. 왜냐하면 그대들은 모두 보살도를 행하여 부처님이 될 것이기 때문입니다.'라고 말하였다. 이 비구는 경전을 읽거나 외우지도 않고 다만 예배만 올렸다. 멀리서 사부대중을 보면 또한 일부러 쫓아가 예배 찬탄하며 '저는 그대들을 가볍게 여기지 않습니다. 그대들은 모두 부처님이 될 것이기 때문입니다.'라고 하였다.

사부대중 가운데 성을 잘 내고 마음이 깨끗하지 못한 사람들은 나쁜 말로 꾸짖고 욕하기를 '어리석은 비구야, 너는 어디에서 와 우리에게 가볍게 여기지 않는다고 말하면서, 우리에게 수기를 주고 부처님이 될 것이라고 하느냐. 우리는 이처럼 허망한 수기는 필요치 않다.' 라고 하였다.

이렇게 여러 해 동안 두루 돌아다니며 매번 비웃음과 욕을 듣더라도 늘 남을 공경하는 보살은 성내지 않고 항상 '그대들은 반드시 부처님이 될 것입니다.'라고 말하였다.

이 말을 할 때 많은 사람이 막대기나 기와 부스러기 또는 돌로 그를 때리면 멀리 피하기는 하나, 한층 더 큰 소리로 외치기를 '저는 그대들을 가볍게 여기지 않습니다. 그대들은 모두 부처님이 될 것입니다.'라고 하였다.

그가 항상 이런 말을 하였기 때문에 잘났다는 마음만 커져 가는 비구 비구니 우바새 우바이들은 그를 늘 남을 공경하는 상불경보살이라고 불렀다.

이 보살비구는 임종할 때 허공에서 위엄 있는 소리의 왕 부처님께서 먼저 설했던 법화경의 이십 천만 억 게송을 모두 듣고 받아 지녔다.

그러자, 곧 눈 귀 코 혀 몸 뜻이 청정해지고, 육근(六根)이 청정해짐에 다시 이백만 억 나유타 세월의 수명이 늘어나 널리 다른 사람들을 위하여 이 법화경을 설하였다.

이에 이 보살비구를 가볍게 여겨 늘 남을 공경하는 비구라고 비아냥대며 잘난 체하던 교만한 사부대중들이, 이 비구의 큰 신통력과 즐겁게 법을 설하는 변재와 큰 삼매의 힘을 보고 그가 설한 법문을 듣고 믿으며 다 따라 순종하였다.

이 보살비구는 다시 천 만억 중생을 교화하여 깨달음에 머물게 하였다. 그가 수명을 다한 뒤에 이천억 부처님을 친견하니 또한 해와 달처럼 밝은 부처님이었다. 이 부처님의 법에서 이 법화경을 설하고 이 인연으로 다시 이천억 부처님을 친견하니 흘러가는 구름처럼 자재하고 밝은 부처님이었다. 이 모든 부처님 법 가운데서 이 경전을 받아 지녀 읽고 외우며 모든 사부대중을 위하여 이 경전을 설하였기 때문에 늘 눈이 청정하고 귀 코 혀 몸 뜻이 모두 맑디맑았다. 사부대중 가운데서 법을 설하여도 마음에 두려움이 조금도 없었다.

큰 세력을 지닌 보살이여, 늘 남을 공경하는 상불경보살비구는 이처럼 많은 부처님께 예를 드려 공경하고 공양 올려 존중 찬탄하여 좋은 마음의 뿌리를 모두 심었다. 수명을 다한 뒤에 다시 천 만억 부처님을 친견하고 또한 모든 부처님 법 가운데서 이 경전을 설하여 모든 공덕을 성취하고 부처님이 되었다.

큰 세력을 지닌 득대세보살이여, 그대의 생각은 어떠한가. 그때 늘 남을 공경하는 상불경보살비구가 어찌 다른 사람이겠느냐. 그 사람이 바로 '나'이니라. 만일 전생에 내가 이 경전을 받아 지녀 읽고 외우며 다른 사람을 위하여 설하지 않았다면, 나는 깨달음을 빨리 얻을 수 없었을 것이다. 내가 먼저 부처님이 계신 곳에서 이 경전을 받아 지녀 읽고 외우며 다른 사람을 위하여 설하였기 때문에 깨달음을 빨리 얻은 것이다.

늘 남을 공경하던 보살을 업신여긴 이들

큰 세력을 지닌 득대세보살이여, 그 당시 사부대중 비구 비구니 우바새 우바이들은 성을 내어 나를 천하게 업신여겼기 때문에, 이백억 겁 동안 한 번도 부처님을 만나 뵙지 못하고,

법문을 듣지 못했으며 스님들도 보지 못하였다. 천 겁 동안을 무간지옥에서 큰 고통을 받고, 그 죄가 다한 뒤에 다시 늘 남을 공경하는 상불경보살의 교화로 깨달음을 얻게 되었다.

큰 세력을 지닌 득대세보살이여, 그대 생각은 어떠한가. 그때 사부대중으로서 늘 남을 공경하는 보살을 경멸한 자가 어찌 다른 사람이겠느냐. 지금 법회에 참석한 발타바라 등 오백 보살과 사자월 등의 오백 비구니와 사불 등의 오백 우바새이니, 모두 깨달음에서 물러나지 않은 이들이다.

큰 세력을 지닌 득대세보살이여, 마땅히 알아야 한다. 이 법화경은 모든 보살에게 크게 이익을 주고 깨달음에 이르게 한다. 이 때문에 모든 보살은 여래께서 열반한 뒤 늘 이 경전을 받아 지녀 읽고 외우며 해설하고 옮겨 써야 한다."

이때, 세존께서 거듭 이 뜻을 펼치려고 게송으로 말씀하셨다.

20

그 명호가 위엄 있는 소리의 왕 위음왕불
신통 지혜 무량하여 모든 중생 인도함에
하늘 신중 용왕 귀신 정성 바쳐 공양하니
이 부처님 열반한 뒤 바른 법이 사라질 때
항상 남을 공경하는 보살님이 계셨다네.

그때 모인 사부대중 집착하는 법 때문에
그 보살이 곳곳마다 사부대중 찾아가서
받들면서 하는 말이 항상 당신 공경하니

그대들은 도를 닦아 부처님이 되실 분들.

이 말 들은 모든 사람 비방하고 욕을 해도
다른 사람 공경하는 그 보살은 참아내고
전생 업보 다 마친 뒤 이 세상을 떠날 때는
법화경을 듣고 나서 육근 모두 맑디맑아
신통한 힘 생겼기에 수명 또한 늘었노라.

다시 중생 제도하려 이 법화경 설법하니
집착 많은 중생들이 그 보살의 교화 받고
깨달음을 성취하여 부처님 삶 다 이룬다.

그 보살은 임종한 뒤 많은 여래 만나뵙고
이 경전을 설한 인연 무량한 복 받았기에
많은 공덕 점차 갖춰 빨리 성불 했느니라.

그 당시의 보살님은 지금 바로 이 몸이고
그 보살을 경멸하던 집착 많은 사부대중
부처님이 될 것이라 일러 주던 말을 듣고
이 인연에 부처님을 만나 뵙고 법 들었네.

이 법회에 모인 보살 오백 명과 사부대중
청신사와 청신녀들 지금 바로 내 앞에서
법을 듣는 모든 이들 그 당시의 그들이라.

지난 세상 모든 사람 내가 법을 권하여서
으뜸가는 법화경을 듣고 받게 하였으며
사람들을 잘 가르쳐 열반세계 머물게 해
세세생생 법화경을 읽고 외워 지녔노라.

억겁 만겁 오랜 세월 그 세월이 흘러서야
바로 그때 법화경을 들을 수가 있음이라.

억겁 만겁 오랜 세월 그 세월이 흘러서야
바로 그때 부처님이 법화경을 설하리라.

그러므로 수행자는 부처님이 열반한 뒤
법화경을 듣고서는 의심하지 말 것이니
정성 다해 법화경을 자세하게 설법하면
부처님을 항상 만나 참 빠르게 성불하리.

21. 여래께서 신통력을 나타내다

【 여래신력품如來神力品 】

땅에서 솟아오른 보살의 서원

이때, 일천 세계 티끌 수처럼 많은 보살이 땅에서 솟아나와, 모두 부처님 앞에서 정성을 다하여 합장하고 부처님의 존안을 우러러보며 말하였다.

"세존이시여, 저희는 부처님께서 열반하신 뒤 세존의 분신이 있던 국토, 열반한 곳에 가서 이 경을 널리 설할 것입니다. 왜냐하면 저희 모두 이 참되고 맑은 큰 법을 받아 지녀 읽고 외우며 해설하고 옮겨 쓰면서 공양하기 때문입니다."

이때, 세존께서 사바세계에 오래 머물러 있던 문수사리 등 헤아릴 수 없이 많은 백천만 억 보살들과 모든 비구 비구니 우바새 우바이와 그리고 하늘 신중 용왕 야차 건달바 아수라 가루라 긴나라 마후라가 인비인(人非人) 등이 앞에서 큰 신통을 나타내니, 넓고 긴 혀가 위로는 범천까지 다다르고, 모든 터럭고망에서 헤아릴 수 없이 많은 광명이 나와, 모든 빛이 시방세계를 두루 비추었다.

많은 보배 나무 아래 사자좌에 앉아 계신 모든 부처님께서도 이와 같은 넓고 긴 혀를 내밀고 모든 터럭고망에서 헤아릴 수 없이 많은 광명을 놓으셨다. 석가모니 부처님과 보배 나무 아래 계신 모든 부처님께서 신통을 나타내실 때 십만 년이 지난 뒤에야 다시 혀를 거두시며 동시에 큰 기침을 하시고 함께 손가락을 튕기시니, 이 두 소리가 모든 부처님의 시방세계에 두루 하고 그 땅이 모두 여섯 종류로 상서롭게 진동하였다.

그 가운데 하늘 신중 용왕 야차 건달바 아수라 가루라 긴나라 마후라가 인비인(人非人) 등이 부처님의 신통으로 사바세계 헤아릴 수 없이 많은 백천만 억 보배 나무 아래 사자좌에 앉아 계신 모든 부처님을 보았다.

또 석가모니 부처님께서 다보여래와 함께 보배 탑 안의 사자좌에 앉아 계신 모습과 헤아릴 수 없이 많은 백천만 억 보살들과 모든 사부대중이 석가모니 부처님을 둘러싸서 공경

하고 있는 모습을 보고 전에 없이 다 크게 기
뻐하였다. 그러자 허공의 모든 하늘에서 큰
소리가 흘러나왔다.

"이 헤아릴 수 없이 많은 백천만 억 아승지
세계를 지나 사바세계가 있으니, 그 가운데
석가모니 부처님께서 계신다.

그 부처님께서 지금 모든 보살을 위하여 연꽃
법화경이라는 대승 경전을 설하시니, 이는 보
살을 가르치는 법이며 부처님께서 지키고자
중요하게 생각하시는 경전이다. 그대들은 마
음 깊이 따라 기뻐하고 또한 석가모니 부처님
을 마땅히 예배하고 공양을 올려야 할 것이다."

거기에 있던 모든 중생이 허공의 소리를 듣고

사바세계를 향하여 합장하며 "석가모니 부처님께 귀의합니다. 석가모니 부처님께 귀의합니다."라고 되풀이 말하며, 온갖 꽃과 향과 옥구슬 장식과 비단 휘장과 덮개와 진귀하고 아름다운 보물로 만든 장엄물을 멀리서 모두 함께 사바세계에 뿌렸다.

뿌려진 온갖 보물이 구름처럼 사방에서 몰려와 보배 장막으로 이 세상의 모든 부처님 위를 덮으니, 시방세계가 다 통하여 걸림이 없고 하나같이 다 똑같은 부처님 국토였다.

이때, 부처님께서 좋은 행을 실천하는 상행(上行) 보살과 그 대중들에게 말씀하셨다.

"모든 부처님의 신통은 이처럼 헤아릴 수 없

이 많다. 만약 내가 이 신통으로 헤아릴 수 없이 많은 백천만 억 아승지겁 동안 이 경전을 부촉하기 위하여 그 공덕을 설할지라도 결코 다 설할 수 없을 것이다. 간단히 말하자면, 여래의 모든 법, 자유자재한 신통, 비밀스러운 법의 곳간, 깊고 깊은 일들을 모두 이 경에서 잘 나타내어 설하였기 때문이다. 이 때문에 그대들은 여래께서 열반한 뒤에 정성을 다하여 이 경전을 받아 지녀 읽고 외우며 해설하고 옮겨 써 설한 내용과 같이 수행해야 한다.

너희들이 있는 국토에서 받아 지녀 읽고 외우며 해설하고 옮겨 써서 설한 내용과 같이 수행하면, 이 경전이 머무는 곳이 혹 동산이거나 숲속이거나 나무 밑이거나 승방이거나 서민의 집이거나 큰 집이거나 산골짜기나 들판일

지라도 이 가운데서 모두 탑을 일으켜 공양해야 할 것이다. 무엇 때문인가. 마땅히 알아야 한다. 이곳이 곧 수행하는 장소이니, 모든 부처님께서 이곳에서 깨달음을 얻으시고 법을 설파하시며 열반에 들어가시기 때문이다."

이때, 세존께서 거듭 이 뜻을 펼치려고 게송으로 말씀하셨다.

21

큰 신통력 갖고 계신 세상 구할 부처님이
중생들이 기쁘도록 많은 신통 나타내고
혀는 길어 하늘 닿고 몸에서는 밝은 광명
부처님 삶 구하는 이 믿음 주려 나타내며

기침 소리 내시면서 손가락을 튕기시니
시방 국토 다 들리며 모든 땅이 흔들리고

부처님이 열반한 뒤 법화경을 지녔으니
한량없는 온갖 신통 여래께서 기뻐하네.

법화경을 전파하려 경 가진 분 찬탄해도
긴긴 세월 그분 공덕 다 말할 수 없었으니
이 사람이 가진 공덕 끝도 없이 무궁하여
시방세계 허공 같아 끝날 곳을 알 수 없네.

법화경을 지닌 분은 부처님을 이미 뵙고
다보여래 석가모니 모든 분신 만나 뵈며
내가 오늘 교화하는 많은 보살 보게 되리.

법화경을 지녔으니 나와 나의 모든 분신
열반하신 다보여래 온갖 분이 기뻐하며
시방세계 모든 여래 과거 미래 부처님을
만나 뵙고 공양하니 그분들이 기뻐하네.

부처님의 보리도량 깨달음의 은밀한 법
법화경을 지닌 분은 머지않아 보게 되고
법화경을 지닌 이는 모든 법의 묘한 뜻과
개념들과 언어 속에 무궁하게 설한 모습
어떤 것도 걸림 없어 허공 속의 바람같네.

여래께서 열반한 뒤 부처님이 설하신 경
그 인연과 차례 알아 뜻을 따라 설법하되
해와 달의 광명이 저 온갖 어둠 걷어 내듯
이 사람의 모든 행은 중생들의 어둠 멸해
헤아릴 수 없이 많은 보살 모두 가르쳐서
마침내는 부처님의 진리 속에 머물도다.

이 때문에 총명한 자 이 공덕을 듣고 나서
내가 죽어 열반한 뒤 법화경을 지니리니
의심 없이 부처님 삶 이 사람은 들어가리.

22. 법화경의 유통을 당부하다

【촉루품囑累品 】

이때, 석가모니 부처님께서 법을 설한 자리에서 일어나 큰 신통을 드러내고, 오른손으로 헤아릴 수 없이 많은 보살의 머리를 어루만지면서, "내가 헤아릴 수 없이 많은 백천만 억 아승지겁에 닦아 익힌, 이 얻기 어려운 깨달음의 법을 지금 그대들에게 당부하겠노라. 그대들은 지극 정성으로 이 법을 널리 퍼트려, 중생에게 많은 이익을 주어야 한다."라고 말씀하셨다. 이처럼 보살들의 머리를 세 번 어루만지면서 다시 이렇게 말씀하셨다.

"나는 헤아릴 수 없이 많은 백천만 억 아승지

겁에 닦아 익힌, 이 얻기 어려운 깨달음의 법을 지금 그대들에게 당부하였다. 그대들은 이 법을 받아 지녀 읽고 외우면서 널리 설하여, 모든 중생이 두루 듣고 알게 하여야 한다. 왜냐하면 여래께서는 큰 자비심으로 어떤 것에도 인색하거나 두려워하는 마음이 없어, 중생에게 부처님의 지혜와 절로 우러나오는 지혜를 나누어 줄 수 있기 때문이다.

부처님은 모든 중생의 큰 시주이니 그대들은 여래의 법을 따라 배우되 아끼거나 인색한 마음을 내지 마라. 미래 세상에 선한 불자들이 여래의 지혜를 믿는다면 마땅히 이 법화경을 설해 주어, 그 사람이 알아듣고 부처님의 지혜를 얻게 해야 하기 때문이다. 만약 어떤 중생이 법화경을 믿지 않고 받아들이지 않는다면 여래의 깊고 미묘한 다른 법 가운데에서 이익과 즐거움을 가르쳐 보여야 한다. 그대들이 이처럼 할 수 있다면 모든 부처님의 은혜를 이미 갚은 것이다."

모든 보살이 법화경 유통을 맹세하다

이때, 모든 보살이 부처님의 이 말씀을 듣고 큰 기쁨이 온몸에 넘쳐 더욱 공경하는 마음을 내고 허리를 굽혀 머리를 숙여 예배하며 부처님께 합장하고 다 같이 "세존의 분부를 다 받들어 행할 것이니 세존이시여, 부디 걱정하지 마시옵소서."라고 말하였다.

모든 보살 대중은 이렇게 세 번 되풀이하며 다 함께, "세존의 분부를 다 받들어 행할 것이니 세존이시여, 부디 걱정하지 마시옵소서."

라고 말하였다.

이때, 석가모니 부처님께서 시방세계에서 오신 분신 부처님을 저마다 본토로 돌아가시게 하며, "모든 부처님께서는 편안히 돌아가시고 또한 다보여래의 탑도 전에 있던 곳으로 다시 돌아가옵소서."라고 말씀하셨다.

석가모니 부처님께서 이렇게 말씀하실 때, 보배 나무 사자좌에 앉아 계시던 시방세계 헤아릴 수 없이 많은 분신 부처님과 다보 부처님과 아울러 좋은 행을 실천하는 헤아릴 수 없이 많은 보살 대중과 사리불 등 성문의 사부대중과 모든 세간의 하늘 신중 아수라 등이 부처님께서 설하신 말씀을 듣고 모두 크게 기뻐하였다.

23. 약왕보살의 전생 이야기

【약왕보살본사품藥王菩薩本事品】

약왕보살의 예전 수행을 알고 싶어하다

이때, 하늘의 별 큰 꽃 수왕화(宿王華) 보살이 부처님께 말씀드렸다.

"세존이시여, 약왕보살은 어찌하여 이 사바세계에 왔고, 수많은 백천만 억 나유타의 어려운 고행을 하게 되었습니까? 거룩하신 세존이시여, 바라옵건대 조금이라도 설명하여 주옵소서. 온갖 하늘 신중 용왕 야차 건달바 아수라 가루라 긴나라 마후라가 인비인(人非人) 등 다른 국토에서 온 모든 보살과 이 성문 대중들이 설명을 듣고서는 다 기뻐할 것입니다."

이때, 부처님께서 하늘의 별 큰 꽃 보살에게 말씀하셨다.

"지난 과거 헤아릴 수 없이 많은 갠지스강 모래알처럼 많은 겁의 세월 속에 부처님이 계셨으니, 그 명호는 해와 달처럼 밝고 맑은 덕을 지닌 일월정명덕(日月淨明德) 여래, 응공 정변지 명행족 선서 세간해 무상사 조어장부 천인사 불세존이었다. 그 부처님 주변에는 팔십억 큰 보살이 있었고 일흔두 개의 갠지스강 모래알처럼 많은 성문 대중이 있었다. 그 부처님의 수명은 사만 이천 겁이고 보살들의 수명도 그와 같았다.

그 나라에는 유혹하는 여인과 지옥 아귀 축생

아수라와 같은 어려운 삶이 조금도 없었다. 땅은 손바닥처럼 판판하고 반짝이는 유리로 되어 있고 보배 나무로 장엄하였다. 보배 장막을 그 위에 덮고 보배 꽃으로 만든 깃발을 드리웠다. 보배로 만든 병과 향로로 가득 차고 칠보로 만든 좌대가 나무 하나에 한 개씩 있었다. 그 나무와 좌대의 거리는 고작 화살 하나가 지나갈 정도였다. 이 모든 보배 나무 아래에는 보살과 성문이 다 앉아 있었고, 또 보배 좌대 위에는 저마다 백억 모든 하늘이 음악을 울리며 노래로 부처님을 찬탄하고 공양을 올렸다.

그때, 부처님께서는 모든 중생이 기쁘게 보는 일체중생희견(一切衆生喜見) 보살과 다른 보살과 성문 대중을 위하여 법화경을 설하였다.

모든 중생이 기쁘게 보는 보살은 고행을 즐거이 익히고 해와 달처럼 밝고 맑은 덕을 지닌 일월정명덕 부처님의 법 가운데서 부지런히 공부하며 마음 모아 부처님을 찾더니, 일만 이천 년을 다 채운 뒤에 모든 몸을 나타낼 수 있는 삼매를 얻었다.

보살은 이 삼매를 얻고 크게 기뻐서 '내가 모든 몸을 나타낼 수 있는 삼매를 얻은 것은 다 이 법화경을 들은 공덕 때문이니, 나는 이제 해와 달처럼 밝고 맑은 덕을 지닌 일월정명덕 부처님과 법화경에 공양할 것이다.'라고 생각하였다.

곧 이 삼매에 들어가 허공에서 크고 작은 만다

라꽃과 고운 가루 검은 전단향을 하늘 가득하게 있는 구름처럼 뿌렸다.

또 한 줌의 향 가치가 사바세계 전체와 맞먹는 이 세계의 귀한 전단향을 비 내리듯 뿌려 부처님께 공양을 올렸다. 공양을 마치고 삼매에서 일어나 스스로 '내가 신통으로 부처님께 공양하더라도 몸으로 공양을 올리는 것만 같지 못하다.'라고 생각하고 곧 온갖 전단, 훈육, 도루바, 필력가, 침수, 교향을 먹었다.

또 일천이백 년 동안 첨복 등의 꽃 향유를 마시고 이 향유를 몸에 발랐다. 해와 달처럼 밝고 맑은 덕을 지닌 부처님 앞에서, 하늘의 보배 천으로 몸을 감고 거기에 향유를 부어 신통력으로 스스로 몸을 태우니 그 광명이 팔십억 갠지스강 모래알처럼 많은 세계를 두루 비추었다. 그러자 그 세계 가운데 모든 부처님께서 동시에 찬탄하셨다.

'훌륭하고 훌륭하도다, 선한 불자들이여. 이것이 참된 정진이며 참된 법으로서 여래께 올리는 공양이다. 꽃과 향과 옥구슬 장식, 사르는 향, 가루 향, 바르는 향, 하늘 비단으로 만든 깃발이나 덮개, 비싼 전단향과 같은 이런 온갖 좋은 물건으로 공양해도 이 공덕에 미칠 수는 없다. 설사 왕국이나 처와 자식을 보시하더라도 이 공덕에는 미치지 못한다. 선한 불자들이여, 이것은 최고의 보시로서 모든 보시 가운데에서 가장 존귀하고 으뜸가니 참된 법으로 모든 여래께 공양하였기 때문이다.'

이 말을 마치시고 저마다 고요한 삼매에서 침묵하셨다. 몸은 일천이백 년 동안 타오른 뒤에야 그 형체가 사라졌다.

모든 중생이 기쁘게 보는 보살은 이처럼 법공양을 마치고 그의 삶이 끝난 뒤에 다시 해와 달처럼 밝고 맑은 덕을 지닌 부처님의 국토에 있는 깨끗한 덕을 지닌 정덕(淨德) 왕가에서 결가부좌하고 홀연히 태어났다.

그리고 아버지를 위하여 게송으로 말하였다.

대왕이여 아옵소서 전생 나는 공부하여
모든 몸을 나타내는 깊은 삼매 얻었으나
부지런히 정진하여 내 몸조차 버려가며
참 지혜를 얻으려고 부처님께 공양했네.

이 게송을 말한 뒤 보살은 아버지께 말하였다.

'해와 달처럼 밝고 맑은 덕을 지닌 부처님께
서는 지금도 계십니다. 그러므로 제가 먼저
부처님께 올리는 공양을 마치고, 모든 중생의
언어를 이해하는 다라니로, 다시 이 법화경에
서 나오는 헤아릴 수 없이 많은 게송을 들으렵
니다. 대왕이시여, 제가 지금 돌아가 이 부처
님께 공양을 올리도록 하겠습니다.'

이 말을 마치고 칠보로 만든 좌대에 앉아 허공
으로 떠오르니 그 높이가 백 미터나 되었다.
그 상태로 부처님 계신 곳에 가서 부처님의
발에 머리 숙여 예배하고 손을 모아 합장하며
게송으로 부처님을 찬탄하였다.

부처님의 환한 얼굴 시방세계 밝게 할새
전생 공양 올리었던 제가 지금 뵙습니다.

그때, 모든 중생이 기쁘게 보는 보살은 이 게송을 설해 마치고, 부처님께 여쭈어 '세존이시여, 아직 이 세상에 생존해 계셨습니까?'라고 말하였다.

부처님께서 법을 부촉하다

이때, 해와 달처럼 밝고 맑은 덕을 지닌 부처님께서 모든 중생이 기쁘게 보는 보살에게, '선한 불자여, 내가 열반할 때가 되었으니, 그대들은 편안하게 누울 자리를 펴라. 나는 오늘 밤 열반에 들겠다.'라고 말씀하셨다.

또 모든 중생이 기쁘게 보는 보살에게 당부하

기를 '선한 불자여, 내가 부처님 법으로 그대에게 모든 보살과 큰 제자와 깨달음의 법을 맡기겠다. 또한 삼천대천 칠보 세계에 있는 모든 보배 나무와 좌대, 모든 하늘을 다 그대에게 맡기겠다. 내가 열반한 뒤에 나올 사리도 또한 그대에게 맡기니, 그것을 잘 퍼트려 널리 공양을 올리고 많은 탑을 일으켜야 한다.'라고 말씀하셨다.

이와 같이 해와 달처럼 밝고 맑은 덕을 지닌 부처님께서 모든 중생이 기쁘게 보는 보살에게 그의 뜻을 알리고 그날 밤 열반에 드시었다.

중생이 기쁘게 보는 보살은 지금의 약왕보살이니

그때, 모든 중생이 기쁘게 보는 보살은 부처님의 열반을 보고 슬퍼하며 부처님을 그리워하였다. 곧 사바세계의 좋고 귀한 전단향을 쌓아 부처님께 공양을 올리고 불살랐다. 불이 꺼진 뒤에 사리를 거두어 팔만 사천 보배 항아리를 만들고 팔만 사천 개의 탑을 일으켰다. 높이는 사바세계의 세 배쯤 되고 탑을 표시하는 표찰로 장엄하며 온갖 깃발과 덮개를 드리워 많은 보배 방울을 매달았다.

그때, 모든 중생이 기쁘게 보는 보살은 스스로 '내가 이처럼 공양하더라도 아직 마음에 차지 않으니 다시 사리를 공양하겠다.'라고 생각하였다. 곧 모든 보살 큰 제자와 하늘 신중 용왕 야차 등의 온갖 대중에게 '그대들은 내가 지금 해와 달처럼 밝고 맑은 덕을 지닌 부처님의 사리에 공양 올리는 것을 곰곰이 생각해 보아야 한다.'라고 말하였다.

이 말을 마치고 팔만 사천 탑 앞에서 온갖 장엄으로 꾸민 팔을 칠만 이천 년 동안 불살라 공양을 올리고 헤아릴 수 없이 많은 성문과 대중들이 깨달음을 내게 하여 모두 온갖 몸을 나타낼 수 있는 삼매에 머물게 하였다.

그때, 모든 보살과 하늘 신중 아수라 등이 보살의 팔이 없어진 것을 보고 걱정하고 슬퍼하며 '모든 중생이 기쁘게 보는 보살은 우리들의 스승이니 우리들을 교화하는 분이신데, 이제 팔을 태워버려 온전한 몸이 아니다.'라고 말하였다.

이때, 모든 중생이 기쁘게 보는 보살은 대중 가운데서 굳게 다짐하며 '나는 두 팔을 공양 올렸으니, 반드시 부처님의 황금빛 몸을 얻을 것이다. 내가 한 일이 참되고 헛되지 않다면 나의 두 팔이 전처럼 회복될 것이다.'라고 말하였다. 이 다짐을 마친 뒤에 저절로 두 팔이 전처럼 회복되니, 이는 보살의 지혜와 복덕이 두터웠기 때문이었다. 그때, 삼천대천세계가 여섯 종류로 상서롭게 진동하고 하늘에서 보배 꽃이 비 오듯 내리니, 모든 하늘 신중과 인간 세계에서 전에 없던 일이었다."

부처님께서 하늘의 별 큰 꽃 보살에게 말씀하셨다.

"하늘의 별 큰 꽃 보살이여, 그대의 생각은 어떠한가? 모든 중생이 기쁘게 보는 보살이 어찌 다른 사람이겠느냐. 지금의 약왕보살이 바로 그 보살이다. 보살이 몸을 던져 보시한 것

은 이처럼 헤아릴 수 없이 많은 백천만 억 나
유타 수만큼이나 된다.

하늘의 별 큰 꽃 보살이여, 도 닦을 마음을 내
어 깨달음을 얻으려는 자가 손가락이나 발가
락 하나라도 태워 부처님의 탑에 공양할 수
있다면, 나라와 처와 자식과 삼천대천세계의
산, 숲, 하천, 연못 등과 온갖 진기한 보물로
공양을 올리는 것보다 나으리라.

또 어떤 사람이 칠보를 삼천대천세계에 가득
채워 부처님과 큰 보살과 벽지불과 아라한에
게 공양하더라도 이 사람이 얻는 공덕은 연꽃
법화경이나 그 속의 게송 하나를 받아 지니는
자의 복만 못하다."

"하늘의 별 큰 꽃 보살이여, 비유하면 모든 냇물이나 강물 등 온갖 물 가운데에서 바다가 제일이듯 이 연꽃법화경도 마찬가지로 모든 여래께서 설하신 경전 가운데에서 그 뜻이 가장 깊고 넓다. 흙 산, 검은 산, 작은 쇠로 둘러싸인 산, 큰 쇠로 둘러싸인 산, 열 종류 보배로 만들어진 산, 온갖 산 가운데에서 수미산이 제일이듯 이 연꽃법화경도 마찬가지로 모든 경전 가운데서 가장 높이 있는 경전이다.

또 뭇별 가운데 달이 제일이듯 이 법화경도 마찬가지로 천 만억 모든 경전 가운데에서 가장 밝게 빛난다. 또 태양이 모든 어둠을 없애듯 이 경도 마찬가지로 착하지 못한 모든 어둠을 없앤다. 또 모든 왕들 가운데에서 전륜성왕이 제일이듯 이 경도 마찬가지로 모든 경전 가운데에서 왕이 된다.

또 제석천이 삼천대천세계의 왕이 되듯 이 경도 마찬가지로 모든 경 가운데의 왕이다. 또 대범천왕이 모든 중생의 아버지가 되듯 이 경도 마찬가지로 모든 현자와 성인과 아직 도를 배우는 이나 다 배운 이, 그리고 보살의 마음을 낸 사람들의 아버지가 된다.

또 모든 범부 가운데 수다원 사다함 아나함 아라한 벽지불이 제일이듯 이 경도 마찬가지로 모든 여래와 보살과 성문들이 설한 모든 경전 가운데서 가장 최고의 경전이다. 이 경전을 받아 지닌 이도 이처럼 모든 중생 가운데서 제일이다. 모든 성문이나 벽지불 가운데 보살이 제일이듯 이 경도 마찬가지로 모든 경전 가운데서 제일이다. 부처님께서 모든 법의 왕이 되시듯 이 경도 마찬가지로 모든 경 가운데서 왕이 된다.

하늘의 별 큰 꽃 보살이여, 이 법화경은 모든 중생을 구제할 수 있다. 이 경은 모든 중생이 온갖 고뇌에서 벗어나게 한다. 이 경은 모든 중생에게 큰 이익을 주어 그들의 바라는 마음을 채워 주는 것이, 마치 맑고 시원한 샘물이 목마른 사람들의 갈증을 모두 채워 주는 것과 같으며, 추위에 떨던 사람이 불을 얻은 것과 같으며, 벌거벗은 이가 옷을 얻은 것과 같으며, 상인이 물건을 사줄 임자를 만난 것과 같으며, 아들이 어머니를 찾은 것과 같으며, 강을 건널 자가 배를 얻은 것과 같으며, 병든 이가 의사를 만난 것과 같으며, 어두운 밤에 등불을 가진 것과 같으며, 가난한 사람이 귀한 보물을 얻은 것과 같으며, 뭇 백성들이 현명한 지도자를 만난 것과 같으며, 무역하는 사람이 바닷길을 얻은 것과 같으며, 횃불이 어둠을 없애 주는 것과 같다.

이 연꽃법화경도 이처럼 모든 중생을 온갖 고통과 질병에서 벗어나게 하고 모든 생사의 속박에서 해탈하게 할 수 있다.

어떤 사람이 이 연꽃법화경을 듣고 스스로 쓰거나 다른 사람에게 쓰게 하면 그 사람이 얻는 공덕은 부처님 지혜로 그 많고 적음을 헤아려도 그 끝을 알 수가 없다.

이 법화경을 쓰고 꽃, 향, 옥구슬 장식, 사르는 향, 가루 향, 바르는 향, 깃발, 덮개, 의복, 버터 등불, 기름 등불, 향유 등불, 향기로운 첨복 기름 등불, 수만나꽃 기름 등불, 바라라꽃 기름 등불, 여름꽃 기름 등불, 황금꽃 기름 등불 등 온갖 등불로 공양하면 그 사람이 얻는 공덕 또한 헤아릴 수 없이 많다.

하늘의 별 큰 꽃 보살이여, 만약 어떤 사람이 이 약왕보살의 전생 일을 듣는다면 또한 헤아릴 수 없이 많은 공덕을 얻을 것이다.

만일 어떤 여인이 이 약왕보살의 전생 일을 듣고 받아 지닌다면 여인의 몸을 마친 뒤에는 다시 여인의 몸을 받지 않을 것이다. 만일 여래께서 열반한 뒤 오백 년 가운데 어떤 여인이 이 경전을 듣고 설한 대로 수행하면, 그 목숨이 끊어진 뒤 곧 극락세계 아미타불과 큰 보살 대중이 둘러싼 곳으로 가 연꽃 가운데 있는 보배 자리에 태어날 것이다.

그리하여 다시는 탐욕으로 괴롭지 않고, 성내는 어리석음으로 괴롭지 않으며, 교만 질투하는 어떤 번뇌로도 괴롭지 않아 보살의 신통과 참 지혜를 얻을 것이다. 참 지혜를 얻어서는 눈이 맑고 깨끗하며, 이 맑고 깨끗한 눈으로 칠백만 이천억 나유타 갠지스강 모래알처럼 많은 모든 부처님을 보게 될 것이다.

이때, 모든 부처님께서 멀리서 함께 칭찬하시기를, '착하고 착하도다, 선한 불자들이여. 그대들이 석가모니 부처님 법 가운데에서 법화

경을 받아 지녀 읽고 외워 이 경을 정리하여
다른 사람을 위해 설해 주면, 그대들이 얻는
복덕은 헤아릴 수 없이 많다. 따라서 어떤 큰
불이나 큰물도 재앙을 가져올 수 없을 것이다.
그대들의 공덕은 일천 부처님께서 다 함께 설
하셔도 다 설하실 수가 없다. 그대들은 지금
모든 마군을 무너뜨려 생사를 벗어나니, 그
나머지 다른 원적들도 모두 사라졌다.

선한 불자들이여, 십만 모든 부처님께서 신통
력으로 그대들을 보호하니, 어떤 세간의 하늘
과 인간 가운데에서도 그대들의 복덕과 견줄
자는 없다. 여래를 제외하면 어떤 성문이나
벽지불, 보살의 지혜와 선정이라도 그대들의
복덕에 견줄 자는 없다.'라고 말씀하셨다.

하늘의 별 큰 꽃 보살이여, 이 보살은 이런 공덕과 지혜의 힘을 성취하였다. 만약 어떤 사람이 이 약왕보살의 전생 일을 듣고 따라 기뻐하며 거룩하다고 찬탄할 수 있다면 이 사람의 입에서는 늘 푸른 연꽃 향기가 나고, 몸의 터럭고망에서는 우두 전단의 향기가 나며, 그 사람이 얻는 공덕은 위에서 설한 내용과 같을 것이다.

이 때문에 하늘의 별 큰 꽃 보살이여, 약왕보살의 전생 일로 그대에게 당부하니 내가 열반한 뒤, 오백 년 동안 널리 법화경의 가르침을 전하여서, 이 경의 유통이 끊어지지 않게 하라. 그리하여 악마와 그 무리, 모든 하늘 신중 용왕 야차 사람의 정기를 빨아먹는 귀신들이 함부로 처신하지 않게 하라.

하늘의 별 큰 꽃 보살이여, 그대는 신통력으로 법화경을 수호해야 한다. 왜냐하면 이 경은 사바세계 사람에게 좋은 약이 되기 때문이다. 만일 병든 사람이 법화경을 들을 수 있다면 병이 곧 낫기에 늙지 않고 죽지 않을 것이다.

하늘의 별 큰 꽃 보살이여, 만일 그대가 이 경전을 받아 지닌 사람을 보거든, 푸른 연꽃과 고운 향을 가득 채워 그 사람 위에 뿌리면서 공양을 올려야 한다. 공양을 마치고서 '이 사람은 머지않아 검소한 차림으로 수행하는 자리에서 모든 마군을 물리치고, 법을 알리는 소라 나팔을 불며, 법을 전파하는 북소리로 모든 중생을 늙고 병들어 죽는 고통의 바다에서 건져낼 것이다.'라고 생각해야만 한다.

따라서 부처님의 삶을 구하는 이들은, 이 경전을 받아 지닌 사람을 보면, 이처럼 공경하는 마음을 내어야 한다."

부처님께서 약왕보살의 전생 일을 설하실 때 팔만 사천 보살이 모든 중생의 언어를 아는 신통력을 얻었다.

보배로 만든 탑 가운데 계시는 다보여래께서 하늘의 별 큰 꽃 보살을 칭찬하여 "착하고 착하도다, 하늘의 별 큰 꽃 보살이여. 그대는 불가사의한 공덕을 성취하여 석가모니 부처님께 이런 일을 묻고 헤아릴 수 없이 많은 중생에게 이익을 주는구나."라고 말씀하셨다.

24. 사바세계를 찾아온 묘음보살

【묘음보살품妙音菩薩品】

세존께서 묘음보살을 부르다

이때, 석가모니 부처님께서는 고요히 앉아 정수리 광명을 뻗어내고 눈썹 사이 흰 터럭 끝에서 한 줄기 하얀 광명을 놓으셔서 동방 백팔만 억 나유타 갠지스강 모래알처럼 많은 모든 부처님의 세계를 두루 비추었다.

이 많은 수의 세계를 지나 다시 한 세계가 있었으니, 그 이름은 깨끗한 빛으로 장엄한 정광장엄(淨光莊嚴) 세계였다. 그 나라에 부처님이 계셨으니 그 명호는 깨끗한 꽃별 왕 지혜 정화수왕지(淨華宿王智) 여래, 응공 정변지 명행족

선서 세간해 무상사 조어장부 천인사 불세존
이었다.

그 부처님은 헤아릴 수 없이 많은 보살 대중에
게 둘러싸여 존경받으면서 그들을 위하여 법
을 설하시니, 석가모니 부처님 눈썹 사이의
흰 터럭 광명이 그 국토를 두루 비추었다.

이때, 깨끗한 빛으로 장엄한 모든 국토 가운데
묘음(妙音) 보살이 있었다. 그 보살은 오랫동안
많은 공덕의 근본을 심고 헤아릴 수 없이 많은
백천만 억 모든 부처님을 가까이하며 공양하
여 깊고 깊은 지혜를 다 성취하였다. 그리고
으뜸 삼매, 법화 삼매, 깨끗한 공덕 삼매, 자재
한 지혜 삼매, 집착이 없는 삼매, 슬기로운 삼
매, 중생의 언어를 통달한 삼매, 모든 공덕을

모은 삼매, 맑고 깨끗한 삼매, 신통이 자재한 삼매, 횃불처럼 밝은 지혜 삼매, 성스러운 장엄 삼매, 깨끗한 빛의 삼매, 깨끗한 지혜 삼매, 특별한 삼매, 환한 삼매 이와 같은 백천만 억 갠지스강 모래알처럼 많은 큰 삼매를 모두 얻었다.

석가모니 부처님의 광명이 그 보살의 몸을 비추자, 보살은 깨끗한 꽃별 왕 지혜 부처님께 여쭈었다.

24

"세존이시여, 제가 사바세계의 석가모니 부처님을 찾아가 예배하고 공양을 올리며, 문수보살 약왕보살 용시보살 수왕화보살 상행의보살 장엄왕보살 약상보살을 만나보겠습니다."

깨끗한 꽃별 왕 지혜 부처님께서 묘음보살에게 말씀하셨다.

"그대는 저 국토를 이 국토보다 못하다고 생각하지 마라. 선한 불자여, 저 사바세계는 높고 낮아 평탄치 않고 흙과 돌이 있는 모든 산에 더러움이 가득하다. 부처님의 몸은 작고 많은 보살의 모습도 작다. 그러나 그대의 몸은 사만 이천 유순이고 나의 몸은 육백팔십만 유순이다. 그대의 몸은 참으로 단정하여 온갖 복을 다 갖추었고 남다른 빛이 난다. 그렇다고 해서 그대는 그분들을 찾아가 그 국토를 가볍게 여기고 부처님과 보살들을 그대보다 못하다고 생각하지 마라."

묘음보살이 부처님께 사뢰었다.

"세존이시여, 제가 지금 사바세계를 찾아가는 것은 다 여래의 큰 힘 때문이며, 여래의 신통이 자재하기 때문이며, 여래의 공덕과 지혜로 장엄하기 때문입니다."

묘음보살이 삼매로 들어가다

이에 묘음보살이 몸도 움직이지 않고 그 자리에서 삼매에 들어가 그 힘으로 영취산에서 설법하는 부처님 가까운 곳에 팔만 사천 온갖 보배 연꽃을 만드니, 줄기는 제일 좋은 황금이고 잎은 하얀 은이며, 꽃술은 금강석이요, 꽃받침은 붉은빛이 나는 루비였다.

이때, 문수보살이 이 연꽃을 보고 부처님께 여쭈었다.

"세존이시여, 지금 무슨 인연으로 상서로운 조짐이 먼저 나타나는 것입니까? 헤아릴 수 없이 많은 연꽃이 있고, 이 연꽃 줄기는 세계에서 제일 좋은 황금이고 잎은 하얀 은이며, 꽃술은 금강석이고 그 꽃받침은 붉은빛이 나는 루비입니다."

이때, 석가모니 부처님께서 문수보살에게 말씀하셨다.

"묘음보살이 깨끗한 꽃별 왕 지혜 부처님의 국토에서 팔만 사천 보살들에게 둘러싸여 이 사바세계로 나를 찾아와 예배하고 공양을 올리며 법화경을 들으려고 하는 조짐이다."

문수보살이 다시 부처님께 여쭈었다.

"세존이시여, 이 보살은 어떤 선근을 심고 공덕을 닦았기에, 이런 큰 신통력이 있으며 또 어떤 삼매를 행할 수 있습니까. 바라옵건대 저희를 위하여 이 삼매의 이름을 말씀하여 주옵소서. 저희 모두 부지런히 이를 수행하고자 합니다. 이 삼매를 수행하여 보살의 크고 작은 모습과 생활 속의 위엄을 보고 싶습니다. 오직 바라옵건대 세존의 신통력으로 저 보살이 오는 것을 저희 모두 볼 수 있게 하옵소서."

이때, 석가모니 부처님께서 문수보살에게 "오래전 열반에 드신 다보여래께서 그대들을 위하여 그 보살의 모습을 나타낼 것이다."라고 말씀하셨다. 그때, 다보여래께서 저 보살에게 "선한 불자여, 오라. 문수보살이 그대를 직접 보기를 원한다."라고 말씀하셨다.

이때, 묘음보살이 자기 나라를 떠나 팔만 사천 보살과 함께 오니, 지나오는 모든 국토마다 여섯 종류 상서로운 일들이 일어나고 칠보로 된 연꽃이 비 오듯 내리며 하늘의 온갖 악기들이 연주하지 않아도 저절로 아름다운 소리가 울려 퍼졌다.

이 보살의 눈은 넓고 큰 푸른 연꽃잎과 같으며, 얼굴은 백천만 개 보름달을 합해 놓은 것보다 환하고 단정하였다. 황금색의 몸은 헤아릴 수 없이 많은 공덕으로 장엄하여 위엄과 복덕이 확연하게 드러나고, 환하게 비추어 잘 갖추어진 온갖 모습이 금강역사의 견고한 몸과 같았다. 칠보 좌대에 앉아 허공에 오르니 그 높이가 백 미터나 되었으며, 모든 보살 대중에게 둘러싸여 이 사바세계 영취산에 이르렀다.

그 보살은 칠보 좌대에서 내려와 석가모니 부처님을 찾아가 머리 숙여 예배하고, 온갖 귀한 옥구슬 장식물을 바치며 부처님께 여쭈었다.

"세존이시여, 깨끗한 꽃별 왕 지혜 부처님께서 세존께 문안드리라고 말씀하셨습니다. 아프신 데나 번거로운 일이 없이 편안히 지내십니까? 몸이 건강하고 세상일에 무심하여 중생들을 쉽게 제도하셨습니까? 중생이 탐욕 성냄 어리석음과 질투와 인색한 마음이나 교만한 마음은 없었습니까? 부모에게 효도하지 않거나 사문을 공경하지 않으며 삿된 견해나 착하지 않은 마음으로 온갖 욕망에 빠져 있진 않았습니까? 세존이시여, 중생이 모든 마군과 원수를 잘 항복시킬 수 있었습니까? 오래전 열반에 드신 다보여래께서는 칠보탑에 계시면서 법화경을 들으러 오셨습니까?"

또 묘음보살은 다보여래께 "오랫동안 편안하게 번거로운 일이 없이 잘 지내셨습니까?"라고 문안을 드리고, 세존께 "세존이시여, 제가 지금 다보여래를 뵙고자 하오니 바라옵건대 세존께서는 제가 뵐 수 있게 하옵소서."라고 부탁을 드렸다.

이때, 석가모니 부처님께서 다보여래께 "여기 묘음보살이 몸소 만나 뵙기를 원합니다."라고 하니, 다보여래께서 묘음보살에게 말씀하셨다.

"착하고 착하도다. 그대가 석가모니 부처님을 공양하여 연꽃법화경을 듣고 아울러 문수와 여러 보살을 만나려고 일부러 여기까지 왔구나."

이때, 꽃 공덕 화덕(華德) 보살이 부처님께 여쭈었다.

"세존이시여, 이 묘음보살은 어떤 선근을 심고 공덕을 닦았기에 이런 신통력이 있습니까?"

부처님께서 꽃 공덕 보살에게 말씀하셨다.

"과거에 부처님이 계셨으니 그 명호는 구름과 천둥소리의 왕 운뢰음왕(雲雷音王) 여래, 응공 정변지였다. 그 나라의 이름은 모든 세간을 드러낸 현일체세간(現一切世間)이고, 그 세월의 이름은 기쁜 만남의 세월 희견(喜見)이다.

묘음보살이 일만 이천 년 동안 십만 종류의 악기로 구름과 천둥소리의 왕 부처님께 공양을 올리고, 아울러 팔만 사천 칠보 밥그릇을 바쳤기에, 그때 인연의 업보로 지금 깨끗한 꽃별 왕 지혜 부처님의 국토에 태어나 이런 신통한 힘을 얻었다.

꽃 공덕 보살이여, 그대 생각은 어떠한가? 그때 구름과 천둥소리의 왕 부처님이 계신 곳에서 음악으로 공양을 올리고 보배 밥그릇을 바친 묘음보살이 어찌 다른 사람이겠느냐. 여기에 있는 묘음보살이 바로 그이다.

꽃 공덕 보살이여, 이 묘음보살은 일찍이 헤아릴 수 없이 많은 부처님께 공양을 올려 가까이하며 오랫동안 모든 공덕의 근본을 심고, 또 갠지스강 모래알처럼 많은 백천만 억 나유타 부처님을 만나 뵈었다.

꽃 공덕 보살이여, 그대는 다만 묘음보살의 몸이 여기에만 있다고 보나, 이 보살은 온갖 몸으로 곳곳에 나타나 모든 중생을 위하여 이 법화경을 설한다. 범천왕이나 제석천의 몸으로 나타나고, 자재천이나 큰 자재천의 몸으로 나타나며, 하늘 대장군이나 비사문천왕의 몸으로 나타난다. 전륜성왕이나 크고 작은 왕들의 몸, 장자나 거사의 몸, 관리나 바라문의 몸, 비구 비구니 우바새 우바이의 몸으로 나타나고, 장자나 거사의 부인 몸으로 나타나며, 관리나 바라문의 부인 몸으로 나타난다. 어린 남자나 여자의 몸으로 나타나고, 그리고 하늘 신중 용왕 야차 건달바 아수라 가루라 긴나라 마후라가 인비인(人非人) 등으로 나타난다.

이런 몸들을 나타내어 이 법화경을 설하면서 온갖 지옥, 아귀, 축생들과 어려움에 직면한 중생들을 다 구제할 수 있다. 나아가 왕의 후궁에서 여자 몸으로 변신하여 이 경전을 설하기도 한다.

꽃 공덕 보살이여, 이 묘음보살은 사바세계의 모든 중생을 제도할 수 있다. 묘음보살이 이처럼 온갖 변신한 몸을 나타내어 이 사바세계에서 중생을 위하여 법화경을 설하나 신통이 자유자재한 지혜는 조금도 줄어들지 않는다. 이 보살이 갖춘 지혜로 사바세계를 환하게 비춰, 모든 중생이 저마다 알 것을 얻게 하고, 시방 세계 갠지스강 모래알처럼 많은 다른 세계에서도 이와 같이 한다.

만일 성문의 몸으로 제도할 이에게는 성문의 모습으로 나타나 설법하며, 벽지불의 몸으로 제도할 이에게는 벽지불의 모습으로 나타나 설법한다. 보살의 몸으로 제도할 이에게는 보살의 모습으로 나타나 설법하며, 부처님의 몸으로 제도할 이에게는 부처님의 모습으로 나타나 설법한다. 이처럼 온갖 제도할 자의 근기에 따라 그 모습을 나타내며, 나아가 열반으로 제도할 이에게는 열반의 모습을 드러내 보인다. 꽃 공덕 보살이여, 묘음보살이 성취한 큰 신통과 지혜의 힘은 그 모습이 이와 같다."

이때, 꽃 공덕 보살이 부처님께 "세존이시여, 이 묘음보살은 좋은 마음의 뿌리를 깊이 심었습니다. 이 보살은 어떤 삼매에 머물기에 이처럼 변신하여 나타나는 곳에서 중생을 제도하여 해탈시킬 수가 있습니까."라고 여쭈었다. 부처님께서는 꽃 공덕 보살에게 "선한 불자여, 그 이름은 모든 몸을 드러내는 현일체색신 (現一切色身) 삼매라고 한다. 묘음보살은 이 삼매에 머물렀기에 이처럼 헤아릴 수 없이 많은 중생에게 풍요로운 이익을 줄 수 있다."라고 말하였다.

부처님께서 이 묘음보살에 대한 신기한 일을 설하실 때, 묘음보살과 같이 왔던 팔만 사천 명이 모두 모든 몸을 드러내는 현일체색신 삼매를 얻고, 이 사바세계의 헤아릴 수 없이 많은 보살도 또한 이 삼매와 다라니를 얻었다.

묘음보살이 석가모니 부처님과 다보여래의 탑에 공양을 마치고 본국으로 돌아갈 때, 그가 지나가는 모든 국토에서는 여섯 종류의 상서로운 흔들림이 있었고 보배 연꽃이 비 오듯 내리며 백천만 억 온갖 음악이 흘러나왔다. 본국에 이르러 팔만 사천 보살에게 둘러싸여 그들과 함께 깨끗한 꽃별 왕 지혜 부처님이 계신 데로 나아가서 부처님께 사뢰었다.

"세존이시여, 제가 사바세계에 가서 중생들을 이롭게 하고 석가모니 부처님과 다보여래의 탑을 친견하여 예배하고 공양하였습니다. 또 문수보살, 약왕보살, 부지런히 공부하는 보살, 용감하게 어떤 것도 아낌없이 보시하는 보살 등을 만나고 또한 이 팔만 사천 보살이 모든 몸을 드러내는 삼매를 얻게 하였습니다."

이 묘음보살이 사바세계에 다녀온 일을 설할
때 사만 이천 천자들이 생멸이 없는 지혜를
얻고 꽃 공덕 보살은 법화삼매를 얻었다.

25. 중생에게 감응하는 관세음보살

【관세음보살보문품觀世音菩薩普門品】

이때, 끝없이 보살행을 실천하는 무진의(無盡意) 보살이 자리에서 일어나 정중하게 예의를 갖추고 부처님께 합장하며, "세존이시여, 관세음보살은 무슨 인연으로 관세음보살이라 부릅니까?"라고 여쭈었다.

부처님께서 무진의보살에게 말씀하셨다.

25

"무진의보살이여, 헤아릴 수 없이 많은 백천만 억 중생이 온갖 고통을 당할 때, 관세음보살의 명호를 지극 정성으로 부른다면, 관세음보살이 그 음성을 바로 통찰하고 가피를 주시므로, 온갖 고통에서 벗어나 해탈하게 된다.

관세음보살의 명호를 지니고 사는 사람들은 타는 불 속으로 들어가더라도 불이 태울 수 없으니, 이는 관세음보살의 위엄과 신통의 가피를 입기 때문이다. 큰물에 떠내려가더라도 관세음보살의 명호를 부른다면, 곧 얕은 곳에 닿아 귀한 생명을 구할 수 있을 것이다.

백천만 억 중생이 금 은 유리 자거 마노 산호 호박 진주 같은 보배들을 구하려고 큰 바다에 들어갔다가, 폭풍에 휩싸여 사람들을 잡아먹는 귀신들의 나라로 표류할 때, 그 가운데 한 사람이라도 관세음보살의 명호를 부르는 사람이 있다면, 귀신에게 잡혀 당할 온갖 고난에서 모든 사람이 벗어날 것이니, 이런 인연으로 관세음보살이라고 부르는 것이다.

어떤 사람이 창과 칼의 피해를 당할 때 관세음보살의 명호를 지극 정성으로 부른다면, 상대방의 창과 칼은 산산이 부서져 그 고난에서 벗어날 것이다.

삼천대천세계에 가득한 야차와 시꺼먼 나찰이 어떤 사람을 잡아먹으려고 하다가도, 그 사람이 관세음보살의 명호를 지극 정성으로 부른다면, 야차와 나찰의 흉악한 눈으로 이들을 볼 수조차 없는데, 하물며 어떻게 해를 입힐 수가 있겠느냐.

설사 어떤 사람이 죄가 있든 없든 수갑과 쇠사

슬에 묶여 있을 때, 그 사람이 관세음보살의 명호를 지극 정성으로 부른다면, 수갑과 쇠사슬이 모두 끊어지고 풀어져서 그 고통에서 벗어나게 될 것이다.

삼천대천세계에 도둑이 가득 차 있는데, 귀한 보물을 소장한 상인들이 험난한 길을 지나갈 적에, 그 가운데 한 사람이라도 '선한 불자들이여, 두려워 말라. 그대들이 관세음보살의 명호를 지극 정성으로 부른다면, 관세음보살은 그대들의 공포심을 없애 줄 것이다. 그대들이 관세음보살의 명호를 부른다면 원수와도 같은 도적들의 손아귀에서 모두 무사하게 벗어나게 될 것이다.'라고 하고, 상인들이 그 소리를 듣고 모두 함께 지극 정성으로 관세음보살의 명호를 소리 내어 부른다면, 곧 도적들의 손아귀에서 탈 없이 벗어나 모든 두려움을 극복하게 될 것이다.

끝없이 보살행을 실천하는 무진의보살이여, 관세음보살의 위엄과 신통력은 이처럼 크고 위대하다.

어떤 중생이 음욕에 깊이 빠져 괴롭더라도, 지극 정성으로 늘 관세음보살을 생각하고 공경하면, 바로 음욕의 고통에서 벗어나게 될 것이다.

어떤 중생이 자신도 모르게 성을 많이 내어 괴롭더라도, 지극 정성으로 언제나 관세음보살을 생각하고 공경하면, 바로 성냄의 고통에서 벗어나게 될 것이다.

어떤 중생이 어리석음에 깊이 빠져 괴롭더라
도, 지극 정성으로 끊임없이 관세음보살을 생
각하고 공경하면, 바로 어리석음의 고통에서
벗어나게 될 것이다.

끝없이 보살행을 실천하는 무진의보살이여,
이와 같은 큰 위엄과 신통력이 관세음보살에
게 있으므로 중생에게 이로움이 많으니, 중생
들은 지극 정성으로 항상 관세음보살을 생각
해야 하느니라.

어떤 여인이 있어 아들을 얻고자 관세음보살
님께 예배하고 공양을 올린다면, 바로 복덕과
지혜가 넘치는 아들을 낳을 것이다.

혹 딸을 낳고자 원한다면 바로 단정한 모습을

지닌 여아를 낳을 것이며, 이 여아는 전생에 공덕을 심어 놓은 아이니, 모든 사람이 좋아하고 공경하게 될 것이다.

관세음보살의 명호를 받아 지녀야

끝없이 보살행을 실천하는 무진의보살이여, 관세음보살은 이와 같은 힘이 있으므로, 중생들이 관세음보살을 공경하고 예배를 올린다면, 그 복덕은 헛되지 않을 것이니라.

이 때문에 중생들은 모두 관세음보살의 명호를 받아 지녀야 한다.

끝없이 보살행을 실천하는 무진의보살이여, 어떤 사람이 있어 육십이억 갠지스강 모래알만큼 많은 보살의 명호를 받아 지니고 다시 그 몸이 다하여 죽는 날까지 맛있는 음식, 아름다운 의복, 편안한 침구, 좋은 의약품을 공양 올린다면 그대는 어떻게 생각하느냐? 이 선한 불자들이 지어놓은 공덕이 많겠느냐?"

끝없이 보살행을 실천하는 무진의보살이 "참으로 많습니다, 세존이시여."라고 답하였다.

부처님께서 말씀하셨다.

"어떤 사람이 관세음보살의 명호를 받아 지녀 잠시라도 예배하고 공양하면, 이 두 사람이 지어놓은 복덕은 같고 차이가 없어서 백천만 억겁이 지나더라도 다 쓸 수가 없다.

끝없이 보살행을 실천하는 무진의보살이여,

관세음보살의 명호를 받아 지닌다면 이와 같은 헤아릴 수 없이 많은 복덕을 얻게 될 것이니라."

무진의보살이 부처님께 사뢰었다.

"세존이시여, 관세음보살님은 어떻게 이 사바세계에 모습을 드러내시고, 중생들을 위하여 어떻게 설법하시며, 방편으로 드러나는 신통력은 어떤 것이 있습니까?"

부처님께서 무진의보살에게 말씀하셨다.

"선한 불자여, 만약 어떤 중생들이 있어서, 부처님의 몸으로 제도할 사람들에게는, 관세음보살이 곧 부처님의 몸을 나투어 법을 설할 것이니라.

벽지불의 몸으로 제도할 사람들에게는, 관세음보살이 곧 벽지불의 몸을 나투어 법을 설할 것이니라.

성문의 몸으로 제도할 사람들에게는, 관세음보살이 곧 성문의 몸을 나투어 법을 설할 것이니라.

범천왕의 몸으로 제도할 사람들에게는, 관세음보살이 곧 범천왕의 몸을 나투어 법을 설할 것이니라.

제석천왕의 몸으로 제도할 사람들에게는, 관세음보살이 곧 제석천왕의 몸을 나투어 법을 설할 것이니라.

자재천의 몸으로 제도할 사람들에게는, 관세
음보살이 곧 자재천의 몸을 나투어 법을 설할
것이니라.

대자재천의 몸으로 제도할 사람들에게는, 관
세음보살이 곧 대자재천의 몸을 나투어 법을
설할 것이니라.

하늘에 있는 대장군 몸으로 제도할 사람들에
게는, 관세음보살이 곧 하늘에 있는 대장군
몸으로 나투어 법을 설할 것이니라.

비사문의 몸으로 제도할 사람들에게는, 관세
음보살이 곧 비사문의 몸을 나투어 법을 설할

것이니라.

작은 나라의 왕이라는 신분으로 제도할 사람들에게는, 관세음보살이 곧 작은 나라의 왕이라는 신분을 나투어 법을 설할 것이니라.

장자의 몸으로 제도할 사람들에게는, 관세음보살이 곧 장자의 몸을 나투어 법을 설할 것이니라.

거사의 몸으로 제도할 사람들에게는, 관세음보살이 곧 거사의 몸을 나투어 법을 설할 것이니라.

재상의 몸으로 제도할 사람들에게는, 관세음보살이 곧 재상의 몸을 나투어 법을 설할 것이니라.

바라문의 몸으로 제도할 사람들에게는, 관세음보살이 곧 바라문의 몸을 나투어 법을 설할 것이니라.

비구 비구니 우바새 우바이의 몸으로 제도할 사람들에게는, 관세음보살이 곧 이들의 몸을 나투어 법을 설할 것이니라.

장자, 거사, 재상, 바라문의 아내 몸으로 제도할 사람들에게는, 관세음보살이 곧 이들 아내의 몸을 나투어 법을 설할 것이니라.

소년, 소녀의 몸으로 제도할 사람들에게는, 관세음보살이 곧 소년 소녀의 몸을 나투어 법을 설할 것이니라.

그리고 하늘 신중 용왕 야차 건달바 아수라 가루라 긴나라 마후라가 인비인(人非人) 등의 몸으로 제도할 사람들에게는, 관세음보살이 곧 이들의 몸을 나투어 법을 설할 것이니라.

금강역사로 제도할 사람들에게는, 관세음보살이 곧 금강역사로 몸을 나투어 법을 설할 것이니라.

끝없이 보살행을 실천하는 무진의보살이여, 관세음보살은 이와 같은 공덕을 성취하여 온갖 형상으로 온갖 곳에 모습을 나투어 모든 중생을 제도할 것이니라.

이런 까닭에 그대들은 지극 정성으로 관세음보살에게 공양을 올려야만 한다.

관세음보살은 공포와 두려움에 떠는 위급한 중생들에게 조금도 두려움이 없는 편안함을 주니, 이 사바세계 사람들은 모두 관세음보살을 중생의 마음에 두려움이 없게 해 주시는 분이라고 하느니라."

무진의보살은 부처님께 사뢰었다.

"세존이시여, 제가 이제 관세음보살님께 공양을 올리겠습니다."

곧 귀한 보배 구슬 목걸이를 관세음보살님께

바치면서 말하였다.

"어진 분이시여, 법의 가르침을 받고 공양을
올리는 진귀한 보배 구슬 목걸이를 받아 주시
옵소서."

이때, 관세음보살이 가만히 있자, 무진의보살
이 다시 관세음보살님께 사뢰었다.

"어진 분이시여, 저희 모두 애틋하게 보살펴
주시는 은혜 때문이니, 부디 진귀한 보배 구슬
목걸이를 거둬 주시옵소서."

이때, 부처님께서 관세음보살에게 말씀하셨
다.

"무진의보살과 사부대중 그리고 하늘 신중 용왕 야차 건달바 아수라 가루라 긴나라 마후라가 인비인(人非人) 등을 애틋하게 보살펴 준 은혜 때문이니 이 진귀한 보배 구슬 목걸이를 받아 주시지요."

관세음보살은 사부대중 그리고 하늘 신중 용왕 인비인(人非人) 등 모든 중생을 애틋하게 여기고 있었으므로, 그 보배 구슬을 받아 두 몫으로 나누어, 한몫은 석가모니 부처님께 공양을 올리고, 또 한몫은 다보 부처님 탑에 공양을 올렸다.

"끝없이 보살행을 실천하는 무진의보살이여, 관세음보살은 이와 같은 자유자재한 신통력으로 사바세계에서 중생의 인연에 맞는 몸을 나투시며 모든 중생을 제도하느니라."

이때, 무진의보살이 게송을 읊으며 물었다.

오롯하신 부처님께 제가 이제 묻사오니
관음보살 명호 가진 그 까닭이 무엇인지

온갖 상호 잘 갖추어 원만하신 세존께서
보살에게 자비로운 게송으로 답하시네.

그대 이제 잘 들어라. 관음보살 가피의 힘
바다 같은 넓은 서원 그것들은 불가사의
천억 여래 따라다녀 큰 원력을 세웠노라.

내가 이제 그대에게 간략하게 설하리니
관음보살 명호 듣고 그의 몸을 보았다면

마음속의 모든 바람 빠짐없이 이루어져
모든 세상 괴로움을 없앨 수가 있느니라.

어떤 이가 해치려고 불 속으로 밀더라도
관음보살 염불하면 그 불 속이 시원한 물
큰 바다에 빠졌을 때 큰 파도가 치더라도
관음보살 염불하면 거친 파도 사라지네.

높고 높은 봉우리서 미끄러져 추락할 때
관음보살 염불하면 허공에서 둥실 뜨고
나쁜 사람 쫓아옴에 벼랑 끝에 떨어져도
관음보살 염불하면 털끝 하나 안 다치네.

도적들이 둘러싸고 칼을 들어 해치려다
관음보살 염불하면 자비심을 일으키고
나라 법을 어기어서 교수형을 당할 때도

관음보살 염불하면 벼린 칼날 무뎌지리.

감옥 속의 죄수로서 꽁꽁 묶여 있더라도
관음보살 염불하면 절로 절로 석방되고
독약으로 저주하며 남 죽이려 하는 사람
관음보살 염불하면 그 반대로 피해 보리.

독룡나찰 나쁜 귀신 남 해치는 어떤 것도
관음보살 염불하면 해치지를 못하면서
날카로운 이와 발톱 공격하던 짐승들도
관음보살 염불하면 먼 곳으로 도망가네.

살모사와 전갈 독기 제아무리 사나워도
관음보살 염불하면 소리 듣고 피해 가며
천둥 번개 우박 폭우 사정없이 몰아쳐도
관음보살 염불하면 그 자리서 멈추리라.

고통받는 중생 모두 하염없이 괴로워도
관음보살 염불하면 그 고통이 사라지니
신통력을 다 갖추고 지혜 방편 온전하여
시방세계 모든 국토 어디에든 나투리라.

가지가지 나쁜 갈래 지옥 아귀 축생들의
생로병사 온갖 고통 시나브로 제거하고
진실하고 깨끗하며 크고 넓은 지혜 가져
자비로써 원력 펼쳐 모든 중생 제도하리.

티도 없이 맑은 태양 어둠 깨는 지혜 광명
온갖 재앙 소멸시켜 모든 세상 보살피고
자비로운 마음에서 엄정 계율 천둥 같고
인자하게 쓰는 마음 크고 넓은 구름 같아
감로수법 소낙비로 번뇌 불꽃 잠재우네.

시비 갈등 심한 곳과 전쟁터의 죽음 공포
관음보살 염불하면 모든 재난 사라지니
오묘 미묘 신통방통 세간 소리 모두 듣고
맑디맑은 하늘 소리 때맞추어 구원 주는
관세음의 염불 소리 세간에서 뛰어나네.

이 때문에 모름지기 잊지 말고 염불하되
관세음의 위엄 신통 어떤 것도 의심 말라.

관세음의 고결하고 맑디맑은 성스러움
괴로움과 죽을 액운 없애주는 의지처라
온갖 공덕 다 갖추어 자비로운 품이므로
그 복덕이 많고 많아 보살님께 절 올리네.

그때, 온갖 공덕을 품고 있는 지지(持地) 보살
이 자리에서 일어나 부처님 앞에 나아가 사뢰

었다.

"세존이시여, 어떤 중생이 관세음보살의 자유자재한 위엄과 중생의 형편에 맞춰 두루 보여주는 신통력을 듣고 본다면, 이 사람의 공덕은 참으로 큰 줄 알아야 합니다."

부처님께서 관세음보살보문품을 설할 때, 대중 가운데 있던 팔만 사천 중생 모두가 비할 데 없이 높고 바른 깨달음을 얻고자 하는 마음을 내었다.

25

26. 법사를 보호하는 다라니

【다라니품陀羅尼品】

약왕보살 다라니

이때, 약왕보살이 자리에서 일어나 오른쪽 어깨를 드러내고 부처님을 향하여 합장하고 사뢰었다.

"세존이시여, 만일 선한 불자들이 법화경을 받아 지녀 읽고 외워서 이치에 통하거나 경전을 옮겨 써 널리 퍼트린다면 그 복은 얼마나 되겠습니까?"

"만일 어떤 선한 불자들이 팔백만 억 나유타 갠지스강 모래알처럼 많은 부처님께 공양을 올렸다면 그대 생각은 어떠한가. 그 사람이 받을 복이 많다 하겠느냐?"

"매우 많겠습니다, 세존이시여."

"만일 어떤 선한 불자들이 이 경에서 네 줄로 된 게송 하나라도 받아 지녀 읽고 외워 이치를 알고 말한 대로 수행하면 그 공덕은 앞서 말한 복보다 참으로 많다."

"세존이시여, 제가 이제 법화경을 설하는 연꽃법사에게 다라니 주문을 주어 지키고 보호 하겠습니다."

그리고 곧 주문을 말하였다.

아녜 마녜 마네 마마네 칫테 차리테 사
메 사미타 비산테 묵테 묵타타메 사메
아비사메 사마사메 자예 크사예 아크사
예 아크시네 산테 사미테 다라니 아로카
바세 프라탸베크사니 니디루 아뱐타라
니비스테 아뱐타라파리숫디 웃쿠레 뭇
쿠레 아라데 파라데 수캉크시 아사마사
메 붓다비로키테 다르마파리크시테 상
가니르고사니 니르고사니 바야바야비
소다니 만트레 만트라크사야 루테 루테
카우사례 아크사예 아크사야 비나타예
박쿠레 바로다 아마냐나타에 스바하.

"세존이시여, 이 다라니 신주는 육십이억 갠
지스강 모래알처럼 많은 부처님께서 설하신
것입니다. 그러므로 이 다라니를 지닌 연꽃법

사를 헐뜯고 욕하면 곧 부처님을 헐뜯고 욕하는 것입니다."

"착하고 착하도다, 약왕보살이여. 그대가 이 법화경의 가르침을 전하는 연꽃법사를 아끼고 보호하려고 이 다라니를 설했으니, 모든 중생에게 많은 이익이 있을 것이다."

용시보살 다라니

이때, 용시보살이 또 부처님께 사뢰었다.

"세존이시여, 저도 법화경을 받아 지녀 읽고 외우는 연꽃법사를 지켜주고자 다라니를 설하겠습니다. 연꽃법사가 이 다라니를 지니면 야차나 나찰 혹은 열병 귀신, 시체 귀신, 구반다, 아귀들이 그의 허물을 찾더라도 찾을 수 없을 것입니다."

그리고 곧 부처님 앞에서 주문을 설하였다.

즈바레 마하즈바레 욱케 툭케 묵케 아
데 아다바티 느리테 느리탸바티 잇티
니 빗티니 칫티니 느리탸니 느리탸바
티 스바하.

"세존이시여, 이 다라니 신주는 갠지스강 모
래알처럼 많은 부처님께서 설하시고 또한 모
두 기뻐하신 주문입니다. 그러므로 이 다라니
를 지닌 연꽃법사를 헐뜯고 욕하면 곧 모든
부처님을 헐뜯고 욕하는 것입니다."

이때, 세상을 보호하는 비사문천왕이 부처님께 "세존이시여, 저도 중생들을 애틋하게 여겨 이 법화경의 가르침을 전하는 연꽃법사를 지키고 보호하고자 이 다라니를 설하겠습니다."라고 사뢰고 곧 주문을 설하였다.

앗테 탓테 낫테 바낫테 아나데 나디 쿠나디 스바하.

"세존이시여, 이 신주로 법화경의 가르침을 전하는 연꽃법사를 지키고, 저도 이 경을 받아 지닌 자를 지키고 보호하여, 연꽃법사를 중심으로 백 유순 내에 어떤 재앙과 근심 걱정도 없게 하겠습니다."

이때, 수미산 동쪽을 다스리는 지국천왕이 이 법회에 있다가 천 만억 나유타 건달바에게 둘러싸여 보호받고 공경받으면서 부처님 앞에 나아가 합장하고 "세존이시여, 저도 다라니 신주로 연꽃법사를 지키고 보호하겠습니다." 라고 사뢰며 곧 주문을 설하였다.

아가네 가네 가우리 간다리 찬다리 마탕기 풋카시 상쿠레 부루사리 시시 스바하.

"세존이시여, 이 다라니 신주는 사십이억 모든 부처님께서 설하신 것입니다. 그러므로 법화경의 가르침을 전하는 연꽃법사를 헐뜯고 욕하면 이 모든 부처님을 헐뜯고 욕하는 것입니다."

26

이때, 나찰녀들이 있었으니 첫째 이름은 오른손에 칼 왼손에 경전을 든 여인이요, 둘째는 양손으로 구리방울을 흔드는 여인이며, 셋째 이름은 꽃바구니를 든 여인이요, 넷째는 보배 구슬을 갖고 꽃을 주는 여인이며, 다섯째 이름은 왼손에 보배 깃발을 들고 오른손을 가슴에 얹은 여인이요, 여섯째는 오른손에 보배 깃발을 들고 왼손을 가슴에 얹은 여인이며, 일곱째 이름은 왼손에 물병 오른손에 연꽃과 연밥을 든 여인이요, 여덟째는 옥구슬을 연결한 장엄물을 양손에 지닌 여인이며, 아홉째 이름은 양손에 경전을 받드는 여인이고, 열째는 두 손으로 합장하는 여인이었다.

이 열 명의 나찰녀가 어린아이를 수호하는 신

과 그의 권속들과 함께 부처님 앞에 나아가 똑같은 소리로 "세존이시여, 저희 모두 이 법화경을 받아 지녀 읽고 외운 연꽃법사들을 위하여 지켜주고 모든 재앙과 근심 걱정을 없애줄 것입니다. 다른 사람이 법화경의 가르침을 전하는 연꽃법사의 허물을 찾아내려고 하여도 찾지 못하도록 하겠습니다."라고 하며 곧 주문을 설하였다.

이티메 이티메 이티메 이티메 이티메 니메 니메 니메 니메 니메 루헤 루헤 루헤 루헤 루헤 스투헤 스투헤 스투헤 스투헤 스투헤 스바라.

"차라리 내 머리 위에 오를지언정 법화경의 가르침을 전하는 연꽃법사를 괴롭히지 마라.

야차, 나찰, 아귀, 열병 귀신, 시체 귀신, 푸른 귀신, 건타, 정기를 빨아먹는 귀신, 치매 귀신, 주술 귀신, 주술사, 하루 이틀 사흘 나흘 내지 이레 동안 앓는 열병이나 끊임없이 앓는 열병, 남자와 여자의 형상 또는 어린 남자나 여자의 형상을 한 악귀들은 꿈속에서라도 법화경의 가르침을 전하는 연꽃법사를 괴롭히지 마라.”

그리고 부처님 앞에서 게송으로 말하였다.

나의 주문 안 따르고 연꽃법사 괴롭히면
그 머리를 일곱 조각 갈기갈기 찢어놓고
승단 화합 깨뜨렸던 제바달다 죄인처럼
부모 죽인 원수처럼 기름짜듯 주리 트니
연꽃법사 해치는 자 누구라도 있을진대
두말없이 이런 고통 재앙들을 받으리라.

모든 나찰녀가 이 게송을 읊고 부처님께 사뢰었다.

"세존이시여, 저희 모두 법화경을 받아 지녀 읽고 외우며 수행하는 연꽃법사를 몸소 지키어 편안케 하고 모든 재앙과 근심 걱정을 벗어나 어려움을 당하는 일이 없게 하겠습니다."

부처님께서 모든 나찰녀에게 말씀하셨다.

"착하고 착하도다. 그대들이 법화경의 이름을 받아 지닌 연꽃법사를 지키기만 하더라도 그 복이 헤아릴 수 없이 많은데, 하물며 법화경을 받아 지녀 그 경전에 꽃, 향, 옥구슬, 가루 향, 바르는 향, 사르는 향, 비단 깃발과 덮개, 온갖 음악으로 공양을 올리고, 버터 등불, 기름 등불, 온갖 좋은 향기가 나는 기름 등불, 소마나 꽃 기름 등불, 첨복꽃 기름 등불, 바사가꽃 기름 등불, 우담바라꽃 기름 등불 같은 수많은 등불을 밝혀 공양 올리는 이를 지켜주는 공덕이야 무엇을 더 말할 필요가 있겠느냐. 나찰녀여, 그대들과 그대 권속들은 마땅히 이와 같이 법화경의 가르침을 전하는 연꽃법사를 지켜야 할 것이다."

이 다라니에 관한 일을 설할 때 육만 팔천 명이 모두 불생불멸의 지혜인 무생법인을 얻었다.

27. 묘장엄왕의 전생 이야기

【 묘장엄왕본사품妙莊嚴王本事品 】

이때, 부처님께서 모든 대중에게 말씀하셨다.

"지난 과거 헤아릴 수 없이 많은 불가사의 아승지겁에 뭉게구름과 천둥소리의 꽃별 왕 지혜 운뇌음수왕화지(雲雷音宿王華智) 여래, 응공 정변지 부처님이 계셨는데, 그분의 나라 이름은 빛으로 장엄한 광명장엄(光明莊嚴)이었고, 그 세월의 이름은 기쁜 만남 희견(喜見)이었다.

그 부처님께서 법을 펼치실 때 오묘한 장엄의 왕 묘장엄왕(妙莊嚴王)이 있었는데, 부인의 이

름은 깨끗한 덕 정덕(淨德)이었다. 또 두 아들이 있었으니, 깨끗한 품 정장(淨藏)과 청정한 눈 정안(淨眼)이었다. 이 두 아들은 큰 신통력과 복덕과 지혜가 있었고 오래도록 보살이 행해야 할 도를 닦았다.

이른바 보살행인 보시 지계 인욕 정진 선정 지혜 방편의 일곱 가지 바라밀과 중생을 아끼는 자(慈) 비(悲) 희(喜) 사(捨) 네 가지 큰마음과 부처님의 깨달음에 도달하는 서른일곱 가지 도 닦는 법을 잘 알고 다 통달하였다. 또 보살의 깨끗한 삼매, 해와 별처럼 빛나는 삼매, 깨끗한 빛 삼매, 깨끗한 모습의 삼매, 맑고 밝은 삼매, 영원히 고요한 삼매, 큰 위엄과 덕을 지닌 삼매를 갖추어 이런 삼매들도 잘 알고 다 통달하였다.

그 당시 부처님께서는 묘장엄왕을 이끌고자 하시며 중생들을 애틋하게 여기셨기에 이 법화경을 설하셨다. 그때, 왕의 두 아들인 깨끗한 품 정장과 청정한 눈 정안이 어머니 처소에 가서 합장하고 말하였다.

'바라옵건대 어머니께서는 뭉게구름과 천둥소리의 꽃별 왕 지혜 운뇌음수왕화지(雲雷音宿王華智) 부처님이 계신 곳으로 가옵소서. 저희 모두 부처님을 가까이 모시고 예배하고 공양을 올리겠습니다. 왜냐하면 이 부처님께서는 모든 하늘 신중과 인간에게 법화경을 설하시니 그 법문을 듣고 받아 지녀야 하기 때문입니다.'

어머니는 아들들에게 '아버지는 외도를 믿고 바라문의 법에 깊이 집착하고 있으니, 너희들이 아버지께 말씀드려 함께 가자.'라고 말하였다. 이에 깨끗한 품 정장과 청정한 눈 정안이 두 손 모아 합장하고 어머니에게 말하기를 '저희는 법왕의 아들인데도 어찌 이 삿된 집에 태어났습니까?'라고 하니, 어머니는 아들에게 '너희들은 아버지를 생각하여 신통 변화를 부리도록 해라. 아버지가 신통을 보면 반드시 마음이 깨끗해져 우리들이 부처님 처소에 가는 것을 허락할 것이다.'라고 대답하였다.

신통으로 아버지를 교화하다

이에 두 아들이 아버지를 생각하여 허공으로 백 미터 높이쯤 올라가 온갖 신통 변화를 나타내었다. 허공에서 오가며 앉고 누워 윗도리에서 물을 뿜어내거나 아랫도리에서 불을 뿜어내었다. 또는 아랫도리에서 물을 뿜어내거나 윗도리에서 불을 뿜어내었다. 혹은 몸을 크게 하여 허공에 가득 차게 하였다가 다시 몸을 작게 하고, 작게 한 몸을 다시 크게도 하였다. 허공에서 사라져 문득 땅에 있기도 하고, 땅 위에 서 있는 게 물 위에 서 있는 것처럼 땅속으로 쑥 들어가기도 하며, 물 위를 걷는 게 땅에서 걷는 것 같은 온갖 신통 변화를 나타내었으므로, 아버지는 아무 생각이 없이 마음이 깨끗해져 부처님의 법을 믿고 알게 되었다.

그때, 아버지는 아들의 이런 신통력을 보고 전에 없이 크게 기뻐하며 합장하고 말하기를 '너희들의 스승은 누구이며 너희들은 누구의 제자냐?'라고 하니, 두 아들이 '대왕이시여, 저 뭉게구름과 천둥소리 꽃별 왕 지혜 운뇌음수 왕화지 부처님께서 지금 칠보로 된 보리수 법좌에 앉아 모든 세상의 하늘 신중과 인간을 위하여 널리 법화경을 설하고 계십니다. 그분이 곧 우리 모두의 스승이요, 우리는 그분의 제자입니다.'라고 대답하였다. 아버지는 아들들에게 '나도 이제 너희들의 스승을 뵙고 싶으니 함께 가야겠다.'라고 말하였다.

이에 두 아들이 허공에서 내려와 어머니께 합장하고 말하기를 '부왕께서 이제 부처님 가르침의 위대함을 믿고 이해하여 바른 깨달음을 구할 마음을 내셨습니다. 저희가 부왕을 위하여 깨달음을 얻게 하였으니 바라건대 어머니께서는 저희가 부처님께 출가하여 도를 닦게 허락하여 주옵소서.'라고 하였다.

그때, 두 아들은 어머니께 그 뜻을 거듭 펼치려고 게송으로 말하였다.

원하건대 어머님은 저희 모두 출가하여
사문으로 도를 닦게 허락하여 주옵소서.
부처님을 만나기는 너무나도 어려운 일
저희 모두 찾아가서 부처님 법 배우리다.

삼천 년에 한 번 피는 우담바라 꽃의 향연
부처님의 세상 출현 그보다 더 어려운 일
중생의 삶 온갖 환난 벗어나기 어려우니
저희 모두 출가함을 허락하여 주옵소서.

어머니는 두 아들에게 '너희들의 출가를 허락하겠다. 왜냐하면 이 세상에서 부처님을 만나

27

는 일은 매우 어렵기 때문이다.'라고 말하였다.

이에 두 아들이 부모님께 말하였다.

'감사합니다, 부모님이시여. 바라건대 때가 되었사오니 뭉게구름과 천둥소리의 꽃별 왕 지혜 운뇌음수왕화지 부처님을 찾아가 가까이서 모시고 공양을 올리옵소서. 왜냐하면 부처님은 만나 뵙기가 삼천 년에 한 번 우담바라 꽃이 피듯 어렵고, 또 외눈박이 거북이가 숨을 쉬기 위하여 수면 위로 올라올 때, 큰 바다에 떠다니는 조그만 구멍이 뚫린 판자에 머리를 밀어 넣는 일처럼 어렵기 때문입니다.

그러나 저희는 전생에 지은 복이 많아 이 세상

에 태어나 부처님의 법을 만났습니다. 이 때문에 부모님께서는 저희가 출가하게 허락해 주셔야 합니다. 왜냐하면 부처님은 만나 뵙기가 어려우며 출가할 시기를 만나는 일도 또한 어렵기 때문입니다.'

그때, 묘장엄왕의 후궁에 있는 궁녀 팔만 사천 명이 모두 이 법화경을 받아 지녔고, 맑은 눈 정안(淨眼) 보살은 법화경을 잘 익혀 흔들리지 않는 믿음의 법화삼매에서 오래 머물러 이미 깨달았다. 깨끗한 품 정장(淨藏) 보살은 벌써 헤아릴 수 없이 많은 백천만 억겁에서 어떤 나쁜 세상도 없는 이제악취(離諸惡趣) 삼매를 통달하여 모든 중생이 나쁜 길에서 모두 벗어나게 하였으며, 또 왕의 아내는 한 분의 부처님도 빠짐없이 모인 제불집(諸佛集) 삼매를 얻어 부처님의 비밀스러운 법의 곳간을 모두 알 수 있었다. 두 아들은 이처럼 방편으로 아버지를 잘 교화하여 부처님의 법을 믿고 이해하며 좋아하게 하였다.

이에 묘장엄왕과 모든 신하, 맑은 덕을 갖춘 정덕(淨德) 부인과 후궁에 있는 궁녀, 두 왕자와 그들의 권속 사만 이천 명이 모두 함께 부처님 계신 곳에 나아가 부처님의 발에 머리 숙여 예배하였다. 그리고 존경의 표시로 부처님의 오른쪽으로 세 번 돌고 한쪽에 물러나 앉아 있었다. 그때, 뭉게구름과 천둥소리 꽃별왕 지혜 운뇌음수왕화지 부처님께서 왕을 위하여 설법하고 가르침을 보여 기쁘게 하시니 왕은 환희로운 마음이 가득하였다.

그때, 묘장엄왕과 그의 아내가 아주 귀한 새털처럼 가벼운 진주와 옥구슬을 목에서 풀어 부처님 위에 꽃잎처럼 뿌리니 허공에서 네 기둥이 떠받드는 보배 누각이 되고, 그 누각 가운데는 큰 보배 평상이 있어 백천만 개나 되는 부드럽고 가벼운 하늘 옷을 깔았는데 그 위에 부처님께서 결가부좌하고 큰 광명을 놓으셨다. 그때, 묘장엄왕이 '부처님의 몸은 참으로 드물게 단정한 모습으로 특별하며 이 세상에서 제일가는 미묘한 몸을 가지셨다.'라고 생각하였다.

묘장엄왕이 부처님께 수기를 받다

이때, 뭉게구름과 천둥소리 꽃별 왕 지혜 운뇌음수왕화지 부처님께서 사부대중에게 말씀하셨다.

'그대들은 묘장엄왕이 지금 내 앞에서 합장하고 서 있는 것을 보았느냐. 이 왕은 내 법으로 비구가 되어 부지런히 정진하고 부처님을 돕다가 성불할 것이니 그 명호는 사라수왕(娑羅樹王) 부처님이고 나라 이름은 큰 빛 대광(大光)이며 그 세월의 이름은 크고 높은 왕 대고왕(大高王)이다. 그 부처님을 따르는 헤아릴 수 없이 많은 보살과 성문이 있고, 그 나라의 땅은 반듯하고 평평하니, 왕의 공덕이 이와 같으니라.'

왕은 바로 나라를 동생에게 맡기고 아내와 두 아들과 모든 권속과 함께 부처님의 법에 출가하여 도를 닦았다. 왕은 출가하여 팔만 사천 년을 부지런히 공부하여 연꽃법화경을 수행하였고 그 뒤에 깨끗한 공덕을 모두 갖춘 일체

정공덕장엄(一切淨功德莊嚴) 삼매를 얻었다. 이 삼매를 얻고 왕은 허공으로 백 미터쯤 높이 솟아올라 부처님께 사뢰었다.

'세존이시여, 저희 두 아들은 부처님께서 하실 일을 하였습니다. 신통 변화로 삿된 저의 마음을 바꾸어 부처님 법에 안주해 세존을 뵐수 있게 하였습니다. 이 두 아들은 저의 선지식입니다. 전생에 심었던 선근을 다시 일으켜 저에게 풍요로운 이익을 주려고 저의 가문에 태어났던 것입니다.'

그때, 뭉게구름과 천둥소리 꽃별 왕 지혜 운뇌음수왕화지 부처님께서 묘장엄왕에게 말씀하셨다.

27

'맞다, 그대가 말한 대로이다. 만일 선한 불자들이 좋은 씨앗을 심어 세세생생 선지식을 만난다면, 그 선지식은 부처님의 일로 가르침을 보이고 기쁘게 하여 바른 깨달음에 들어가게 한다.

대왕이여, 알아야 한다. 선지식은 큰 인연이니 이른바 교화하고 이끌어 부처님을 뵙게 하고 바른 깨달음을 내게 하기 때문이다. 대왕이여, 그대는 그대의 두 아들을 보았는가. 이들은 일찍이 육십 오백 천만 억 나유타 갠지스강 모래알처럼 많은 부처님께 공양을 올리고 가까이하여 공경하였다. 모든 부처님이 계신 곳에서 법화경을 받아 지녀 삿된 견해에 빠진 중생을 불쌍히 여겨 바른 견해에 머물게 하였다.'

묘장엄왕은 허공에서 내려와 세존께 사뢰었다.

'세존이시여, 여래는 참으로 보기 드문 분입니다. 공덕과 지혜로 정수리에서 광명을 뿜어 모든 세계를 밝게 비추고, 눈은 길고 넓어 산뜻한 감청색이며, 눈썹 사이의 터럭은 희기가 하얀 옥비녀와 같은 하늘의 달과 같습니다. 이는 희고 고르며 늘 맑은 빛이 나고 입술은 붉고 아름다워 빨간 사과와도 같습니다.'

그때, 묘장엄왕이 헤아릴 수 없이 많은 부처님의 백천만 억 공덕을 찬탄하고 부처님 앞에서 정성을 다하여 합장하고 다시 부처님께 사뢰었다.

27

'세존이시여, 예전에 없던 놀라운 일입니다.

여래의 법은 불가사의한 미묘 공덕을 다 갖추었기에 그 가르침을 행하면 행복하고 즐겁습니다. 저는 이제부터 마음대로 행동하지 않고 삿된 견해와 교만이나 성내는 나쁜 마음을 조금도 내지 않겠습니다.'

왕은 이 말을 마치고서 부처님께 예배하고 물러 나왔다."

부처님께서 대중에게 말씀하셨다.

"그대들의 생각은 어떠한가. 묘장엄왕이 어찌 다른 사람이겠느냐. 지금의 꽃 공덕 화덕(華德) 보살이며, 맑은 덕 정덕(淨德) 부인은 지금 내 앞에 있는 빛으로 장엄한 모습을 드러낸 광조 장엄상(光照莊嚴相) 보살이다. 묘장엄왕과 그의 모든 권속을 애틋하게 여겼기에 그 가운데 태어난 두 아들은 지금의 약왕보살과 약상보살이다.

이 약왕과 약상보살이 이처럼 큰 공덕을 성취하고 헤아릴 수 없이 많은 백천만 억 모든 부처님께서 계신 곳에서 온갖 덕의 근본을 심어 불가사의한 모든 좋은 공덕을 이루었으니, 만약 이 두 보살의 이름을 알게 된 사람이 있다면 모든 세간의 하늘과 사람은 마땅히 이들을 예배하고 공양해야 할 것이다."

부처님께서 이 묘장엄왕의 전생 일을 설하실 때 팔만 사천 명이 번뇌를 벗어나 모든 법에서 맑고 깨끗한 법의 눈을 얻었다.

28. 법화경을 유통해야

【보현보살권발품普賢菩薩勸發品 】

이때, 자재한 위엄과 덕과 신통력이 널리 알려진 보현보살이 헤아릴 수 없이 많은 큰 보살들과 함께 동방에서 오는데 지나가는 국토마다 모두 크게 흔들리고 보배 연꽃이 비 오듯 내리며 온갖 백천만 억 음악들이 울려 퍼졌다.

또 무수한 모든 하늘 신중 용왕 야차 건달바 아수라 가루라 긴나라 마후라가 인비인(人非人) 등이 보현보살을 둘러싸고 저마다 위엄과 덕과 신통력을 나타내며 사바세계 영취산 산중에 이르러 석가모니 부처님께 머리 숙여 예배하고 존경의 표시로 오른쪽으로 일곱 바퀴를 돌며 부처님께 사뢰었다.

"세존이시여, 저는 보배스러운 위엄과 덕의 왕이신 보위덕상왕(寶威德上王) 부처님의 국토에 있다가, 멀리 사바세계에서 법화경 설하는 소리를 듣고, 헤아릴 수 없이 많은 백천만 억 모든 보살과 함께 설법을 듣고자 왔습니다. 오직 바라옵건대 세존께서는 법을 설하여 주시옵소서. 여래께서 열반한 뒤에 선한 불자들은 어떻게 해야 이 법화경을 만나 그 법문을 들을 수가 있겠습니까."

네 가지 법을 성취해야

부처님께서 보현보살에게 말씀하셨다.

"선한 불자들이 네 가지 법을 성취해야 여래께서 열반한 뒤에 이 법화경을 얻을 것이다. 첫째는 모든 부처님의 가피가 있어야 하고, 둘째는 온갖 덕의 근본을 심어야 하며, 셋째는 반드시 도에 들어갈 수 있는 길로 들어가야 하고, 넷째는 모든 중생을 구하고자 하는 원력을 내어야 한다. 선한 불자들이 이와 같은 네 가지 법을 성취해야 여래께서 열반한 뒤에 반드시 이 법화경을 만나보게 될 것이다."

법화경 유통에 대한 보현보살의 맹세

이때, 보현보살이 다시 부처님께 사뢰었다.

"세존이시여, 뒷날 오백 년이 지나 흐리고 악한 세상에서 법화경을 받아 지닌 이가 있으면 제가 마땅히 지키고 보호하여 재앙과 근심 걱정을 없애고 그를 행복하게 만들겠습니다. 법화경을 지닌 이가 흠이 없게 하여 마구니나 마구니의 아들, 마녀나 마녀의 무리, 마가 들린 사람이나 야차, 나찰, 구반다, 비사사, 시체 귀신, 열병 귀신, 위타라 등 사람을 괴롭히는 그 어떤 것도 그의 허점을 찾지 못하게 할 것입니다.

이 사람이 걷거나 서서 법화경을 읽고 외운다면 저는 그때, 여섯 개의 상아를 가진 거대한 흰 코끼리를 타고, 큰 보살 대중과 함께 그가 있는 곳에 가 스스로 몸을 나타내고 공양을 올리며 수호할 것입니다. 그의 마음을 편안하게 위로하는 것은, 또한 법화경에 공양을 올리는 일이기 때문입니다. 만일 그 사람이 앉아서 이 경을 사유하면 그때, 그 흰 코끼리를 타고 그 사람 앞에 나타나서, 그 사람이 법화경 구절이나 게송을 하나라도 잊게 되면 제가 가르쳐 같이 읽고 외워서 그 내용을 확실히 알게 하겠습니다.

그때, 법화경을 받아 지녀 읽고 외우는 이는 나의 몸을 보고 크게 기뻐하며 계속 공부할 것입니다. 그 인연으로 삼매와 다라니를 얻으니 그 이름은 법계로 들어가는 다라니며, 법계에서 온갖 인연을 펼치는 다라니며, 법을 일으키는 온갖 목소리의 방편 다라니로 이와 같은 것을 얻을 것입니다.

세존이시여, 뒷날 오백 년이 지나 흐리고 악한 세상에 비구 비구니 우바새 우바이로서 이 경을 찾고 받아 지녀 읽고 외워 옮겨 쓰는 사람

28

이 이 법화경을 수행하려면 삼칠일 동안 정성을 다하여 공부해야 합니다.

그 공부가 끝나면 저는 여섯 개의 상아를 가진 거대한 흰 코끼리를 타고 헤아릴 수 없이 많은 보살에게 둘러싸여 모든 중생이 보고 기뻐할 몸으로 그 사람 앞에 나타나 설법하고 가르침을 보여서 그를 기쁘게 할 것입니다.

또한 그에게 다라니 주문을 주어, 이 다라니 덕분에 어떤 나쁜 사람도 그를 해치지 못할 것입니다. 또한 나쁜 여자에게 유혹당하지 않게 늘 이 사람을 보호하겠습니다. 바라옵건대 세존께서는 제가 이 다라니를 설하게 허락하여 주옵소서."

그리고 곧 부처님 앞에 나아가 주문을 설하였다.

아단테 단다파티 단다바르타니 단다쿠사레 단다수다리 수다리 수다리파티 붓다파샤네 사르바다라니아바르타니 삼바르타니 상가파리크시테 상가니르카타니 다르마파리크시테 사르바삿바루타카우사랴누가테 심하비크리디테 아누바르테 바르타니 바르타리 스바하.

"세존이시여, 보살로서 이 다라니를 듣는 이가 있다면 이는 보현의 신통력인 줄 알아야 합니다. 법화경이 사바세계에 유포되어 이것을 받아 지닌 이가 있다면 이는 모두 보현의 위엄과 신통의 힘이라고 생각해야 합니다.

만일 이 경을 받아 지녀 읽고 외우며 바르게 생각하고 그 뜻을 잘 이해하여 설한 대로 수행하면 이 사람은 보현의 행을 행하여 헤아릴 수 없이 많은 부처님이 계신 곳에서 좋은 씨앗을 깊이 심은 것이며, 이에 모든 부처님께서 자비로운 손으로 그의 머리를 어루만져 주실 것입니다.

이 경전을 옮겨 쓰기만 하여도 그 사람은 죽어서 도리천에 태어날 것입니다. 그때, 팔만 사천 하늘의 여인들이 온갖 악기를 연주하며 맞이할 것입니다. 그 사람은 칠보로 된 모자를 쓰고 아름다운 여인들의 시중을 받으며 즐겁게 놀고 기뻐할 것입니다. 그런데 하물며 받아 지녀 읽고 외우며 바르게 생각하고 그 뜻을 이해하여 설한 대로 수행한다면 그 공덕에 대해 무엇을 더 말할 필요가 있겠습니까.

법화경을 받아 지녀 읽고 외워 그 뜻을 잘 이해하는 사람이 있다면 이 사람은 죽은 뒤에 일천 부처님께서 손을 내밀어 두렵지 않게 하시고 나쁜 갈래에 떨어지지 않게 하여 주시니 곧 도솔천의 미륵보살이 있는 곳에 태어날 것입니다. 미륵보살은 부처님의 서른두 가지 모습을 갖추고 있어 큰 보살들에게 둘러싸여 있으며, 백천만 억 하늘의 여인과 권속들 가운데 태어나니 이와 같은 공덕과 이익이 있는 것입니다.

이 때문에 지혜로운 사람은 법화경을 지극 정성으로 자신이 직접 쓰거나 다른 사람에게 쓰게 하고, 이 경전을 받아 지녀 읽고 외워 바르

28

게 생각하며 설한 대로 수행해야 합니다.

세존이시여, 제가 이제 신통력으로 이 경전을 지키고 보호하여 여래께서 열반한 뒤에 사바 세계에서 널리 퍼지게 하여 법화경의 유통이 끊어지지 않도록 하겠습니다."

이 경전을 받아 지닌 이를 공경해야 하니

이때, 석가모니 부처님께서 찬탄하며 말씀하셨다.

"착하고 착하도다, 보현보살이여. 그대가 이 법화경을 보호하여 많은 곳의 중생에게 행복과 기쁨을 주는구나. 그대는 이미 헤아릴 수 없이 많은 공덕과 깊고 큰 자비를 성취하였다. 오래전부터 바른 깨달음을 얻고자 하는 뜻을 내었기에 이런 신통한 원을 세워 이 경전을 지키고 보호할 수 있다. 보현보살의 이름을 받아 지닐 수 있는 사람이라면 나도 신통력으로 이 사람을 지키고 보호하여 줄 것이다.

보현보살이여, 이 법화경을 받아 지녀 읽고 외워 바르게 생각하여 수행하고 옮겨 쓰는 이가 있다면, 그대는 마땅히 알아야 한다. 이 사람은 여래를 몸소 만나 이 경전을 들은 것과 같다. 마땅히 알아야 한다. 이 사람은 여래를 공양한 것이며, 여래께서 칭찬한 것이며, 여래께서 손으로 머리를 어루만져 준 것이며, 여래께서 여래의 옷으로 덮어 준 것이다. 이 사람은 세상의 즐거움을 탐내지 않고, 외도의 경서나 그들이 쓴 글을 좋아하지 않으며, 또한 그들을 가까이하지 않는다.

28

나아가 나쁜 직업을 가진 자들, 백정이나 잡아 먹기 위하여 개 돼지 양 닭 등을 기르는 자들, 사냥꾼이나 혹은 여색을 파는 이들과 가까이 하지 않는다. 이 사람은 마음이 곧고 순수하며 바른 생각과 복덕이 있다. 이 사람은 욕심과 성냄과 어리석음으로 마음이 흔들리는 고통을 당하지 않는다. 이 사람은 또한 질투나 잘난 체를 하지 않고, 턱없이 사람을 속이거나 자신을 내세워서 생겨나는 고통을 받지 않는다. 이 사람은 욕심이 적고 만족할 줄 알아 보현의 행을 닦을 수 있다.

보현보살이여, 여래께서 열반한 뒤 오백 년이 지나 흐리고 악한 세상에서 법화경을 보고 받아 지녀 읽고 외우는 이가 있다면 이렇게 생각해야 한다.

이 사람은 머지않아 수행하는 자리에서 모든 마군을 쳐부수어 바른 깨달음을 얻고 진리를 전파할 것이다. 진리의 북을 둥둥 치고 진리의 나팔을 불며 진리의 비를 내려 반드시 하늘 신장들 가운데의 사자좌에 앉을 것이다.

보현보살이여, 뒷세상에서 법화경을 받아 지녀 읽고 외우는 이라면 이 사람은 옷, 이부자리, 음식, 생활용품을 탐내지 않아도 이 모두를 얻을 것이며 또한 현세에서 그 복의 업보를 받을 것이다.

만일 어떤 사람이 연꽃법화 행자를 업신여기고 헐뜯어서 '너는 미쳤다. 부질없이 이런 행을 하니 끝내 얻을 게 없다.'라고 하면 이 죄의 업보로 세세생생 눈먼 봉사로 태어날 것이다.

28

그러나 공양을 올리고 찬탄하는 이가 있다면 이 사람은 마땅히 현세에서 좋은 업보를 받을 것이다.

또 어떤 사람이 법화경을 받아 지닌 자를 보고 사실이든 아니든 그 허물을 드러내면 이 사람은 현세에 문둥병이 생길 것이다.

어떤 사람이 연꽃법화 행자를 업신여기고 비웃는다면 이 사람은 세세생생 어금니가 성글거나 이지러지고, 입술은 추하고 코는 납작하며, 손과 다리는 비뚤어지고 눈은 사팔뜨기가 되며, 몸에서는 추악한 냄새가 나고 나쁜 부스럼에 피고름이 나며, 배에 물이 차서 숨이 가쁘고 기침하는 것 같은 온갖 나쁜 중병을 앓게 될 것이다.

그러므로 보현보살이여, 이 경전을 받아 지닌 이를 보면 마땅히 일어나 멀리서부터 환영하되 부처님을 공경하듯 해야 할 것이다."

부처님께서 보현보살에게 법화경을 받아 지녀 읽고 외워서 퍼트릴 것을 권하는 내용을 설할 때, 갠지스강 모래알처럼 헤아릴 수 없이 많은 보살이 법계에서 온갖 인연을 펼치는 다라니를 얻었고, 삼천대천세계 티끌처럼 많은 보살은 보현보살의 보살도를 다 갖추었다.

부처님께서 이 법화경을 설하실 때 보현보살의 경지에 있는 많은 보살과 사리불과 같은 지위에 이른 많은 성문, 하늘 신중, 용왕, 인비인(人非人) 등이 모두 크게 기뻐하고 부처님의 말씀을 받아 지녀 예배하고 물러갔다.

28

【회향 축원 발원문】

허공 법계 가득하신 불보살님이시여,

저희 불자 (   ) 법화경 독송을 마치면서,
육도에 윤회하며 오랜 세월 지어 왔던 모든 죄
업을 이 도량에서 지금 빠짐없이 참회하옵니다.

참회진언
옴 살바 못자 모지 사다야 사바하 (3번)

이 경을 수지독송함으로써 몸과 마음이 청정해
진 모든 공덕을 중생에게 회향하여, 이 세상에서
어느 한 사람 빠짐없이 모두 행복해지기를 간절
히 축원하옵니다.

법화경을 수지독송한 공덕으로 먼저 가신 조상님과 유주(有主) 무주(無主) 모든 영가가, 업장이 사라진 청정한 마음으로 극락왕생하기를, 부처님 전에 지극한 마음으로 축원하옵니다.

그리고 부처님의 가피로 저희 일가 모든 가족이 탈 없이 건강하고, 하는 일과 마음먹은 일이 하나도 빠짐없이 항상 오롯하고 순조롭게 이루어지기를 간절히 발원하옵니다.

　나무 석가모니불
　나무 석가모니불
　나무 시아본사 석가모니불

〖 회향게 〗

원하오니 이 공덕이 모든 곳에 널리 퍼져
저와 같은 모든 중생 극락세계 태어나서
아미타불 만나 뵙고 모두 함께 성불하리.

봉창(奉唱)

나무 묘법연화경 나무 묘법연화경
나무 묘법연화경 나무 묘법연화경……

연꽃법화경의 참뜻

연꽃법화경의 참뜻

설잠 스님

연꽃법화경은 사람마다 본디 갖추고 있는 지혜이기에 언어 문자로써 억지로 말할 수 있는 내용이 아니다. 그럼에도 불구하고 부처님께서 이 경을 설하신 까닭이 무엇인가.

이는 번뇌가 많은 중생이 세간의 이치가 실상이며 현상으로 드러난 모습이 곧 오묘한 법인 줄 알지 못하므로, 불타오르는 집 안에서 아무것도 모르며 불에 지지고 볶이기를 앉아서 기다리고 있기 때문이다.

석가모니 부처님께서는 바른 깨달음을 처음 이루시고 적멸도량에서 아름다운 노사나불의 모습으로 법신 보살과 팔부신중과 함께 법계를 그 체(體)로 삼고 허공을

용(用)으로 삼아 화엄의 돈교를 설하셨다.

그 설법은 모든 상(相)을 떠나 고요했기에 온갖 덕(德)이 다 갖추어져 있었고, 하나하나의 모습이 거칠든 오묘한 도리이든 원교와 별교가 함께 있었다. 이른바 찰나에 설하고 티끌로 설하며 부처님이 설하고 보살이 설하여 삼세가 한꺼번에 설했다는 것이 바로 이 법이다.

그러나 단숨에 설해진 이런 가르침은 십지(十地)에 들어간 보살이나 전생에 공부를 익힌 최상근기의 사람들은 알 수 있었지만, 성문과 연각은 알 수 없었다.

이에 여래께서는 아름다운 노사나불의 몸을 벗어나 방편으로 중생의 몸을 나타내시었다. 도솔천에서 카필라 왕궁의 마야 부인 몸속으로 내려와 왕자로 태어나 성장한 것이다.

그리고 야소다라를 아내로 맞이하여 라후라를 낳고는 출가하여, 고행 여섯 해 만에 산에서 나와 큰 나무 아래에 풀을 깔고 자리에 앉아, 마침내 샛별을 보고 도를 깨달아 점교(漸敎) 법문을 설하셨다.

처음에는 아야교진여와 함께 다섯 사람을 위하여 네 가지 성스러운 이치와 열두 가지 연기법을 설하시고 도를 닦아 의혹을 끊는 모습을 밝히시었다.

다음에는 방등경을 설하여 한쪽에 치우친 견해를 지탄하시고, 작은 가르침을 물리치고 큰 가르침을 찬탄하시며, 소승의 가르침과 대승의 가르침을 원만하게 받아들이게 하여 듣는 이들의 수준이 점차 높아지게 설하셨다.

그리고 반야경을 설하여 모든 법이 공(空)임을 일러주시고, 삼승을 회통시켜 잘못된 모든 가르침을 잠재우시며, 부처님의 가르침을 상속시켜 대중들의 마음이 곧고 알차게 되어서야 비로소 이 대승의 원만한 가르침인 연꽃법화경을 설하시게 되었다.

연꽃법화경은 중생을 위하여 방편을 베풀면서 부처님의 참모습을 나타내며 성문, 연각, 보살을 회통하여 일불승에 돌아간다.

적멸 도량의 근본 가르침을 창달하여 영취산에서 성대한 법회를 열고 과거에 설했던 돈교와 점교의 뜻을 원만하게 하며, 이 자리에서 법을 비유로써 회통시켜 공(空)과 가(假) 둘 다 그 모습을 드러내니 처음과 끝이 같은 것이었다.

네 가지 성스러운 진리와 열두 가지 연기법과 육바라밀 등 모든 것이 동사섭 아닌 것이 없었다.

법회를 시작할 때 서품에서 문수보살을 앞에 둔 것은 실상의 지혜를 드러내기 위한 것이고, 방편품을 시작할 때 사리불이 첫머리에 있는 것은 지혜 방편을 내세우기 때문이다.

비유품의 화택 비유와 신해품의 가난한 아들과 약초

666

유품의 약풀 비유와 수기품의 수기 내용은 모두 중간 근기를 위한 것이고, 화성유품과 수학무학인기품은 근기가 낮은 이를 위한 것이다.

법사품은 법화경과 인연 있는 이들 모두에게 장차 성불할 것이라고 자세한 이야기를 해 주고 있으며, 견보탑품의 상서로움은 이 법이 원만함을 증명하는 것이다.

제바달다품에서 제바달다가 수기를 받는 것과 어린 용녀의 성불은 오묘한 법의 신묘한 이익을 나타내고, 권지품에서 보살들이 자비로운 마음으로 늘 법화경을 지녀 성문들에게 그 가르침을 전할 것을 다짐하는 것은 이 법이 널리 퍼졌다는 내용을 드러내는 것이다.

안락행품은 보살들이 가까이해야 할 바른 행을 일러 주고, 종지용출품에서는 보살들이 부처님의 법을 받들려고 땅속에서 솟아오르는 것을 보여주며, 여래수량품에서는 여래 수명이 영원함을 이야기해 주는데, 이는 법을 듣는 중생으로 하여금 이 법을 믿고 받아 지니도록 방편을 베푼 것이다.

분별공덕품, 수희공덕품, 법사공덕품, 상불경보살품은 법화경을 가져서 얻는 이익을 비유로써 이야기하고, 여래신력품은 여래께서 이 법을 유통하신 시초를 말하며, 약왕보살본사품은 보살이 이 법을 유통한 시초를 보여주는 것이다.

부처님이 신통력을 드러내어 연꽃법화경을 부촉하는 촉루품, 약왕보살이 몸을 사르어 소신공양을 올리는 헌신을 보여 주는 약왕보살본사품, 삼매에서 나타나는 오묘한 행을 드러내는 묘음보살품, 관세음보살의 원만한 행을 보여주는 관세음보살보문품, 신장의 힘으로 이 법을 널리 세상에 펴도록 옹호하는 이야기가 담긴 다라니품, 부자지간 인연으로 아버지의 삿된 소견을 바꾸어 주는 묘장엄왕본사품에서 나오는 이야기들은 비록 다른 내용이라 할지라도 이 법을 유통하는 입장에서는 동일한 것이다.

처음부터 끝까지 연꽃법화경을 관통하는 중심 생각은 '늘 이 법을 행하라'는 말이니, 이것으로 이 경이 지혜의 실천을 중요시하고 있음을 알 수 있다.

부처님의 한 줄기 백호광명이 동쪽으로 비추는 것은 지혜의 경계를 모두 드러낸 것이다.

몸, 입, 뜻, 서원의 이 네 가지 법이 청정하게 성취됨으로 연꽃법사는 실천할 방편을 다 갖추게 된 것이다.

법과 비유와 인연을 처음에 두루 설한 것은 그 체(體)를 밝힌 것이고, 청정한 육근의 공덕을 나중에 나타낸 것은 용(用)을 밝힌 것이다.

이렇게 많은 소리가 모두 지혜의 실천 아닌 것이 없다. 지혜로 깨달음을 증명할 수 있고 그 실천으로 온갖 덕을 이룰 수 있다.

지혜와 실천하는 행이 둘 다 완전해야 그 미묘한 맛을

얻는 것이다. 그러므로 이 경을 연꽃법화경이라고 한다.

연꽃법화경으로 풀이한 묘법연화경은 어떤 뜻을 담고 있는가.

참다운 성품은 고요하고 맑아 말로 표현할 수 있는 길이 없기에 묘(妙)라 하고 참 모습이 어디에도 걸리지 않고 뚜렷이 의미가 드러나므로 법(法)이라고 한다.

이 묘법이 꽃과 열매가 동시에 있고 더러운 곳에 있으면서도 늘 깨끗한 연꽃과 비슷하기에 연(蓮)이라고 하고, 빈 듯하나 매우 깊은 성품이 있어 온갖 행을 원만하게 갖추고 있는 것이기에 화(華)라고 하며, 부처님의 지견을 열어 모든 사람이 두루 깨달아 들어가게 하였으므로 경(經)이라고 한다.

연꽃법화경은 모두 일대사인연으로 이 세상에 나타나신 부처님께서 일불승으로 중생이 갖고 있는 순수한 부처님의 성품을 활짝 열어 보이신 것이다.

방편품 게송에서 "이승도 없고 삼승도 없다."라고 말한 것은 가르침이 하나라는 사실을 말하고, "곧바로 방편을 버린다."라는 것은 실천하는 행이 하나라는 사실을 말하며, "세간의 모습이 법의 자리에 늘 머문다."라는 것은 곧 이치가 하나라는 것을 말한다.

신해품의 게송에서 "다만 보살승만 위한다."라고 한 것은 가르치는 대상이 하나라는 것을 말한다.

그 법을 말한 때는 한낮이었기에 모든 중생이 볼 수 있었고, 그 법의 맛은 어느 것에도 견줄 수 없었다.

성(性)과 상(相)이 아우러지고 체(體)와 용(用)이 드러나며 미혹과 깨달음이 사라져 씨알과 열매가 원만 성취된 것이다.

이는 마치 사자굴 안이 전부 금빛 털로 가득 차고 전

단 숲 아래 곳곳에서 전단향 냄새가 나듯, 자연스레 연꽃법화경을 듣는 사람은 성을 내는 이나 기뻐하는 이, 견해가 치우친 이나 원만한 이들 모두 흰 소가 끄는 큰 수레를 얻어 열반에 들어가는 것이다.

이 법을 보는 이나 듣는 이나 따라서 기뻐하는 연꽃법사들이 모두 빠짐없이 부처님의 수기를 받는 것이다.

보고 듣는 일이나 일어나는 현상 하나하나 미묘한 법 아닌 것이 없고, 중생이 부처님을 깊이 찬탄하고 드러내는 모든 것이 다 오묘한 마음이다.

이 내용으로 미루어 보면 산하대지와 밝고 어두운 색과 공(空), 이 모든 것이 다 오묘한 체(體)를 드러낸다.

생사와 열반, 보리와 번뇌가 모두 미묘한 작용이고 낱낱이 원융하며 낱낱이 두루 하여 취하거나 버릴 것이 없고 모자라거나 남을 것도 없다.

시원한 바람 속에 두둥실 떠오른 둥근 달은
늘 '등불처럼 밝은 부처님'이 눈앞에 나타나는 것이
요
즐겁게 새가 지저귀고 한아름 꽃이 활짝 피는 것은
법계에서 보현이 늘 보살행을 행하는 것이다.
법에서 마음을 밝히는 것은

붉은 등불이 너울너울 춤을 추는 것이요
나타난 모습에서 오묘한 도리를 드러내는 것은
부처님 법당의 둥근 기둥이 아이를 품는 것이다.
모든 부처님이 할 수 있는 일을 다 마쳤으니
중생을 제도하는 온갖 방편이 참으로 크다.

총명한 자로 목숨을 아끼지 않고
영취산 법회를 책임지고 받들어서
연꽃법화경을 유통시킬 자가 있는가.

서슴없이 나오너라.
내가 그대와 함께 기뻐하리라.

함께 기뻐하더라도 오묘한 법은
언사로써 표현할 수 없다.
연꽃의 참다운 법은
참이다 거짓이다 말할 수 없으니
무엇으로 함께 따라 기뻐할 수 있겠는가.
알겠느냐.

'연꽃법화경'이라는
다섯 글자를 들어 기뻐하노라.

글 이전의 참된 뜻을 알게 된다면
뜻 가운데 보배 구슬 놓아버리리.

2002년 12월 초순 인월 행자가
묘법연화경을 풀어내며
연경별찬 글이 좋아 옮겨 싣다

용어풀이

가

가루라 용을 잡아먹는 새로 금시조나 묘시조로 번역한다.

가타 경전을 운문체로 설함. 게송만으로 가르침을 주기에 고기송(孤起頌)이라고도 한다.

건달바 제석천을 섬기고 음악을 담당하는 신. 술과 고기는 조금도 먹지 않고 향기만 먹고 산다. 부처님이 설법하는 곳에 나타나 찬탄하며 부처님의 법을 수호한다.

건타 건달바와 비슷한데 나쁜 귀신이다.

검은 산 무쇠 산으로 둘러싸인 어두운 곳을 말한다.

겁(劫) 하늘과 땅이 한번 개벽(開闢)한 때부터 다음 개벽할 때까지의 동안이란 뜻으로, 지극히 길고 오랜 시간을 말한다.

게송 경이나 논에서 부처님의 공덕을 찬탄하는 시를 말한다.

견가라 열여섯 자리의 수로 매우 큰 수를 뜻한다.

고고(苦苦) 몸과 마음의 고통을 느끼는 데서 오는 괴로움.

과거 칠불(七佛) 과거 일곱 부처님으로 비바시불, 시기불, 비사부불, 구류손불, 구나함모니불, 가섭불과 석가모니불을 말한다.

광음천(光音天) 색계 하늘인데, 여기 사는 중생의 입에서 나오는 광명이 말이 된다고 한다.

괴고(壞苦) 영원하리란 집착이 깨지는 데서 오는 괴로움.

교담미 석가족 성을 가진 여인이라는 뜻인데, 이 경에서는 석존의 이모인 마하파사파제를 가리킨다.

교향 백교향이라고 하며 사라수(娑羅樹)의 진으로 만든 향료이다.

구반다 증장천왕 밑에 있는 귀신인데, 사람의 정기를 빼앗아 먹는다고 한다.

구비다라 사철 꽃이 피고 가을에 열매를 맺는다고 한다.

기야 본문의 내용을 게송으로 다

시 정리한 것이다. 중송 또는 응송이라고 부르기도 한다.

긴나라 노래를 담당하는 하늘의 신이다.

나 · 다

나유타 매우 큰 수를 나타내는 인도의 단위이다.

다가라향 향나무의 일종이다.

다라니 세상 모든 걸 품고 있는 총지(總持)라고 풀이한다. 진언이나 주문이라고도 한다.

다라수 인도, 버마, 스리랑카 같은 데서 자라는 나무 이름이다. 인도에서는 이 나무의 높이로 길이를 재는데 1다라수의 높이가 49척이니, 약 15미터쯤 된다. 이 나무의 잎에 경문을 썼다.

다마라발향 다마라발나무의 잎과 나무껍질에서 채취한 향.

대자재천 큰 위덕을 지닌 하늘 신으로서 초선천의 왕, 또는 제육천

의 주인이라고 한다.

도루바 향초의 하나이다.

도리천 욕계 6천의 제2천으로 삼십삼천이라고도 한다.

등정각 평등한 진리를 깨달았다는 뜻이다.

마

마하목진린타산 마하는 크다는 뜻으로 큰 용이 사는 산을 말한다.

마하파사파제 석가모니 부처님의 어머니인 마야 부인의 동생. 정반왕 부인이 되어 세존을 돌보았다.

마후라가 머리는 뱀이고 몸은 사람 같은 용의 무리에 딸린 음악의 신을 말한다.

만다라꽃 아름답고 향기로운 꽃이 사람의 마음을 기쁘게 해 준다는 천상의 꽃이다.

말리꽃 금빛으로 피는 꽃이다.

명명 한 몸에 두 개의 머리가 달린 새로 설산에 산다고 한다.

목진린타산 산 이름이다. 그곳에 사는 목진린타라는 용의 이름을 따서 부르는 산이다.

무문자설(無問自說) 질문이 없어도 부처님이 법문하는 것을 말한다.

무생법인(無生法忍) 생멸이 없는 법으로, 집착을 벗어난 지혜이다.

미루산 수미산 주위의 칠금산이라고도 하고, 칠금산 중에 있는 니민달라산이라고도 한다.

미증유법 이전에 없던 부처님의 불가사의한 법이다.

바

바라나시 중인도 마갈타국에 있던 도시이다. 여기 있는 녹야원에서 부처님이 처음 법을 설하였다.

바라라꽃 꽃뿐만 아니라 열매에서도 진한 향기를 내뿜는 꽃이다.

방등경 바르고 반듯한 광대한 진리를 설한 경전이다.

번뇌마(煩惱魔) 번뇌가 깨달음을 얻지 못하게 하는 장애라는 뜻이다.

범천왕 범왕이나 대범천왕이라고도 한다. 제석천왕과 함께 부처님의 법을 지키는 호법신이다.

변정천(遍淨天) 색계 제삼선(第三禪)에 있는 하늘을 말한다.

보리(菩提) 깨달음을 말한다.

본사(本事) 부처님과 제자들의 과거 인연을 말한다.

본생(本生) 부처님의 과거 보살행을 말한다.

부처님의 열여덟 가지 법 십팔불공법(十八不共法) 참조.

붓다가야 부처님이 깨달음을 얻은 장소이다.

비사문천왕 사천왕의 하나이다. 불법을 수호하고 사람들에게 복을 주는 일을 담당하는데 다문천왕이라고도 한다.

비사사 사람의 정기나 피를 빨아먹고 시체를 뜯어먹는 악귀이다.

빈가라 열여덟 번째 자리의 수로 매우 큰 수를 뜻한다.

사

사갈라 사갈라는 큰 바다라는 뜻
이다. 이 바다에 있는 용궁에서
사갈라 용왕이 산다고 한다.

사다함 성문 4과의 두 번째 단계
로 죽어서 한 번만 이 세상에 다
시 태어난다고 한다. 그래서 일래
(一來)라고 한다.

사대천왕(四大天王) 제석천의 명을
받아 부처님 법을 지키는 동방의
지국천왕, 서방의 광목천왕, 남방
의 증장천왕, 북방의 다문천왕을
말한다.

사마(死魔) 목숨이 사라지면 깨칠
수 없는 인연이 되는 장애이다.

사무량심(四無量心) 자비희사 참조

사무소외(四無所畏) 두려움이 없는
부처님의 네 가지 깨달음. 정등각
(正等覺), 누영진(漏永盡), 설장법
(說障法), 설출도(說出道)를 말한다.

사무애변(四無礙辯) 어떤 현상에도
걸림 없이 말하는 것, 어떤 법도

걸림 없이 말하는 것, 어떤 이치
에도 걸림 없이 말하는 것, 즐겁
게 말하면서 걸림 없이 말하는 것
을 말한다.

사미 출가하여 십계를 받고 수행
하는 20세 미만의 남자 승려.

사섭법(四攝法) 보시, 애어(愛語),
이행(利行), 동사(同事) 네 가지 법
으로 중생을 거두는 법.

사유(四維) 동서남북 네 방향의 중
간 방향이니 동남, 동북, 서남, 서
북을 말한다.

사자좌 부처님이 앉는 자리를 말
한다.

사제꽃 금색의 꽃이 핀다.

사천하(四天下) 수미산 사방에 있
는 사대주이니 곧 남섬부주, 동승
신주, 서우화주, 북구로주를 통틀
어 말한다.

삼계(三界) 욕계, 색계, 무색계를
말한다.

삼독(三毒) 탐욕과 성냄과 어리석
음을 말한다.

삼명(三明) 전생의 인연을 알고, 미래의 업보를 알며, 어떤 번뇌도 끊는 밝은 지혜를 말한다.

삼보(三寶) 부처님과 부처님의 법과 가르침을 이어가는 승보를 합쳐서 말한 것이다.

삼승(三乘) 성문, 연각, 보살을 말한다.

삼십삼천(三十三天) 욕계에 있는 도리천을 말한다. 수미산 꼭대기에 선견성이 있고, 사방에 각각 여덟 성이 있기에 합하면 삼십삼천이 된다고 한다.

삼십이상(三十二相) 부처님과 전륜성왕만 갖출 수 있는 서른두 가지 경이로운 모습이다.

삼십칠조도법 깨달음을 얻기 위한 37가지 수행 방법이다. 사념처(四念處), 사정근(四正勤), 사신족(四神足), 오근(五根), 오력(五力), 칠각지(七覺支), 팔정도(八正道)를 말한다.

삼악도(三惡道) 고통을 받는 지옥, 아귀, 축생의 세계를 말한다.

삼천대천세계 세계를 천 개 모은 것을 소천세계, 소천세계가 천 개 모인 것을 중천세계, 중천세계가 천개 모인 것을 대천세계라고 한다. 대천세계에는 소천, 중천, 대천의 세 종류로 이루어져 있으므로 삼천대천세계라고 한다.

상법(像法) 깨달음을 얻는 자가 없어도 부처님의 가르침과 실천은 지속되어 바른 법이 있는 듯 볼 수 있는 시기를 말한다.

석제환인(釋提桓因) 수미산 꼭대기에 있는 도리천 주인인 제석천.

세 가지 밝음 삼명(三明) 참조.

세 갈래길 삼악도 참조.

소겁(小劫) 시간의 단위를 말한다. 사람의 목숨이 100년마다 8만 세에서 한 살씩 줄어 열 살에 이르는 그 세월을 감겁(減劫)이라 하고, 100년마다 열 살부터 한 살씩 늘어 8만 세에 이르기까지를 증겁(增劫)이라고 한다. 『구사론』에서는 1증겁과 1감겁을 각각 1소겁이라 하고 『지도론』에서는 1증겁과 1감겁을 합하여 1소겁이라고 한다.

수기(授記) 부처님께서 인연이 있는 불자에게 미래에 성불할 것이라 알려주는 것을 말한다.

수다라 산문체 경전을 말한다.

수다원 성문 4과의 첫 단계로 깨달음에 처음 들어간 지위를 말한다.

수만나꽃 황백색의 꽃이 피는 향기가 진한 꽃.

수미산 불교의 세계관에서 세계 중심에 서 있는 산이다. 꼭대기에는 제석천이 있고 중턱에는 사왕천이 산다.

십력(十力) 부처님의 열 가지 전지전능한 힘이다.

십이부법(十二部法) 십이분교(十二分敎) 또는 십이부경(十二部經)이라고도 한다. 부처님의 한평생 설법을 경문의 내용과 형식에 의하여 열두 부분으로 구분한 것이다.

십팔불공법 부처님에게만 있는 열여덟 가지의 법이다.

아

아나함 성문 4과의 세 번째 단계로 욕계를 떠나 색계, 무색계에 태어나 다시 욕계에 돌아오지 않는다고 한다. 그래서 불래(不來)라고 한다.

아라한 성문 4과의 마지막 단계로 모든 번뇌를 여의고 다시 태어나지 않으며 공양을 받을만한 경지에 이른 것이다. 그래서 응공(應供) 또는 불생(不生)이라 한다.

아사세 아버지 빈비사라왕을 죽이고 어머니를 감금하는 등 포악한 성격이었으나 나중에 부처님께 귀의하였다. 그가 왕으로 있을 때 불경의 제1결집이 이루어졌다고 하기도 한다.

아수라 불법을 수호하는 여덟 신장 중의 하나로서, 악귀의 세계에서 싸우기를 좋아하는 신이다.

아축바 스무번째 자리의 수로 매우 큰 수를 뜻한다.

야간 승냥이나 여우와 비슷한데 여우보다 작은 동물이라고 한다.

여덟 해탈 번뇌에서 벗어나는 여덟 가지 길을 말한다.

여섯 가지 상서로운 일 육종진동(六種震動)인 동(動), 기(起), 용(湧), 진(震), 후(吼), 격(擊)을 말한다.

여섯 갈래 길 육도 참조

연등불 석가모니 부처님이 과거 보살로 있을 때 수기를 주신 부처님이다.

염부단금 사바세계 숲속을 흐르는 강물 바닥에서 나는 사금인데, 적황색에 자줏빛을 띠고 있는 고귀한 황금을 말한다.

영취산 중인도 마갈타국 왕사성 동북쪽에 있는 산인데, 부처님이 설법하던 곳이다. 기사굴산이라고도 한다.

오비구 부처님의 첫 설법을 들은 다섯 비구로서 아야교진여, 아습바시, 발제, 마하남, 십력가섭을 말한다.

오욕 재물, 색, 음식, 명예, 수면으로, 인간의 다섯 가지 근본 욕망을 말한다.

오음(五陰) 색(色), 수(受), 상(相), 행(行), 식(識)인데, 몸과 마음을 말한다.

오음마(五陰魔) 몸을 구성하고 있는 색, 수, 상, 행, 식의 다섯 가지 요소가 사실을 알고 보면 실체가 없는 데도 이것을 모르고 집착하여 일으키는 번뇌를 말한다.

오종불남(五種不男) 남근에 문제가 있는 다섯 종류의 사람을 말한다. 여기서는 남자답지 못한 다섯 종류의 사람이라고 번역하였다.

오탁(五濁) 오탁악세(五濁惡世)를 뜻한다. 오탁이란 살기 어려운 시대로서 겁탁(劫濁), 여기에 흘려 잘못된 생각이 많은 견탁(見濁), 그러므로 괴로움이 많은 번뇌탁(煩惱濁), 여기에 따른 사회적 혼

란으로 많은 사람이 타락하는 중생탁(衆生濁), 홀연 모든 사람의 수명이 짧아지는 명탁(命濁)을 말한다.

왕사성 인도 마갈타국의 수도였고 현재는 '라지기르'라고 부른다.

영취산 왕사성 동북쪽에 있는 산으로, 부처님께서는 이 산에서 많은 대승경전을 설하셨다고 한다.

위제희 중인도 마갈타국 빈비사라왕의 부인이니, 아사세왕의 어머니이다.

위타라 기시귀라 번역하며 시체를 일으켜 원한이 있는 사람을 죽이게 한다는 귀신.

유여열반 불완전한 열반이니 소승의 열반을 말한다.

육도 중생이 윤회하는 여섯 갈래 길인 지옥, 아귀, 축생, 아수라, 인간, 천상을 말한다.

육바라밀 보시, 지계, 인욕, 정진, 선정, 지혜로 완전한 삶을 일구는 여섯 가지 보살행이다.

육신통 천안통, 천이통, 타심통, 숙명통, 누진통, 신족통이다.

이승(二乘) 성문과 연각이다.

인비인(人非人) 사람인 듯 아닌 듯한 중생.

일대사인연(一大事因緣) 부처님께서 중생의 생사를 해결해 주는 인연을 말한다.

일불승(一佛乘) 일승(一乘)이나 불승(佛乘)이라 부르기도 한다. 부처님의 마음자리다.

자

자비희사 사무량심(四無量心)이다. 자(慈)는 끝없이 사랑하는 마음이고, 비(悲)는 다른 사람의 아픔을 자기 아픔으로 애틋하게 여기는 마음이며, 희(喜)는 다른 사람의 즐거움을 자기 즐거움처럼 기뻐하는 마음이고, 사(捨)는 차별하지 않고 모든 사람을 부처님처럼 대해 주는 마음이다.

자재천 욕계의 맨 위 육욕천의 신들이다. 다른 하늘의 신들이 만든 즐거움을 마음대로 누리니 타화자재천이라고도 한다.

전신사리(全身舍利) 보통 쇄신사리(碎身舍利)라고 하며, 부처님 몸 전체가 그대로 사리라는 뜻이다.

지국천왕(持國天王) 사천왕의 하나이다. 수미산 동쪽을 수호하고 건달바, 비사차를 수호한다.

차 · 파

천룡팔부(天龍八部) 불법을 수호하는 신장이니 천, 용, 야차, 건달바, 아수라, 가루라, 긴나라, 마후라가 여덟 신을 말한다. 하늘 신중과 용왕을 대표로 내세워 천룡팔부라고 하며, 팔부신중이라고도 한다.

철위산(鐵圍山) 수미산을 중심으로 구산팔해(九山八海)가 있는데, 이 가운데 가장 바깥쪽에 쇠로 되어 있는 산이다.

첨복꽃 황화수 금색화수라고 하며 노란색 꽃으로 향이 강한 큰 나무이다.

초전법륜(初轉法輪) 부처님이 깨달음을 얻은 후 처음으로 한 설법으로 다섯 수행자에게 팔정도와 사성제의 진리를 설하였다.

파리질다라 제석천의 장원에 있다는 나무이다.

팔십종호(八十種好) 부처님의 몸에 갖추어진 80가지 좋고 아름다운 모습이다.

필력가 목숙향이나 촉향이라고 번역한다.

하

한 세계 불교에서 말하는 한 세계는 수미산을 중심으로 사주, 사천왕, 야마천, 도솔천, 화락천, 타화자재천, 색계 초선의 범천과 해와 달을 포함한 세계를 말한다.

행고(行苦) 무상의 이치를 모르므로, 이것을 인정하지 못하는 데서 오는 괴로움이다.

현겁(賢劫) 현재의 대겁이다. 대겁은 허공이 성, 주, 괴, 공을 하는 한 시기를 말하는데 이 기간에 천 분의 부처님이 나타난다고 한다.

화신불(化身佛) 중생 제도를 위하여 인연 따라 모습을 나타내는 부처님을 말한다. 쉽게 말하면 부처님의 분신이다.

훈륙 송진 비슷한 나무의 황색 진으로 태우면 좋은 냄새가 난다.

🦋 원순 스님이 풀어쓴 책들

규봉스님 금강경 금강경을 논리적으로 풀어가고 있는, 기존의 시각과 다른
새로운 금강경 해설서

부대사 금강경 경에 담긴 뜻을 부대사가 게송으로 풀어낸 책

야부스님 금강경 경의 골수를 선시로 풀어 가슴을 뚫는, 문학적 가치가 높은 책

육조스님 금강경 금강경 이치를 대중적으로 쉽게 풀어쓴 금강경 기본 해설서

종경스님 금강경 아름다운 게송으로 금강경 골수를 드러내는 명쾌한 해설서

함허스님 금강경 금강경의 전개를 파악하고 근본 가르침을 또렷이 알 수 있게
설명한 함허 스님의 걸작

능엄경 1, 2 중생계는 중생의 망상으로 생겨났음을 일깨우며, 번뇌를 벗어나
부처님 마음자리로 들어가는 가르침과 능엄신주를 설한 경전

돈오입도요문론 단숨에 깨달아 도에 들어가는 가르침을 잘 정리한 책

돈오입도요문 강설 깨달음을 얻기 위하여 꼭 알아야 할 내용을 500여 개의 주제로 정리하여
문답식으로 설명하고 있는 돈오입도요문 강설본

돈황법보단경 강설 육조 스님 가르침을 간결하고 명료하게 담고 있으며
저자의 강설이 실려 있어 깊은 뜻을 쉽게 이해할 수 있는 책

마음을 바로 봅시다 上下 종경록 고갱이를 추린 '명추회요' 국내 최초 번역서

몽산법어 간화선의 교과서로 불리는 간화선 지침서

무문관 선의 종지로 들어갈 문이 따로 없으니 오직 화두만 참구할 뿐

선禪 스승의 편지 선방 수좌들의 필독서, 대혜 스님의 『서장書狀』 바로 그 책

선가귀감 경전과 어록에서 선의 요점만 추려 엮은 '선 수행의 길잡이'

선禪 수행의 길잡이 선과 교를 하나로 쉽게 이해하는 『선가귀감』을 강설한 책

선문정로 퇴옹성철 큰스님께서 전하시는 '선의 종착지는 어디인가?'

선요 선의 참뜻을 일반 불자들도 알 수 있도록 풀이한 재미있는 글

선원제전집도서 선과 교의 전체 내용을 체계적으로 정리한 참 좋은 책

신심명·증도가 마음을 일깨워 주는 게송으로서 영원한 선 문학의 정수

신심명 강설 신심명 게송을 하나하나 알기 쉽게 풀어 선어록의 이해를
　　　　　　　　돕는 간결한 지침서

연경별찬 설잠 김시습이 『연꽃법화경』을 찬탄하여 쓴 글

연꽃법화경 모든 중생이 부처님이라는 혁신적인 내용을 담고 있으면서도
　　　　　　　고전문학의 가치를 지닌 경전

육조단경 덕이본 육조 스님 일대기와 가르침을 극적으로 풀어낸 선종 으뜸 경전

절요 '선禪의 종착지로 가는 길'을 알려주는 보조지눌 스님의 저서

정혜결사문 이 시대에 정혜결사의 뜻을 생각해 보게 하는 보조 스님의 명저

지장경 지장 보살의 전생 이야기와 그분의 원력이 담긴 경전

진심직설 행복한 마음을 명료하게 설명해 주는 참마음 수행 지침서

초발심자경문 이 세상 모든 사람을 위한 마음 닦는 글

치문 1·2·3권 생활 속에서 가까이 해야 할 선사들의 주옥같은 가르침

큰 믿음을 일으키는 글 불교 논서의 백미인 『대승기신론 소·별기』 번역서

한글 법보 염불집 불교 의식에 쓰이는 어려운 한문 법요집을 그 뜻을 이해하고
　　　　　　　　　염불할 수 있도록 아름다운 우리말로 풀어씀

한글 원각경 함허득통 스님이 주해한 원각경을 알기 쉽게 풀어쓴 글

독송용 경전 _ **우리말 관세음보살보문품 독송본과 사경본**
　　　　　　　　우리말 금강반야바라밀경 독송본과 사경본
　　　　　　　　미륵경 독송본과 사경본, 보현행원품 사경본
　　　　　　　　부모은중경 우리말 독송 사경본
　　　　　　　　약사유리광 칠불본원공덕경 독송본과 사경본
　　　　　　　　우리말 독송 지장경, 초발심자경문 사경본
　　　　　　　　천지팔양신주경 우리말 독송 사경본

원순 스님

해인사 백련암에서 출가
해인사 통도사 송광사 봉암사 백장암 성전암 등 제방 선원에서 정진
『선요』『한글원각경』『몽산법어』『육조단경』등 다수의 불서를 펴냄
현재 실상사 구산선문에서 안거 중

연꽃법화경

초판 발행 | 2002년 12월 20일
개정판 발행 | 2024년 8월 3일
펴낸이 | 열린마음
편역 | 원순
편집 | 유진영
표지디자인 | 안현
교정 | 구미정 · 김진우 · 진정수 · 홍은영

펴낸곳 | 도서출판 법공양
등록 | 1999년 2월 2일 · 제1-a2441
주소 | 13150 서울시 종로구 삼봉로 81
두산위브파빌리온 836호
전화 | 02-734-9428   팩스 | 02-6008-7024

ISBN 979-11-92137-09-4 93220
값 42,000원

부처님의 가르침을 바르게_도서출판 법공양